KB260723

스튜어디스 합격 비밀노트

국내
항공사

2012년 6월 27일 개정판 1쇄 발행
2013년 9월 30일 2쇄 발행

지은이 김유미
펴낸이 이미자
펴낸곳 밝은누리
주　　소 서울시 금천구 가산동 550-1롯데 IT 캐슬 2동 1105호
전　　화 02)884-8459
팩　　스 02)884-8462
블 로 그　http://blog.naver.com/tain2892
등　　록 제317-2007-000031호(1994. 10. 28)

ISBN 978-89-8100-127-8　13740

이 책은 2009년에 발행된 『승무원 합격 비밀노트』 국내 · 외국항공사 편의 개정판입니다.

스튜어디스 합격 비밀노트

김유미 지음

밝은누리

『승무원 합격 비밀노트』 국내·외국항공사 편이 세상에 나오고, 그
간의 노력이 결실을 맺은 데 대한 뿌듯함과 더불어, 승무원 지원자들
에게 조금이나마 도움을 주었다는 기쁨에 빠져 지낸 시간은 참으로
짧았습니다. 시간이 흐르니, 역시나 눈에 들어오는 건 부족한 부분들
이더군요. 새로운 아이디어마저 새록새록 떠올라 이러지도 저러지도
못하고 안타까워할 뿐이었습니다. 그런 제게 이렇게 개정판을 쓸 기
회가 오다니, '의욕 충만' 이라고나 할까요. 아쉬웠던 부분은 보완하
고 새 아이디어들을 채워 넣는 등, 저는 전에 없이 의욕을 불태웠습
니다.

기존 구성을 주제별로 다시 분류, 정리하기 쉽게 꾸몄으며, 기출문제
에서 빠진 질문들을 추가해 승무원 입사 면접에 나오는 질문 유형 거
의 대부분을 접할 수 있게 만들었습니다. 또 대한항공, 아시아나항공
을 비롯한 국내 저비용 항공사 기출문제도 실어 『스튜어디스 합격 비
밀노트』라는 타이틀에 걸맞은 전문성을 살리고자 했습니다. 부록인
기내방송문 샘플 및 기내방송문 읽는 법은, 지원자 여러분으로 하여
금 이 책을 통해 기내방송문 읽는 연습도 해 보길 바라는 제 조그만
욕심을 담은 부분이라 하겠습니다.

이 책은 이제 막 항공사 면접 준비에 들어갔거나, 영어회화 능력이 부족한 분, 외국항공사 면접을 처음 준비하는 이들을 대상으로 합니다. 따라서 면접 질문의 핵심을 제대로 파악하는 법, 답변을 위한 일반적인 규칙 및 합격 비법을 소개해 '지원자 스스로 기본기를 다지도록 하자' 는 게 필자인 저의 소박한(!) 목표입니다.

개정판을 쓸 때의 저는 현재의 가르치는 입장이 아닌, 항공사 입사를 준비하던 그때 그 마음으로 돌아가 있었습니다. 꿈을 향한 여러분의 여정에 제 노력의 결과물이 함께 한다는 상상만으로도 흥분되는 시간이었습니다. 아무쪼록 실질적인 도움이 되고픈 제 의도가 잘 전달돼 지원자 여러분 모두 이 책을 통해 좋은 결과 거두셨으면 합니다.

책이 나오기까지 줄곧 함께였던 경애하는 친구이자 도서출판 밝은누리 실장 박인영에게 고마움을 전합니다. 끝으로 사랑하는 나의 가족, 우웃빛깔 이휘선 씨와 세상에서 가장 반짝이는 나의 딸 정빈에게 이 책을 바칩니다.

2012년 6월

김유미

Contents

비밀노트 2 항공사별 맞춤 인터뷰

부 록 기내방송문

비밀노트 **1**

공통 인터뷰

면접을 시작하는 간단한 질문

01 How are you?

기분이 어떠십니까?

→ **How do you feel today?**
→ **How do you do?**

합격비법 1 **자신의 기분을 솔직하게 긍정적으로 밝힌다**

I'm fine. Thank you.
좋습니다. 감사합니다.

I feel great today. Thank you.
오늘 기분이 좋습니다. 감사합니다.

I'm a bit tensed, but excited at the same time.
조금 긴장되지만 동시에 설레기도 합니다.

합격비법 2 **면접관의 기분은 어떤지 반드시 되묻는다**

How do you feel today?
면접관님은 기분이 어떠십니까?

What about you?
면접관님은 어떠십니까?

And you?
면접관님은요?

예시답안 1 I feel great today. Thank you. How do you feel today?

　오늘 기분이 좋습니다. 감사합니다. 면접관님은 기분이 어떠십니까?

예시답안 2 I'm a bit tensed, but excited at the same time. What about you?

　조금 긴장되지만 동시에 설레기도 합니다. 면접관님은 어떠십니까?

02 Can I have your name?
Do you have any meaning of your name?

이름이 무엇입니까? 이름에 어떤 의미가 있습니까?

→ **What is your name?**
→ **What does your name mean?**

합격비법 1 이름을 말한다

My name is __________.
제 이름은 ______입니다.

I am __________.
저는 ______입니다.

합격비법 2 이름의 의미를 설명한다

My name means __________.
제 이름은 ______이라는 뜻입니다.

My name is Kim Mehee. My name means being 'beautiful and happy'.

제 이름은 김미희입니다. 제 이름은 '아름답고 행복하게'를 의미합니다.

I am Park Myoungjin. My name means outgoing and sincere.

저는 박명진입니다. 밝고 진실되게 살라는 의미를 담고 있습니다.

03 When is your birthday?
Where is your birthplace?
What is your blood type?

생일은 언제입니까? 어디서 태어났습니까? 혈액형이 무엇입니까?

→ When were you born in?
→ Where were you born in?

합격비법 1 질문에 해당하는 답변을 하고 설명을 덧붙인다

My birthday is __________.
제 생일은 _____입니다.

I was born in __________.
저는 _____에서 태어났습니다.

My birthplace is __________.
제가 태어난 곳은 _____입니다.

My blood type is __________.
제 혈액형은 _____입니다.

예시답안 1 I was born in May 5th. My birthplace is Seoul. My blood type is O.

저는 5월 5일에 태어났습니다. 태어난 곳은 서울입니다. 제 혈액형은 O형입니다.

예시답안 2 My birthday is November 24th. I was born in Busan. My blood type is A.

제 생일은 11월 24일입니다. 저는 부산에서 태어났습니다. 혈액형은 A형입니다.

04 What did you do this morning?

오늘 아침 한 일은 무엇입니까?

→ **Did you do any special things this morning for the interview?**
→ **How did you feel this morning?**

합격비법 1 면접을 위해 무엇인가 했다는 답변보다 평소와 다름없었다고 말하는 편이 낫다

예시답안 1 I had breakfast, and had a conversation with my family. We talked about this interview.

아침을 먹고 가족들과 대화를 나누었습니다. 이 인터뷰에 대해 이야기했습니다.

예시답안 2 I did stretching. It's my way to relax myself and I had a cup of tea. Also I checked preparations not to forget anything before I left.

스트레칭을 했습니다. 긴장을 완화하는 저만의 방법입니다. 그리고 차를 한 잔 마셨습니다. 더불어 잊은 건 없는지 집을 나서기 전 준비물을 확인했습니다.

예시답안 3 As usual. I took a shower and took a walk for a while. After that, I had breakfast with my family and read a newspaper.

평소와 같았습니다. 샤워를 하고 잠시 산책을 했습니다. 그 후 가족들과 아침을 먹고 신문을 읽었습니다.

05 What is the weather like today?

오늘 날씨가 어떻습니까?

→ **How is the weather today?**
→ **Do you like today's weather?**

합격비법 1 날씨에 대해 말한다

It is very sunny. 화창합니다.

Today is really hot and humid. 오늘은 정말 덥고 습하네요.

It is rainning. 비가 옵니다.

Today is quite windy. 오늘은 바람이 꽤 붑니다.

There was a chill in the air this morning, but it is getting warmer.
아침엔 공기가 찼지만, 점점 따뜻해지고 있습니다.

It is very cloudy, we might have snow later.
구름이 많고 이따가 눈이 올 것 같습니다.

합격비법 2 마무리한다

I like this kind of weather best. 저는 이런 날씨를 가장 좋아합니다.

Watch out for cold. 감기 조심하세요.

I hope you can enjoy your time with this great weather.
이렇게 좋은 날씨에 즐거운 시간을 보내셨으면 좋겠습니다.

예시답안 1 It is very sunny. I like this kind of weather best.

화창합니다. 저는 이런 날씨를 가장 좋아합니다.

예시답안 2 Today is quite windy, so watch out for cold.

오늘은 바람이 꽤 붑니다. 그러니 감기 조심하세요.

→ **How long have you lived there?**
→ **Tell me where you live in Korea.**

합격비법 1 사는 곳을 말한다

I live in ________.
저는 _____에 삽니다.

합격비법 2 간단한 부연설명을 한다

It is very famous for ________.
그곳은 _____으로 매우 유명합니다.

I have lived there for ________ years.
저는 그곳에서 _____년 동안 살았습니다.

It takes ________ hours from here.
이곳에서 _____ 시간 거리입니다.

I like ________. There are many interesting things to do.
저는 _____을 좋아합니다. 흥미로운 일들이 참 많습니다.

예시답안 1 I live in Seoul. I have lived there all my life.

저는 서울에 삽니다. 평생을 서울에서 살았습니다.

예시답안 2 I live in Daejeon. It takes 2 hours from here.

저는 대전에 삽니다. 이곳에서 2시간 거리입니다.

07 How did you get here? How long did it take?

어떻게 오셨습니까? 얼마나 걸렸습니까?

→ **How did you come here today?**
→ **Which transportation did you use to get here?**

합격비법 1 교통수단을 말한다

I took a subway/a bus.
지하철을/버스를 탔습니다.

I came here by subway/bus.
지하철을/버스를 타고 왔습니다.

I took a bus, and changed to subway.
버스로 오다가 지하철로 갈아탔습니다.

합격비법 2 걸린 시간을 말한다

It took about __________ minutes.
약 _____ 분 걸렸습니다.

It took approximately __________ hours.
약 _____ 시간 걸렸습니다.

예시답안 1 I took a bus, and it took about 40 minutes.

버스를 탔고 약 40분 걸렸습니다.

예시답안 2 I took a bus, and changed to subway. It took approximately 2 hours.

버스를 탔다가 지하철로 갈아탔습니다. 약 2시간 걸렸습니다.

Unit 02

자기 소개와 성격

01 Could you introduce yourself?

02 Tell me about your hometown.

03 Tell me about your personality, what is your strong point?

04 What is your weak point?

05 What makes you happy?

자기 소개를 해 보겠습니까?

→ **Tell me about yourself.**

→ **How would you describe yourself?**

여기에 소개하는 자기 소개법은 어디까지나 처음 자기 소개를 준비하는 지원자들을 위한 기초적인 구문이다. 영어 인터뷰 준비가 처음인 지원자들은 예시문과 같이 소개 구문을 준비하고, 추후 한차례 수정 단계를 갖도록 한다.

합격비법 1 간단한 인사를 건네고 이름을 말한다

a. 간단한 인사 건네기

Hello! 안녕하세요!

Good morning/afternoon/evening. 좋은 아침/오후/저녁입니다.

Very nice to see you. 만나 뵙게 되어 반갑습니다.

I'm very happy to be here. 이 자리에 있게 되어 매우 기쁩니다.

Thank you for giving me this opportunity/chance to introduce myself.
자기 소개를 할 수 있는 기회를 주셔서 감사합니다.

It's honor to be here. 이 자리에 있게 되어 영광입니다.

b. 이름 말하기

My name is OOO**.** 제 이름은 OOO입니다.

I'm OOO**.** 저는 OOO입니다.

합격비법 2 자신의 현재 상태와 전공을 말한다

a. 자신의 현재 상태 설명

I'm a (freshman/sophomore/junior/senior) in university.
저는 대학 (1학년/2학년/3학년/4학년)입니다.

I'm taking time off school./I'm away from school for the whole year, and these days, I do __________.
현재 학교를 휴학 중입니다./올 한 해 휴학 중이며 요즘은 ______을/를 하고 있습니다.

I graduated from university (this year/2 years back/in 2011).

저는 (올해/2년 전/2011년)에 대학을 졸업했습니다.

I've worked in ○○ company for ○○ years as a __________.

저는 ○○ 회사에서 ______로서 ○○ 년간 일했습니다.

b. 전공을 말한다 (p.94 합격비법1 참조)

I majored in __________. 저는 ______을 전공했습니다.

 학과명

airline service & tourism 항공관광학	geography 지리학
architecture 건축학	history 역사학
aviation management 항공경영학	industrial engineering 산업공학
bioinformatics 생물정보학	nursing science 간호학
business administration 경영학	philosophy 철학
clothing and textiles 의류직물학	physics 물리학
computer science 컴퓨터공학	political science 정치학
economics 경제학	psychology 심리학
education 교육학	social welfare 사회복지
electrical engineering 전기공학	sociology 사회학
English and English literature 영어영문학	statistics 통계학
food and nutrition 식품영양학	tourism management 관광경영

합격비법 3 성격을 말한다

I'm a __________ person. 저는 ______한 사람입니다.

I'm very __________. 저는 매우 ______ 합니다.

 승무원에게 요구되는 자질

a fast learner 빨리 배우는 사람	adaptable 적응을 잘하는
a good listener 타인의 말을 경청하는 사람	attentive 세심한
a hard worker 열심히 일하는 사람	cheerful 활기찬
a strong sense of responsibility 책임감이 강한	considerate 사려 깊은
active 적극적인	energetic 유쾌한

focused 집중력이 좋은	positive 긍정적인
friendly 친근한	punctual 시간을 잘 지키는
good communication skill	service-minded 서비스 마인드를 갖춘
의사소통 능력이 뛰어난	service-oriented 서비스 중심적인
good teamwork 팀워크가 좋은	sociable 사교적인
independent 독립적인	solving skill 문제 해결 능력이 있는
kind 친절한	take an initiative 솔선수범하다
logical 논리적인	thoughtful 생각이 깊은
neat 깔끔한	try not to judge people with prejudice
open-minded 열린 사고를 하는	편견으로 사람들을 판단하지 않으려 애쓰다
outgoing 활발한	warm-hearted 마음이 따뜻한
passionate 열정적인	well-harmonized 주변과 조화를 잘 이루는
people-oriented 인간중심적인	well-organized 잘 계획하는
polite 예의 바른	

합격비법 4 특이 사항이나 경력에 대해 말한다

I have many experiences in the service field.

저는 서비스 분야에서 많은 경험이 있습니다.

I was a (member/leader/representative/president) of _________ club.

저는 _____ 클럽의 (회원/리더/대표/회장)이었습니다.

I had many (part time/voluntary) jobs. 저는 많은 (아르바이트/봉사활동)을/를 했습니다.

I have many (foreign/working) experiences.

저는 많은 (외국 생활/일한) 경험이 있습니다.

I worked in _________. 저는 _____에서 일했습니다.

I've been to _________. 저는 _____에 가 봤습니다.

I received/won a scholarship. 저는 장학금을 받았습니다.

I have good language skills. 저는 언어 실력이 뛰어납니다.

합격비법 5 마무리 인사를 한다

a. 마무리하기

Today, I'm here to be the finest flight attendant for ○○ air. So I hope I can fully show who I am to you.

오늘 저는 ○○ 항공사 최상의 승무원이 되기 위해 이 자리에 왔습니다. 따라서 제가 어떤 사람인지 면접관님께 충분히 보여 드릴 수 있기를 바랍니다.

I apply to ○○ air because it meets my aptitude and I believe my personality, and various experiences would help me to work as a flight attendant.

저는 이 직업에 적성이 맞으며, 제 성격과 다양한 경험이 승무원으로 일하는 데 도움이 되리라 믿기 때문에 ○○ 항공사에 지원했습니다.

I would like to have a chance to improve myself with ○○ air.

저는 ○○ 항공사와 함께 성장해 나갈 기회를 갖고 싶습니다.

b. 감사 인사

Thank you for listening. 들어주셔서 감사합니다.

Thank you. 감사합니다.

문제 해결 능력과 논리적인 면을 강조할 때

Thank you for giving me this opportunity to introduce myself. I'm Kim Yeona. I'm a senior in university. I major in mathematics. I got solving skills and also I was able to be more logical from my major. I'm an outgoing person. So I'm a leader of the exchange students club. Thank you for listening.

자기 소개를 할 수 있는 기회를 주셔서 감사합니다. 저는 김연아입니다. 저는 대학교 4학년에 재학 중입니다. 전공은 수학입니다. 문제 해결 기술을 배웠고, 전공을 통해 보다 논리적이 될 수 있었습니다. 저는 활발한 사람입니다. 교환학생 모임의 리더이기도 합니다. 들어주셔서 감사합니다.

개방적이며 따뜻한 성격을 강조할 때

Hello! I'm very happy to be here. I'm Lim Suji. I'm away from school for the whole year, and these days, I study French. I'm very open-minded and warm-hearted. So I had many voluntary jobs, and foreign experiences. Also I have language skills. I can speak Korean, English and French. I would like to have a chance to improve myself with ○○ air. Thank you.

안녕하세요! 이 자리에 있게 되어 매우 기쁩니다. 저는 임수지입니다. 현재 휴학 중이며, 요즘 프랑스어를 공부하고 있습니다. 저는 열린 사고를 하는 사람이며 정이 많습니다. 그래서 많은 봉사 활동을 했으며 해외 경험도 있습니다. 저는 언어 실력 또한 갖추었습니다. 한국어, 영어, 프랑스어를 할 수 있습니다. 저는 ○○ 항공사와 함께 성장할 기회를 얻고 싶습니다. 감사합니다.

예시답안 3 서비스 지향적이며 적극적인 성격을 강조할 때

Very nice to see you. My name is Kim Minjoo. I graduated from university majoring in aviation management last year, and since then I have been working in ○○ hotel as a front office clerk. I am very service-oriented and active. Also I have good language skills. Today, I am here to be the finest flight attendant for ○○ air. So I hope I can fully show who I am to you.

만나 뵙게 되어 반갑습니다. 제 이름은 김민주입니다. 저는 작년에 졸업했으며 항공경영을 전공했습니다. 이후 ○○ 호텔 프론트 데스크의 직원으로 일하고 있습니다. 저는 매우 서비스 지향적이고 적극적인 사람입니다. 언어 실력 또한 뛰어납니다. 오늘 저는 ○○ 항공사 최상의 승무원이 되기 위해 이 자리에 왔습니다. 따라서 제가 어떤 사람인지 면접관님께 충분히 보여 드릴 수 있었으면 합니다.

예시답안 4 세심함, 경청하는 자세를 강조할 때

It's honor to be here. My name is Lee Eunmi. I've worked in oo company for 3 years as a secretary, and currently I am taking time off from work. I am attentive and a good listener. So I had some very positive feedback from my ex-boss. I apply to ○○ air because it meets my aptitude and I believe my personality and various experiences would help me to work as a flight attendant.

이 자리에 있게 되어 영광입니다. 제 이름은 이은미입니다. 저는 ○○ 회사에서 비서로 3년간 근무했으며, 현재는 휴직중입니다. 저는 세심하고 남의 말을 잘 들어줍니다. 그래서 예전 상사로부터 매우 좋은 피드백을 많이 받았습니다. 저는 이 직업에 적성이 맞으며, 제 성격과 다양한 경험이 승무원으로 일하는 데 도움이 되리라 믿기에 ○○ 항공사에 지원했습니다.

예시답안 5   책임감이 강하고 활기찬 성격을 강조할 때

I am very happy to be here. I am Park Jinjoo. I majored in English and English literature, and I am working in ○○ academy as an English teacher. I have a strong sense of responsibility and I'm very cheerful. I always try my level bests in everything. So I am a person of good reputation from my co-workers and friends. I would like to have a chance to improve myself with ○○ air. Thank you.

이 자리에 있게 되어 매우 기쁩니다. 저는 박진주입니다. 저는 영어영문학을 전공했고 ○○ 학원에서 영어선생님으로 일하고 있습니다. 저는 책임감이 매우 강하고 활기찬 성격입니다. 언제나 모든 일에 최선을 다하려 노력합니다. 그래서 제 동료와 친구들에게 평판이 좋습니다. ○○ 항공사와 함께 성장해 나갈 기회를 갖고 싶습니다. 감사합니다.

예시답안 6   빠른 학습 능력과 잘 어우러지는 면을 강조할 때

Good morning! My name is Lim Seoryoung. I am a senior in university. I have a major in education with a minor in English. I am a fast learner and also I am very well-harmonized. Whenever I meet new people or circumstances, I easily find what I am supposed to do, and how to do it. Also I have good relationships with them. I apply to ○○ air because it meets my aptitude and I believe my personality, and various experiences would help me to work as a flight attendant.

좋은 아침입니다. 제 이름은 임서령입니다. 저는 대학교 4학년에 재학 중입니다. 저는 교육학을 전공으로, 영어를 부전공으로 하고 있습니다. 저는 새로운 일을 빨리 배우고 주변과 잘 어울릴 수 있습니다. 새로운 사람들이나 환경을 접할 때마다, 저는 제가 해야 할 일과 그 일을 어떻게 해야하는지 쉽게 파악합니다. 또한 그들과 좋은 인간관계를 맺기도 합니다. 저는 이 직업에 적성이 맞으며, 제 성격과 다양한 경험이 승무원으로 일하는 데 도움이 되리라 믿기에 ○○ 항공사에 지원했습니다.

02 Tell me about your hometown.

고향을 소개해 보십시오.

→ **Could you introduce your hometown?**
→ **What is popular in your hometown?**

합격비법 1 고향을 말한다

My hometown is __________.
제 고향은 ______입니다.

I was grown up in __________.
저는 ______에서 자랐습니다.

I have lived in __________ since I was born.
저는 태어나면서부터 쭉 ______에 살았습니다.

합격비법 2 고향에 대해 설명한다

It's a very historical place.
그곳은 매우 역사적인 곳입니다.

It's a very popular place for young people/foreign travelers.
그곳은 젊은 사람들에게/외국 여행자들에게 매우 인기 있는 곳입니다.

It's the capital of Korea.
그곳은 한국의 수도입니다.

It's the second largest city of Korea.
그곳은 한국에서 두 번째로 큰 도시입니다.

It's a hot place for shopping, clubbing and eating.
그곳은 쇼핑, 클러빙, 먹거리로 인기 많은 곳입니다.

It's very peaceful/vivid/beautiful.
그곳은 매우 평화롭습니다/생동감이 넘칩니다/아름답습니다.

It's famous/popular for __________.

그곳은 ______로 유명합니다/인기가 많습니다.

It's near __________.

그곳은 ______ 근처에 있습니다.

 마무리한다

I love my hometown.

저는 고향을 사랑합니다.

I would like to recommend you to visit there if you haven't been yet.

면접관님이 아직 가 보시지 않았다면 추천해 드리고 싶습니다.

I'm so proud of my hometown.

저는 고향이 참 자랑스럽습니다.

예시답안 1 · 서울 종로

My hometown is Jongno in Seoul. It is the center of Seoul, and has a long history. Jongno is near Insadong which is a very popular place for foreign travelers. So it is always crowded with foreign travelers. Jongno is also famous for jewelry. I love my hometown.

> 제 고향은 서울의 종로입니다. 서울의 중심지이자 오랜 역사를 지닌 곳입니다. 종로는 외국 여행자들에게 매우 인기 있는 인사동 근처에 있습니다. 그래서 언제나 외국인들로 붐빕니다. 종로는 또한 귀금속으로 유명한 곳이기도 합니다. 저는 제 고향을 사랑합니다.

예시답안 2 · 부산

I was grown up in Busan. It's the second largest city of Korea. There are so many places you can visit. Busan is very famous for the fish market and Busan international film festival. Specially in summer, you can enjoy swimming and surfing in many beautiful beaches. I would like to recommend you to visit there if you haven't been yet.

> 저는 부산에서 자랐습니다. 부산은 한국에서 두 번째로 큰 도시입니다. 면접관님이 방문해 보실 만한 장소가 많습니다. 부산은 수산시장과 부산국제영화제로 유명합니다. 특히 여름에는 많은 아름다운 해변에서 수영과 서핑을 즐길 수 있습니다. 아직 가 보시지 않았다면 추천해 드리고 싶습니다.

Tell me about your personality, what is your strong point?

당신의 성격에 대해 말해 보십시오.

→ **How would you describe your personality?**

→ **What are your strengths?**

성격을 묻는 질문은 장점을 설명할 때와 동일한 답변이 가능하다. 자신의 성격에서 장점을 강조해 어필하면 될 것이다. 여기에서는 앞선 자기 소개 예시답안을 보기로 들어 자신의 프로필과 관련지어 장점과 성격을 설명하는 법을 알아본다.

합격비법 1 1번 질문의 답변을 토대로 자신의 성격과 이를 뒷받침해 줄 수 있는 전공이나 특이점, 경력을 말한다

Thank you for giving me this opportunity to introduce myself. I'm Kim Yeona.

I'm a senior in university. <u>I major in mathematics.</u> I got <u>solving skills and also I</u>
자신의 성격을 뒷받침할 수 있는 학교 전공
<u>was able to be more logical</u> from my major. <u>I'm an outgoing person</u>. So <u>I'm a</u>
성격 성격
<u>leader of the exchange students club</u>. Thank you for listening.
그 성격을 증명할 수 있는 경력

예시답안 1 I have solving skill and think logically. I major in mathematics, so it helps me a lot. Also I'm an outgoing person. So I'm a leader of the exchange students club. I got a lot of good feedback from my team members about my leadership.

> 저는 문제 해결 능력이 있으며 논리적으로 사고합니다. 제 전공인 수학이 많은 도움이 됩니다. 또한 저는 활발한 사람입니다. 덕분에 교환 학생 모임의 리더이기도 합니다. 저는 동료들로부터 리더십에 대해 좋은 평가를 많이 받았습니다.

Hello! I'm very happy to be here. I'm Lim Suji. I'm away from school for the whole year, and these days, I study French. I'm very <u>open-minded and warm-hearted</u>. So I had <u>many voluntary jobs, and foreign experiences</u>. Also I have language skills. I can speak Korean, English and French. I would like to have a chance to improve myself with ○○ air. Thank you.

I'm warm-hearted. So I had many voluntary jobs. I went to the orphanage regularly and I spent time with children there. Also I'm open-minded. So I have many foreign experiences. I've been to US, Canada, China and Europe. I built up good relationships with many kinds of people, so I try not to judge people with prejudice easily.

저는 마음이 따뜻한 사람입니다. 그래서 많은 봉사 활동을 했습니다. 고아원을 정기적으로 방문해 아이들과 함께 시간을 보냅니다. 저는 또한 열린 사고를 합니다. 그래서 많은 해외 경험이 가능했습니다. 저는 미국, 캐나다, 중국과 유럽에 다녀온 바 있습니다. 다양한 사람들과 좋은 관계를 쌓았으며, 그 결과 편견을 갖고 쉽게 사람을 판단하지 않으려 노력하게 되었습니다.

04 What is your weak point?

당신의 단점은 무엇입니까?

- → **What is your weakness?**
- → **Tell me about the bad point of you.**

면접에서 단점을 드러내면 안 된다는 생각에 많은 지원자들이 단점 아닌 단점을 말하는 경우가 많다. 하지만 이것은 면접관이 기대하는 답변이 아니다. 솔직하게 답변하자.

합격비법 1 솔직하게 자신의 단점을 말하되, 상황을 한정시키거나 이를 보완하려는 노력을 덧붙인다

(Sometimes) My weakness is to _________ when _________.

저의 단점은 _____할 때, (가끔씩) _____ 한다는 것입니다.

But I try to _________ to overcome my weakness, and somewhat it works.

하지만 저는 단점을 극복하기 위해 _____ 하려고 노력하며 그것은 어느 정도 효과가 있습니다.

예시답안 1 간혹 실수를 한다

I'm a fast worker, but sometimes I tend to make a mistake. Actually, I didn't realize it, but one of my co-workers pointed that I tended to work in a hurry and it made me have a mistake. After that, I try to be more considerate and to focus on my duty. Somewhat it works.

저는 일 처리가 빠르지만, 간혹 실수를 하기도 합니다. 사실 저는 그 사실을 깨닫지 못하고 있었는데, 동료 한 명이 제가 서둘러 일하는 경향이 있어 실수를 하게 된다고 지적해 주었습니다. 그 후 저는 좀 더 신중히 일에 임하고 집중하려고 노력합니다. 그것은 어느 정도 효과가 있습니다.

My weakness is to start late specially when it's new, because I think too much before acting. It's not bad because it means I'm considerate, so I don't make a mistake easily. However still I think I need to be more challenging. Also I try to set up the priority to make a decision quickly, and somewhat it works.

저의 단점은 새로운 것을 할 때 특히 그 시작이 늦다는 것입니다. 행동하기 전 생각을 너무 많이 하기 때문입니다. 그것은 제가 신중하다는 의미이며, 따라서 쉽게 실수하지 않게 되기 때문에 나쁘다고 생각되지는 않습니다. 하지만 제게는 여전히 도전 정신이 좀 더 필요하다고 생각합니다. 결정을 빨리 내리기 위해 우선 순위를 정하는 노력도 합니다. 그것은 어느 정도 효과가 있습니다.

단점을 설명하는 표현

a bit too bossy 다소간 으스대는	perfectionist 완벽주의자
a slow worker 일을 느리게 하는 사람	picky 까다로운
demanding 요구가 지나친	reserved 내성적인
easily tensed 쉽게 긴장하는	selfish 이기적인
egotistical 독선적인	self-oriented 자기중심적인
gullible 잘 속는	shy 수줍어하는
hasty 성격이 급한, 서두르는	stingy 인색한, 깍쟁이인
have a big mouth 입이 가벼운	strict 엄한, 엄격한
headstrong 완고한, 고집 센	stubborn 완고한, 고집 센
hot-tempered 다혈질인	thin-skinned 민감한
indecisive 우유부단한	tightfisted 인색한, 구두쇠인
moody 변덕스러운	timid 소심한, 내성적인
naive 고지식한	too much considerate 지나치게 예민한
narrow-minded 속이 좁은	too sensitive 예민한
opinionated 독선적인	unpredictable 예측할 수 없는
passive 수동적인	vain 자만심 강한

05 What makes you happy?

당신을 행복하게 만드는 것은 무엇입니까?

→ **When do you get happy?**
→ **Have you been happy with someone or something?**

합격비법 1 행복을 잘 느끼는 편이라고 답한다

I am happy with trivial things.
저는 사소한 것들에 행복을 느낍니다.

I am the one who feels happy easily.
저는 쉽게 행복을 느끼는 사람입니다.

I am positive so I feel happy easily.
저는 긍정적이라 쉽게 행복을 느낍니다.

Many things make me happy.
많은 것들이 저를 행복하게 해 줍니다.

합격비법 2 자신이 행복을 느끼는 순간에 대해 언급한다

I'm happy when I _______________________.
저는 _____________ 할 때 행복합니다.

spend my time with people I like.
내가 좋아하는 사람들과 시간을 보낼 때

take a walk.
산책을 할 때

travel to new places with my friends.
친구들과 새로운 곳을 여행할 때

_______________________________ **makes me happy.**

________________은 저를 행복하게 해 줍니다.

Good music makes me happy.

좋은 음악은 저를 행복하게 해 줍니다.

A surprise present makes me happy.

깜짝 선물은 저를 행복하게 해 줍니다.

Delicious food makes me happy.

맛있는 음식은 저를 행복하게 해 줍니다.

좋아하는 사람들과 함께 하고 좋은 음악을 들을 때

I am happy with trivial things. So I'm happy when I spend my time with people I like. I like to have delicious food with my friends and chat with them. Also good music makes me happy. I love all kinds of music. So when I find good music, I am very happy.

저는 사소한 것들에 행복해집니다. 제가 좋아하는 사람들과 시간을 보낼 때 행복을 느낍니다. 친구들과 맛있는 음식을 먹고 수다 떠는 것을 좋아합니다. 좋은 음악 역시 저를 행복하게 합니다. 저는 모든 종류의 음악을 좋아합니다. 그래서 좋은 음악을 발견할 때면 정말 행복합니다.

친구들과 새로운 곳을 여행하고 깜짝 선물을 주고받을 때

I am the one who feels happy easily. I'm happy when I travel to new places with my friends. I can be relaxed and have good memories with them. A surprise present also makes me happy. When I give or get a surprise present, I feel excited and happy.

저는 쉽게 행복을 느끼는 사람입니다. 저는 친구들과 새로운 곳으로 여행을 떠날 때 행복합니다. 긴장을 풀 수도, 친구들과 좋은 추억을 만들 수도 있습니다. 깜짝 선물 역시 저를 행복하게 합니다. 깜짝 선물을 하거나 받을 때 저는 가슴 설레고 행복해집니다.

인터뷰 핵심노트_ 자기 소개와 성격 Tip

자기 소개와 성격을 묻는 질문은 인터뷰에서 가장 중요하면서, 가장 많이 나오는 질문이다. 자기 소개는 모든 인터뷰의 기준이 되는 질문이기도 하다.

① 답변은 30초에서 1분 사이에 끝내는 것이 적당하며 가족, 고향 소개나 나이 등과 같은 불필요한 정보나 승무원이라는 직업과 아무 상관없는 정보 역시 생략하는 것이 간결하고 임팩트 있는 자기 소개를 만드는 방법이다.

② 모든 인터뷰에는 일관성이 있어야 한다. 자기 소개에서 말한 자신의 성격과 이력에서 드러나는 성격, 또 장점을 묻는 질문에서 드러나는 성격이 일치되지 않으면 면접관은 어떤 부분을 믿어야 할지 혼란스럽게 된다. 반드시 자기 소개에서 언급한 자신의 성격을 기억하면서 다른 질문에 대비할 수 있어야 한다.

③ 성격을 말할 때는 반드시 그 성격을 증명할 만한 경력이나 활동 사항을 부연해야 답변의 신뢰성을 높일 수 있다. 많은 지원자들이 자신의 성격을 먼저 생각하고 그에 맞는 이력을 억지로 끼워맞추고 하는데, 반대로 하는 것이 좋다. 즉 자신의 이력과 활동 사항을 먼저 쭉 나열해 보고 그중 면접관에게 가장 어필하고 싶은 이력을 선택, 그 이력으로 드러낼 수 있는 자신의 성격을 말하는 것이다.
예를 들어,
다양한 해외 경험이나 다양한 사람들을 접할 기회가 많았다면 → Open-minded
서비스업 종사 경력이 많거나 서비스 관련 전공을 하였다면 → Service-oriented
자원봉사 경력이 많고 남을 돕는 것을 좋아한다면 → Warm-hearted
새로운 일에 주저없이 도전하고 경험하는 것을 좋아한다면 → Outgoing, Challenging

이런 식으로 자신의 좋은 점들 가운데 면접관에게 어필할 만한 것 2~3가지 정도를 선택해 모든 답변에서 성격이 잘 드러나도록 준비한다.

취미와 여가 생활

01 What do you normally do when you have a spare time?, What is your hobby?

여가 시간에는 대개 무엇을 합니까?, 취미가 무엇입니까?

→ **What's your favorite to do when you are free?**
→ **Do you have any special things to do when you have a free time?**

합격비법 1 먼저 여가 시간에 하는 일을 밝히고 부연 설명을 한다

I normally _________ when I have a spare time.

저는 여가 시간이 생기면 대개 _____을/를 합니다.

 친구들과 코미디 영화를 본다

I normally enjoy my hobby with my friends when I have a spare time. Myself and my closed friends have a same hobby which is to watch a comedy movie. So we often go to a movie whenever we are free. We have fun and release our stress.

> 저는 보통 여가 시간에 친구들과 함께 취미 생활을 합니다. 저와 친구들은 코미디 영화를 보는 같은 취미를 가지고 있습니다. 그래서 한가할 때마다 종종 영화를 보러 갑니다. 우리는 즐거운 시간을 보내고 스트레스도 풉니다.

 주변 사람들과 여행을 간다

I normally go to travel with people around me like my family or friends when I have a spare time. Because I don't usually have enough time to stay with them. So when I have a free time, I try to spend my time with them.

> 여가 시간이 생기면 가족이나 친구 같은 주변 사람들과 여행을 갑니다. 보통 때는 그들과 충분한 시간을 보낼 수 없기 때문입니다. 그래서 여가 시간이 생기면 그들과 보내려 노력합니다.

What do you normally do after work?

퇴근 후에는 보통 무엇을 합니까?

→ **Do you usually go back home right after work?**
→ **What do you like to do after work?**

합격비법 1 이왕이면 혼자가 아닌 여럿이서 하는 일을 예로 든다

I normally __________ after work.
저는 보통 퇴근 후 ______을/를 합니다.

예시답안 1 친구들과 저녁을 먹고 운동을 한다

I normally have dinner with my friends and go to gym with them after work. So I can see my friends and also I can keep myself fit.

보통 저는 퇴근 후 친구들과 저녁을 먹고 함께 헬스클럽에 갑니다. 그래서 친구들을 만나는 것과 더불어 건강도 유지할 수 있습니다.

예시답안 2 동료들과 영화를 보거나 대화를 나눈다

I normally spend my time with my co-workers after work. We go to a movie or have a chat with a cup of tea. I think it's good to build up good relationships with co-workers, and somewhat it's effective to work.

보통 저는 퇴근 후 동료들과 시간을 보냅니다. 영화를 보거나 차를 마시면서 이야기를 나눕니다. 저는 이것이 동료들과 좋은 관계를 구축하는 데 좋다고 생각합니다. 그리고 어느 정도 일하는 데도 효과적입니다.

03 What do you do when you meet your friends?

친구들을 만나 하는 일은 무엇입니까?

→ **How do you spend your time with your friends?**
→ **What is your favorite thing to do with your friends?**

합격비법 1 친구들과 주로 무엇을 하는지 말한다

I like eating delicious food with my friends.
저는 친구들과 맛있는 음식을 먹는 것을 좋아합니다.

I usually watch a movie with my friends.
저는 보통 친구들과 영화를 봅니다.

I take a walk with them, and have a chat.
저는 그들과 산책을 하고 수다를 떱니다.

I share a hobby with my friend.
저는 친구와 취미를 공유합니다.

합격비법 2 간단히 부연 설명을 한다

We often go to famous restaurants.
우리는 유명한 식당들을 찾아갑니다.

Specially, I love to watch a movie at reduced admission fees for early morning.
특히 저는 조조할인으로 영화를 보는 것을 좋아합니다.

It is a really effective way to release my stress.
스트레스를 푸는 데 정말 효과적인 방법입니다.

We go hiking, enjoy Rock-festival, or travel together.
우리는 등산을 하고, 락 페스티벌을 즐기거나 함께 여행을 떠납니다.

Actually, I am happy just being with them. No matter what we are doing.

사실 저는 그들과 함께 있다는 것만으로 행복합니다. 우리가 무엇을 하는지는 중요하지 않습니다.

I think sharing each one's hobby is a really good idea to understand each other.

서로 취미를 공유하는 것은 서로를 이해하는 정말 좋은 아이디어라고 생각합니다.

We have built up lots of good memories for 10 years.

우리는 10년간 많은 좋은 추억들을 쌓아 왔습니다.

 예시답안 **1** 영화 감상

I usually watch a movie with my friends. Myself and my friends are a big fan of horror movie. Specially, I love to watch a movie at reduced admission fees for early morning. It is because I can start a day early and also save money. Actually, I am happy just being with them. No matter what we are doing.

> 저는 보통 친구들과 영화를 봅니다. 저와 제 친구들은 공포영화 마니아입니다. 특히 저는 조조할인으로 영화를 보는 것을 좋아합니다. 하루를 일찍 시작할 수 있고 돈도 절약할 수 있기 때문입니다. 사실 저는 그들과 함께 있다는 것만으로 행복합니다. 우리가 무엇을 하는지는 그다지 중요하지 않습니다.

 예시답안 **2** 취미 공유

I share a hobby with my friends. We go hiking, enjoy Rock-festival, or travel together. Recently we traveled to China and Mongolia for a week. Most of my friends love to travel. We had a lot of fun there. I think sharing each one's hobby is a really good idea to understand each other.

> 저는 친구와 취미를 공유합니다. 우리는 등산을 하고, 락 페스티벌을 즐기거나 함께 여행을 갑니다. 최근 우리는 일주일간 중국과 몽골을 여행했습니다. 제 친구들 대부분은 여행을 좋아합니다. 우리는 그곳에서 정말 즐거운 시간을 보냈습니다. 서로 취미를 공유하는 것은 서로를 이해하는 정말 좋은 아이디어라고 생각합니다.

04 Do you enjoy cooking?

요리하는 것을 좋아합니까?

→ **What can you cook well?**
→ **How do you make it?**

합격비법 1 요리에서의 선호도를 밝힌다

Yes, I love to cook __________.
네, 저는 _____을 요리하는 것을 좋아합니다.

Not really. I'm not a good cook. But I enjoy to cook __________.
그렇지 못합니다. 저는 요리를 잘 못합니다. 하지만 _____을 요리하기를 좋아합니다.

합격비법 2 자신이 잘하는 요리를 영문사이트에서 검색해 본다

영문사이트 검색창에 '**how to cook __________**'을 쳐 보자. 사람들마다 능숙한 요리는 다르며 요리를 설명하는 용어들은 영문사이트에서 검색되는 레시피에 가장 정확히 나와 있다.

불고기 : **Bulgogi is Korean style grilled beef. To make bulgogi, the beef are marinated in soy sauce, sugar, sesame seeds, garlic, spring onions, and some other ingredients. The beef can be cooked on a grill or on a pan, with some added vegetables such as onions, mushroom, and green bell peppers.**
불고기는 한국식의 구운 소고기입니다. 불고기를 만들려면, 소고기를 간장, 설탕, 깨소금, 마늘, 파, 그밖의 다른 재료에 재워 둡니다. 그리고 양파, 버섯, 피망과 같은 야채와 함께 석쇠나 프라이팬에 구워 냅니다.

떡볶이 : **Tteokbokki is Korean spicy rice cake with gochujang sauce. First of all, boil a small amount of water and add gochujang. After that, add the vegetables and sweeten with honey or sugar. Then add rice cakes. After about 5 minutes, finish by adding the fish cakes and spring onion. Now it is ready to servce in a dish and enjoy.**

떡볶이는 고추장 소스를 곁들인 매운 한국식 떡 요리입니다. 먼저 적은 양의 물을 끓이고 고추장을 넣습니다. 그다음 야채를 추가하고 꿀이나 설탕으로 달게 만듭니다. 이후 떡을 넣습니다. 약 5분 정도 경과했을 때, 어묵과 파를 더해 요리를 끝냅니다. 이제 접시에 담아 즐길 준비가 됩니다.

예시답안 1 *비빔밥을 잘 만든다*

Yes, I love to cook bibimbap which is very popular internationally. First of all, put cooked rice in large bowl. After that, place bulgogi and veggies on top of rice but place separately so you can see each ingredient beautifully placed on rice, and put egg on top. Lastly, sprinkle with sesame seeds and drizzle with sesame oil and soy sauce. When ready to eat, mix all ingredients together with some gochujang paste.

네, 저는 세계적으로 인기가 많은 비빔밥 만드는 것을 좋아합니다. 먼저 큰 그릇에 밥을 담습니다. 그다음 불고기와 야채를 밥 위에 나누어 얹습니다. 그러면 더욱 보기 좋은 모양이 됩니다. 그리고 달걀을 위에 얹습니다. 마지막으로 깨소금을 뿌리고 참기름과 간장을 더해 줍니다. 준비가 끝나면 고추장을 넣어 모든 재료를 섞어 줍니다.

예시답안 2 *요리를 잘하진 못하나 김치찌개 만드는 것을 좋아한다*

Not really. I'm not a good cook, but I enjoy to cook kimchi soup which is my favorite Korean dish. In a pan, pour in cooking oil or sesame oil, lightly brown the garlic. After that, add in kimchi to the same pan and stir-fry for a while. Add in tofu and pour in enough of water just to cover the contents. Bring this to a boil, season with salt and pepper.

별로 잘하지 못합니다. 저는 요리를 잘 못하지만 제가 제일 좋아하는 한국 음식인 김치찌개 만드는 것을 좋아합니다. 냄비에 식용유나 참기름을 두르고 마늘을 노르스름하게 살짝 구워 줍니다. 그다음 김치를 넣고 센 불에 한동안 볶습니다. 거기에 두부를 넣고 내용물이 덮일 만큼 물을 붓습니다. 내용물을 끓인 다음 소금과 후추로 간을 합니다.

05 What do you usually do before going to bed?

잠자리에 들기 전 주로 하는 일은 무엇입니까?

→ **Do you have any special routine before going to bed?**
→ **What's your last schedule before going to bed?**

합격비법 1 자기 전 일상적으로 하는 것들을 말한다

I usually __________ before going to bed.

저는 보통 자기 전 ______을/를 합니다.

예시답안 1 목욕 혹은 음악 감상

I usually take a deep bath or listen to music before going to bed. Both of them help me a lot to have a deep sleep.

> 저는 보통 자기 전 목욕을 하거나 음악을 듣습니다. 두 가지 모두 숙면을 취하는 데 도움이 됩니다.

예시답안 2 독서

I usually read a book before going to bed. These days, I read Japanese novels, specially written by Yoshimoto Banana. I like her writing, and it helps me to fall a sleep.

> 저는 보통 자기 전에 책을 읽습니다. 요즘은 일본 소설 특히 요시모토 바나나의 책을 읽고 있습니다. 저는 그녀의 글을 좋아하며 제가 잠이 드는 데 도움이 됩니다.

Unit 04

건강과 스트레스 관리

How is your health?
How do you keep yourself fit?

당신의 건강은 어떻습니까?, 건강관리를 어떻게 합니까?

→ **What do you do to keep yourself fit?**
→ **Are you healthy?**

합격비법 1 건강하다고 말한다

I am healthy enough.
저는 충분히 건강합니다.

I am mentally and physically fit to work.
저는 정신적으로나 신체적으로나 일하기에 적합합니다.

Of course, I believe a healthy mind in a healthy body.
물론입니다. 저는 건강한 신체에 건강한 정신이 깃든다고 믿습니다.

합격비법 2 건강 유지 비결을 말한다

I take exercises everyday.
저는 매일 운동합니다.

I work out everyday.
저는 매일 운동합니다.

I go to gym regularly.
저는 규칙적으로 헬스클럽에 갑니다.

I go for swimming.
저는 수영을 합니다.

I do yoga.
저는 요가를 합니다.

I walk a lot.
저는 많이 걷습니다.

I take a walk for 30 minutes everyday.
하루 30분씩 산책을 합니다.

I have organic and healthy food.

저는 유기농에 건강에 좋은 음식을 먹습니다.

I don't drink heavily and don't overeat.

과식, 과음을 하지 않습니다.

I always try to think positively and to enjoy my life.

매사를 긍정적으로 생각하고, 즐기면서 삽니다.

I try not to get stressed easily.

스트레스를 쉽게 받지 않으려고 노력합니다.

I try to live a well-regulated life and to sleep enough.

규칙적인 생활을 하며 잠을 충분히 잡니다.

합격비법 3 마무리한다

It helps me a lot to keep myself fit.

그것은 제가 건강을 유지하는 데 많은 도움이 됩니다.

These are rules of my life, which I always try to keep.

이런 것들이 제가 언제나 지키려 하는 저의 생활수칙입니다.

This is not special at all, but it is a good habbit for health.

이것은 전혀 특별한 것이 아니지만 건강에 좋은 습관입니다.

예시답안 1 운동과 신선한 음식 섭취

I am healthy enough. I take exercises everyday and I have organic and healthy food. It helps me a lot to keep myself fit.

저는 충분히 건강합니다. 저는 매일 운동하며 유기농의 신선한 음식을 먹습니다. 이것은 제가 건강을 유지하는 데 많은 도움이 됩니다.

예시답안 2 수영과 마인드컨트롤

I am mentally and physically fit to work. I go for swimming and try not to get stressed easily. These are rules of my life, which I always try to keep.

저는 정신적으로나 신체적으로나 일하기에 적합합니다. 저는 수영을 하고 스트레스를 쉽게 받지 않으려 노력합니다. 이런 것들이 제가 언제나 지키려 노력하는 생활수칙입니다.

02 | What kind of sports do you like?

좋아하는 운동은 무엇입니까?

→ **What is your favorite sport and why?**
→ **Tell me about your favorite sport.**

좋아하는 운동이라 해서 거창하거나 본인이 잘할 수 있는 운동만이 해당되지는 않는다. 달리기 같은 단순한 것도 좋고, 잘하지 못해도 즐겨 시청하는 스포츠에 대해 말해도 좋다.

합격비법 1 가장 좋아하는 운동이 무엇인지 말한다

My favorite sport is __________. 제가 가장 좋아하는 운동은 _____ 입니다.

I am quite quick in my movements. Specially, I love __________.
저는 운동신경이 꽤 좋은 편입니다. 특히 저는 _____ 을 좋아합니다.

I am interested in sports both watching and playing. I like __________.
저는 스포츠 시청하는 것과 직접 하는 것 모두 관심이 있습니다. 저는 _____을 좋아합니다.

I love __________. 저는 _____를 좋아합니다.

합격비법 2 그 이유를 설명한다

Because, **it is good for health.**
왜냐하면, 건강에 좋기 때문입니다.

it is really helpful to de-stress.
스트레스 해소에 정말 도움이 됩니다.

it is excited.
흥분되기 때문입니다.

whenever I watch __________ games, I can feel 'team spirit' and 'passion'.
_____경기를 볼 때마다, 저는 '팀 스피릿'과 '열정'을 느낄 수 있습니다.

it helps me to think in a positive way and shed my anxieties.
긍정적인 사고와 불안을 떨쳐내는 데 도움이 됩니다.

That is why I like ________.

그렇기 때문에 저는 _____를 좋아합니다.

That is why I am a big fan of ________.

그렇기 때문에 저는 _____의 마니아입니다.

Specially, I like ________. (좋아하는 운동선수를 말해도 좋다.)

특히, 저는 _____를 좋아합니다.

예시답안 1 올림픽

I like watching the Olympics. Because I like to see all countries come together for one big event every 4 years. So I feel the whole world becomes one. Lastly, a lot of games are held all day long, so I feel like a festival. It is very excited. That is why I am a big fan of the Olympic.

> 저는 올림픽 경기 보는 것을 좋아합니다. 왜냐하면 모든 나라들이 매 4년마다 하나의 큰 행사를 위해 모이는 것을 보는 것이 좋기 때문입니다. 저는 전 세계가 하나가 되는 듯한 기분을 느낍니다. 마지막으로 많은 경기들이 하루 종일 열리기에 축제 같은 기분이 듭니다. 정말 설레는 일입니다. 이것이 제가 올림픽 마니아인 이유입니다.

예시답안 2 요가

I am quite quick in my movements. Specially I like doing yoga. Because it helps me to think in a positive way and shed my anxieties. Also I can keep my body in shape. I have practiced yoga for 5 years. I reduce tension and stress through yoga. That is why I like yoga.

> 저는 운동신경이 꽤 좋은 편입니다. 특히 저는 요가하는 것을 좋아합니다. 왜냐하면 요가는 긍정적인 사고와 불안 해소에 도움이 되기 때문입니다. 몸매도 유지할 수 있습니다. 저는 요가를 5년 동안 해 왔습니다. 저는 요가를 통해 긴장과 스트레스를 줄입니다. 그렇기 때문에 저는 요가를 좋아합니다.

03 When do you get stressed?

당신은 어떤 때 스트레스를 받습니까?

→ **What makes you stressed?**
→ **Have you been stressed with someone or something?**

합격비법 1 스트레스를 쉽게 받는 편이 아니라고 한다

I'm not the one who feels stressed easily.
저는 스트레스를 쉽게 받는 편이 아닙니다.

I'm a positive person. So I don't get stressed easily, but sometimes I do.
저는 긍정적인 사람입니다. 그래서 쉽게 스트레스를 받지 않지만 가끔씩 받기도 합니다.

합격비법 2 스트레스 받는 경우를 말한다

However I get a bit stressed when I ________________________.
하지만 저는 ____________ 할 때 스트레스를 조금 받습니다.

have to work with an unpunctual person.
시간 개념이 없는 사람과 일을 해야 할 때

can't finish my job in time.
제 시간에 일을 끝내지 못할 때

________________________makes me a bit stressed.
____________은/는 제게 스트레스를 줍니다.

People who behave audaciously in public
공공장소에서 무례하게 행동하는 사람들

A severe traffic jam
심각한 교통 체증

 긍정적인 내용으로 마무리한다

I can handle stress very well. So it is not a big problem.

저는 스트레스를 매우 잘 해결합니다. 그래서 그것이 큰 문제가 되지 않습니다.

I am very positive. So I can overcome quickly.

저는 매우 긍정적입니다. 그래서 빨리 극복할 수 있습니다.

예시답안 1 제한된 시간에 많은 일을 해야 할 때

I'm not the one who feels stressed easily. However I get a bit stressed when I have to handle many problems in a limited time. Because I prefer taking my time when I work. However I can handle stress very well. So it is not a big problem.

저는 쉽게 스트레스를 받지 않습니다. 하지만 제한된 시간에 많은 문제를 처리해야 할 때 조금 스트레스를 받습니다. 저는 충분한 시간을 들여 일하는 편을 선호하기 때문입니다. 하지만 저는 스트레스를 매우 잘 해결합니다. 그래서 그것이 큰 문제가 되지 않습니다.

예시답안 2 교통체증이 있을 때

I'm a positive person. So I don't get stressed easily, but sometimes I do. For example, a severe traffic jam makes me a bit stressed. Because I don't like to be late when I have an appointment. So I have a habit to go out 20 minutes earlier than I'm supposed to do.

저는 긍정적인 사람입니다. 따라서 쉽게 스트레스를 받진 않지만 가끔씩은 받습니다. 예를 들면, 교통체증은 제게는 다소 스트레스를 줍니다. 약속에 늦는 것을 좋아하지 않기 때문입니다. 그래서 제게는 나가야 하는 시간보다 20분씩 일찍 나가는 습관이 있습니다.

04 How do you release your stress?

당신은 어떻게 스트레스를 해소합니까?

→ **Do you have your own way to reduce stress?**
→ **How do you de-stress yourself?**

사람을 상대하는 서비스업에서 스트레스는 가장 큰 적이기에, 스트레스에 대한 질문이 많은 편이다. 언제, 어떤 상황에서 스트레스를 받는지 밝히는 것도 중요하지만, 자신만의 스트레스 해소법이 있으며 스트레스를 잘 컨트롤을 할 수 있다는 인상을 심어 줄 필요가 있다.

합격비법 1 스트레스를 자주 받는 편이 아니라고 말한다

I am not the person who gets stressed easily.

저는 쉽게 스트레스를 받는 사람이 아닙니다.

I don't get stressed very often.

저는 스트레스를 자주 받지 않습니다.

I am very positive, so I am not usually stressed out.

저는 매우 긍정적이기에 보통 스트레스를 받지 않습니다.

합격비법 2 나만의 스트레스 해소법을 말한다

However when I get stressed, 하지만 제가 스트레스를 받을 때는,

I stop everything and breathe in and out deeply. I think it is an immediate and highly effective way.

모든 일을 멈추고 숨을 깊게 들이쉬고 내쉽니다. 즉각적이고 효과 좋은 방법이라고 생각합니다.

if possible, I practice yoga. I have done it for 5 years. It makes my brain cleared. So I can restart at the beginning.

가능하다면 요가를 합니다. 저는 5년 동안 요가를 했습니다. 요가는 제 머리를 맑게 해 줍니다. 따라서 처음부터 다시 시작할 수 있게 합니다.

I try to walk. Because I can organize my thoughts while walking. It helps to blow the cobwebs away.

저는 산책을 합니다. 걷는 동안 생각을 정리할 수 있기 때문입니다. 산책은 머리를 맑게 해 줍니다.

I just have a cup of cold drink and have a chat with people around me. That helps me a lot to de-stress myself.

저는 그냥 차가운 음료수를 마시고 주변 사람들과 수다를 떱니다. 그것은 스트레스를 해소하는 데 많은 도움이 됩니다.

I listen to music. I like all kinds of music. Pop makes me alive and feel good, and classic music makes me stay calm and generous.

저는 음악을 듣습니다. 저는 모든 종류의 음악을 좋아합니다. 팝송은 제게 생기를 주고 저를 기분 좋게 만들고, 클래식 음악은 침착함과 관대함을 가져다줍니다.

I love to eat sweets. Then I can forget about the stuff which makes me anxious.

저는 단 것을 즐겨 먹습니다. 그러면 염려되는 일들을 잊을 수 있습니다.

I get massage treatments or stretch. So I can relax myself a bit.

마사지를 받거나 스트레칭을 합니다. 그러면 조금 느긋해질 수 있습니다.

합격비법 3 마무리한다

That is why I _________ when I get pressured.

그렇기에 스트레스를 받을 때 저는 ______를 합니다.

_________ helps me a lot to refresh myself.

______ 은 기분 전환에 많은 도움이 됩니다.

So I try to _________ when I get stressed.

그래서 저는 스트레스를 받으면 ______ 하려고 노력합니다.

 **예시답안 1** 산책하며 생각을 정리하거나 사람들과 수다를 떤다

I am not the person who gets stressed easily. However, when I get stressed, I try to walk. Because I can organize my thoughts while walking. It helps me to blow the cobwebs away. If it's not possible, I just have a cup of cold drink and have a chat with people around me. That helps me a lot to de-stress myself. That is why I have a walk or a chat with people when I get pressured.

저는 쉽게 스트레스를 받는 사람이 아닙니다. 하지만 스트레스를 받으면, 저는 산책을 합니다. 걷는 동안 생각을 정리할 수 있기 때문입니다. 산책은 머리를 맑게 해 줍니다. 하지만 그게 가능하지 않다면, 저는 차가운 음료수를 마시고 주변 사람들과 수다를 떱니다. 그것은 스트레스 해소에 많은 도움이 됩니다. 이것이 스트레스를 받을 때 산책을 하거나 사람들과 수다를 떠는 이유입니다.

 **예시답안 2** 음악을 듣거나 단 음식을 먹는다

I don't get stressed very often. However when I get stressed, I listen to music. I like all kinds of music. Pop makes me feel good and alive, and classic music makes me calm and generous. Also I love to eat sweets, to get massage treatments or stretch. Then I can forget about the stuff which makes me anxious. So I try to listen to music or have sweets when I get stressed.

저는 스트레스를 자주 받지 않습니다. 하지만 스트레스를 받을 때는 음악을 듣습니다. 저는 모든 종류의 음악을 좋아합니다. 팝송은 기분을 좋게 하고 생기를 불어넣으며, 클래식 음악은 침착함과 관대함을 가져옵니다. 또한 단 것을 먹고, 마사지를 받거나 스트레칭 하는 것도 좋아합니다. 그러면 염려되는 일들을 잊을 수 있습니다. 그래서 저는 스트레스를 받으면 음악을 듣거나 단 것을 먹으려 합니다.

Unit 05

가족관계

01 How many members are there in your family?

당신의 가족은 모두 몇 명입니까?

→ **How many people do you have in your family?**
→ **How many family members do you have?**

합격비법 1 가족수를 말한다

There are ○○ members in my family. My parents, ○○ younger sister/older sister/older brother/younger brother and myself.
우리 가족은 ○○명입니다. 부모님과 ○○명의 여동생/언니/오빠/남동생과 제가 있습니다.

There are ○○ members in my family. I'm the only child/the youngest one/the oldest one.
우리 가족은 ○○명입니다. 저는 외동딸(외동아들)입니다/막내입니다/장녀(장남)입니다.

We are a family of __________.
우리는 ______인 가족입니다.

합격비법 2 가족에 대한 간단한 설명을 한다

We are very family-oriented.
우리는 매우 화목한 가족입니다.

We are a big/large family.
우리는 대가족입니다.

We have good relationships.
우리는 사이 좋은 가족입니다.

We respect each other.
우리는 서로를 존중합니다.

We love each other.
우리는 서로 사랑합니다.

합격비법 3　가족에 대한 부연 설명으로 마무리한다

Every evening we have dinner together and talk about our daily life.

매일 저녁 우리는 함께 식사하고 일과를 이야기합니다.

Whenever we talk, we try to be more considerate.

대화를 할 때면, 상대를 배려하려 애씁니다.

My parents always trust me instead of telling me what to do.

부모님은 제게 무엇을 하라고 명령하기보다 저를 늘 믿어 주십니다.

We have a lot of good memories and episodes we shared.

우리 가족은 정말 많은 추억과 에피소드를 공유합니다.

Family is the source of my strength.

가족은 힘의 원천입니다.

Family is hope to me.

저에게 가족이란 희망입니다.

예시답안 1　3녀 중 장녀

There are 6 members in my family. My parents, my grandfather, 2 younger sisters and myself. We are very family-oriented. So, every evening we have dinner together and talk about our daily life.

> 우리 가족은 6명입니다. 부모님, 할아버지, 2명의 여동생 그리고 저입니다. 우리는 매우 화목합니다. 매일 저녁 우리는 함께 식사하고 일과를 이야기합니다.

예시답안 2　외동딸

We are a family of 3. I'm the only child. I live with my parents. We respect each other. So, whenever we talk, we try to be more considerate. Specially my parents always trust me instead of telling me what to do.

> 우리는 3인 가족입니다. 저는 외동딸이며 부모님과 함께 살고 있습니다. 우리는 서로를 존중합니다. 대화할 때는 상대를 배려하려 애씁니다. 특히 부모님은 제게 무엇을 하라고 명령하기보다 저를 늘 믿어 주십니다.

Could you tell me about your father/mother?

아버지/어머니에 대해 말씀해 주시겠습니까?

→ **Introduce about your father/mother please.**
→ **How would you describe your father/mother?**

합격비법 1 부모님의 직업을 밝힌다

He/She works for _________. 그/그녀는 _____ 에서 일하십니다.
He/She is a _________. 그/그녀는 _____ 입니다.
He/She has his/her own business. 그/그녀는 사업을 하십니다.

합격비법 2 성격에 대해 설명한다

He/She is _________. So, _________. 아버지/어머니는 _____입니다. 그래서 _____합니다.

He is very warm-hearted and outgoing. So he loves to help people and has many friends.

아버지는 마음이 따뜻하고 활발하십니다. 그래서 사람들을 돕는 것을 좋아하고 친구가 많습니다.

She is very open-minded and logical. So she doesn't like to judge people by prejudice.

어머니는 매우 개방적이고 논리적인 분입니다. 그래서 편견을 갖고 사람들을 판단하는 것을 싫어하십니다.

He has a strong sense of responsibility. So he hardly complains about everything. He does his best to complete it instead.

아버지는 책임감이 강하십니다. 그래서 모든 일에 거의 불평을 하지 않으십니다. 불평보다는 그 일을 끝마치기 위해 최선을 다하는 분입니다.

His/Her personality is _________. So, _________.

아버지/어머니는 _____ 한 성격입니다. 그래서 _____합니다.

Her personality is positive and she is a good listener. So many people love to talk to her.

어머니는 긍정적인 성격으로 남의 말을 잘 들어주십니다. 그래서 많은 사람들이 어머니와 대화하는 것을 좋아합니다.

His personality is considerate. **So** his delicate attention always makes our family happy.

아버지는 자상한 성격입니다. 아버지의 자상한 배려는 언제나 우리 가족을 행복하게 합니다.

Her personality is lovely and sociable. **So** everyone likes her. She is still like a girl.

어머니는 사랑스럽고 사교적인 성격입니다. 그래서 모두가 그녀를 좋아합니다. 어머니는 여전히 소녀 같습니다.

합격비법 3 본인과의 관계를 언급한다

He/She is my biggest supporter. 그/그녀는 저의 가장 큰 지지자입니다.
He/She is my good adviser. 그/그녀는 저의 훌륭한 조언자입니다.
He/She is like my best friend. 그/그녀는 저의 가장 친한 친구와 같습니다.

예시답안 1 가장 큰 지지자로서의 아버지

My father works for a bank. He is very warm-hearted and outgoing. So he loves to help people, and has many friends. Whatever I do, he always try to trust me. He is my biggest supporter.

아버지는 은행에서 일하십니다. 마음이 따뜻하고 활발한 분입니다. 그래서 사람들을 돕는 것을 좋아하고 친구가 많습니다. 제가 무슨 일을 하든 언제나 저를 믿어 주려 하십니다. 아버지는 저의 가장 큰 지지자입니다.

예시답안 2 좋은 조언자로서의 어머니

My mother is a housewife. Her personality is positive and she is a good listener. So many people love to talk to her. She hardly tell me what to do. Instead, she always encourages me. So she is my good adviser.

어머니는 가정주부이십니다. 긍정적인 성격으로 남의 말을 잘 들어주십니다. 그래서 많은 사람들이 어머니와 대화하는 것을 좋아합니다. 어머니는 제게 무엇을 하라는 말씀은 거의 하시지 않습니다. 대신 언제나 저를 격려해 주십니다. 어머니는 저의 훌륭한 조언자입니다.

03 Do you spend much time talking to your family?

가족들과 대화하는 데 많은 시간을 할애합니까?

→ Do you often talk to your family?
→ What do you normally talk with your family?

합격비법 1 얼마나 자주 대화하는지 솔직히 밝힌다

Yes, I do. I try to talk to my family as much as I can.
네, 그렇습니다. 저는 할 수 있는 한 가족들과 많은 시간 대화하려 애씁니다.

Yes, I try to. We are quite family-oriented. So we talk every evening.
네, 그러려고 노력합니다. 우리는 화목한 편입니다. 그래서 매일 저녁 대화를 나눕니다.

Yes, I used to. But these days, I live apart from my family. So I try to talk to them on the phone.
네, 그랬습니다. 하지만 요즘 제가 가족들과 떨어져 사는 관계로 전화로 대화하려고 애씁니다.

Not really. Because we are all busy these days. So I try to talk to my family whenever I have a chance.
별로 그렇지 않습니다. 요즘 모두 바쁘기 때문입니다. 그래서 저는 기회가 있을 때마다 가족들과 대화하려 합니다.

합격비법 2 주된 대화 주제를 말한다

We normally talk about (current issues, our daily life, our future, our concerns, our interests, everything).
우리는 대개 (최근의 이슈, 일상생활, 우리의 미래, 근심, 관심사, 모든 것)에 대해 이야기합니다.

Recently, my interview for ○○ air is the hottest issue in my family.
최근의 가장 큰 이슈는 ○○ 항공에 지원한 제 인터뷰입니다.

Last night, we talked about Christmas. We are going to have a Christmas party at home.
지난밤 우리는 크리스마스에 대해 이야기했습니다. 우리는 집에서 크리스마스 파티를 열 것입니다.

 마무리한다

It is informative. I always learn many things from them.

유익한 일입니다. 저는 가족에게서 많은 것을 배웁니다.

I have fun whenever I talk to my family.

가족과 대화할 때마다 즐겁습니다.

They are my biggest supporters.

그들은 저의 가장 큰 지지자입니다.

예시답안 1 최근 이슈나 일상생활에 대해 이야기한다

Yes, I do. I try to talk to my family as much as I can. We normally talk about current issues and our daily life. It is informative. I always learn many things from them.

네, 그렇습니다. 저는 가능한 한 많은 시간 가족들과 대화하려고 노력합니다. 우리는 보통 최근의 이슈나 일상생활에 대해 이야기를 나눕니다. 그것은 유익합니다. 저는 늘 가족들로부터 많은 것들을 배웁니다.

예시답안 2 모든 것이 대화 주제가 된다

Yes, I try to. We are quite family-oriented. So we talk every evening. We normally talk about our interests, our future and everything. I always have fun whenever I talk to my family.

네, 그러려고 노력합니다. 우리는 화목한 편입니다. 그래서 매일 저녁 대화를 나눕니다. 보통 우리의 관심사, 미래, 모든 것이 주제가 됩니다. 가족들과 대화할 때마다 즐겁습니다.

How often do you help your mother with her housework?

어머니의 집안일을 얼마나 자주 도와 드립니까?

→ Do you like to help your mother with her housework?
→ What do you do to help your mother with her housework?

합격비법 1 얼마나 자주 도와 드리는지 말한다

I help my mother with her housework ___________(빈도)___________.
저는 ___________ 어머니의 가사를 돕습니다.

I am always happy to help my mother. Normally, I help her _____(빈도)_____.
저는 언제나 어머니를 돕는 것이 좋습니다. 보통 ___________어머니를 돕습니다.

✈ 빈도를 나타내는 표현

almost everyday   거의 매일
every the other day   이틀에 한 번
once in a week   일주일에 한 번
whenever I have a chance   기회가 있을 때마다
whenever I'm home   집에 있을 때마다

합격비법 2 구체적인 예를 든다

I clean the house. 집을 청소합니다.
I wash the dishes. 설거지를 합니다.
I do the laundry. 빨래를 합니다.
I mop the floor. 바닥을 닦습니다.
I cook for my family. 가족을 위해 요리를 합니다.
I seperate trash. 쓰레기 분리수거를 합니다.

 마무리한다

I don't think my mother is the only one who is responsible for housework, I think it's a part of my job as a family member.

저는 어머니만이 집안일을 담당하는 사람이라 생각하지 않습니다. 가족 구성원으로서 제가 할 일의 하나라고 생각합니다.

Not only me, other family members also help her. I feel good to help her.

저뿐만 아니라 다른 가족들도 어머니를 돕습니다. 어머니를 돕는 것은 기분 좋은 일입니다.

예시답안 1 거의 매일 청소와 빨래를 한다

I help my mother with her housework almost everyday. I clean the house and do the laundry. I don't think my mother is the only one who is responsible for housework, I think it's a part of my job as a family member.

저는 거의 매일 어머니의 일을 거듭니다. 청소하고 빨래를 합니다. 저는 어머니만이 집안일을 담당하는 사람이라 생각하지 않습니다. 가족 구성원으로서 제 일의 한 부분이라고 생각합니다.

예시답안 2 집에 있을 때마다 설거지와 바닥 청소를 한다

I help my mother with her housework whenever I'm home. I wash the dishes and mop the floor. Not only me, other family members also help her. I feel good to help her.

저는 집에 있을 때마다 어머니를 돕습니다. 설거지를 하고 바닥을 닦습니다. 저뿐만 아니라 다른 가족들도 어머니를 돕습니다. 어머니를 돕는 것은 기분 좋은 일입니다.

나만의 비밀 노트

친구관계

01 What is a friend to you?

02 Tell me something about your best friend.

03 What do your family and friends say about your plan to be a flight attendant?

04 Where would you like to take your foreign friends who visit to see you?

05 When you meet people, do you choose friends who are different from you or similar to you?

06 What is the most important thing in true friendship?

01 What is a friend to you?

당신에게 친구란 무엇입니까?

→ **What's your own definition of a friend?**
→ **How would you define a friend?**

합격비법 1 비유를 통해 정의한다

As for me/In my case, a friend is like __________.
제게 있어 친구란 마치 _____와 같습니다.

합격비법 2 구체적인 설명을 더한다

Because _______________________________.
왜냐하면 _______________이기 때문입니다.

Vitamin C: Because whenever I am with my friends, I feel fresh and I'm motivated.
비타민 C: 친구들과 있을 때면 언제나 기분이 새로워지고 의욕이 생기기 때문

Sunday: Because whenever I am with my friends, I feel comfortable and relaxed.
일요일: 친구들과 있을 때면 편안하고 여유로워지기 때문

Fresh air: Because I can't think about who I am now without my friends.
신선한 공기: 친구들 없는 지금의 모습을 생각할 수 없기 때문

Heart: Because both of them go strong until the end.
심장: 친구와 심장 모두 마지막 순간까지 강한 기운이 있기 때문

Homemade cake: Because we should work so hard to have a true friend, then we can enjoy the sweetness with our friends.
집에서 만든 케이크: 진정한 친구를 가지려면 정성을 기울여야 하고, 그런 다음 친구와 함께 그 달콤함을 누릴 수 있기 때문

 마무리한다

That's why I think a friend is like __________.

그렇기 때문에 저는 친구는 _____와 같다고 생각합니다.

친구란 비타민C와 같다

As for me, a friend is like Vitamin C. Because whenever I am with my friends, I feel fresh and I'm motivated. They always encourage me whatever I do. That's why I think a friend is like Vitamin C.

제게 있어 친구란 비타민 C와도 같습니다. 친구들과 있을 때면 언제나 기분이 새로워지고 의욕이 생기기 때문입니다. 그들은 제가 무엇을 하든 언제나 용기를 북돋아 줍니다. 그렇기 때문에 친구란 비타민 C와 같다고 생각합니다.

친구란 일요일과 같다

In my case, a friend is like Sunday. Because whenever I am with my friends, I feel comfortable and relaxed as spending my time on Sunday. That's why I think a friend is like Sunday.

제게 있어 친구란 일요일과 같습니다. 친구들과 있을 때면 일요일을 보내듯 편안하고 여유로워지기 때문입니다. 그런 이유로 저는 친구를 일요일에 비유합니다.

친구란 신선한 공기와 같다

As for me, a friend is like fresh air. Because I can't think about who I am now without my friends as human can't live without fresh air. That's why I think a friend is like fresh air.

친구란 제게 신선한 공기와 같습니다. 왜냐하면 인간은 신선한 공기 없이 살 수 없듯 저는 친구들 없는 지금의 제 모습을 생각할 수 없기 때문입니다. 그렇기 때문에 저는 친구란 신선한 공기와 같다고 생각합니다.

02 Tell me something about your best friend.

가장 친한 친구에 대해 말씀해 주십시오.

→ **Introduce about your best friend please.**
→ **Could you tell me about your best friend?**

합격비법 1 · 친구의 이름, 알고 지낸 기간을 말한다

His/Her name is _________. We have known each other for _________.
그/그녀의 이름은 _____입니다. 우리는 _____ 동안 알고 지냈습니다.

He/She is _________. We met in _________.
그/그녀는 _____입니다. 우리는 _____에서 만났습니다.

합격비법 2 · 친구의 직업이나 전공 등을 소개한다

He/She works for _________.
그/그녀는 _____에서 일합니다.

He/She is a student majoring in _________.
그/그녀는 _____를 전공하는 학생입니다.

합격비법 3 · 친구의 성격이나 부연 설명을 더한다 (p.56 합격비법 2 참조)

He/She is _________. So _________.
그/그녀는 _____입니다. 그래서 _____합니다.

His/Her personality is _________. So _________.
그/그녀의 성격은 _____합니다. 그래서 _____합니다.

I can trust him/her in every way.

저는 모든 면에서 그/그녀를 신뢰할 수 있습니다.

We share many things.

우리는 많은 것을 공유하고 있습니다.

She/He is like my family now.

그녀/그는 이제 제 가족과 같습니다.

I am very happy to have her/him as my best friend.

저는 그녀/그가 저의 가장 친한 친구라는 것이 무척 기쁩니다.

예시답안 1 적극적이고 책임감이 강한 친구

Her name is Jang Minyoung. We have known each other for 10 years. She works for one of the trading companies in US. She is very active and has a strong sense of responsibility. So I can trust her in every way.

그녀의 이름은 장민영입니다. 우리는 10년 동안 알고 지냈습니다. 그녀는 미국의 한 무역회사에 근무합니다. 그녀는 매우 적극적이며 책임감이 강합니다. 그래서 저는 모든 면에서 그녀를 신뢰할 수 있습니다.

예시답안 2 사려 깊고 인간적인 친구

She is Roh Eunjoo. She is a student majoring in biology. Her personality is considerate and people-oriented. So she has many friends, and we often talk about our concerns. I also fully trust her, so we share many things.

그녀는 노은주입니다. 그녀는 생물학을 전공하는 학생입니다. 사려 깊고 인간적인 성격입니다. 그래서 그녀에게는 친구가 많고 우리는 종종 서로의 걱정거리를 얘기합니다. 저 역시 그녀를 전적으로 신뢰하기에 우리는 많은 것들을 공유합니다.

03 What do your family and friends say about your plan to be a flight attendant?

승무원이 되려는 당신의 계획에 대해 가족과 친구들은 무엇이라 합니까?

→ **Do your family and friends agree with your plan to be a flight attendant?**

→ **How do people around you support you being a flight attendant?**

합격비법 1 지인들의 반응에 대해 말한다

They are happy about it.

그들은 저의 계획에 기뻐합니다.

They always support me a lot.

그들은 언제나 저를 지지해 줍니다.

They motivate me all the time.

그들은 언제나 저의 사기를 북돋아 줍니다.

Unfortunately, they were not very happy with it.

안타깝게도 그들은 별로 좋아하지 않았습니다.

They were worried about me facing dangerous situations on board.

그들은 제가 기내에서 위험한 상황과 마주하게 되는 것에 대해 걱정했습니다.

합격비법 2 그 이유를 설명한다

Because   **they know I am ________ and ________. So they believe I'm well qualified for this position.**

그들은 제가 _____ 하고 _____ 하다는 것을 알기 **때문입니다.** 그래서 그들은 제가 이 직종에 자질이 충분하다고 믿습니다.

they know it meets my aptitude. So they believe I would be very happy to work for ○○ air as a flight attendant.

그들은 이 일이 제 적성에 잘 맞는다는 것을 알기 **때문입니다.** 그래서 그들은 제가 ○○ 항공의 승무원이 되면 즐겁게 일할 것이라 믿습니다.

they expected me to have a job related to my major.

그들은 제가 전공과 관련된 직업을 갖기를 기대했기 **때문입니다.**

they think a flight attendant is a physically hard job.

그들은 승무원이 육체적으로 힘든 직업이라고 생각하기 **때문입니다.**

처음에는 반대했으나 지금은 이해해 준다

Unfortunately they were not very happy with it. Because they expected me to have a job related to my major. However I kept trying to make them understand why I want this job. Now they fully understand my decision and dream.

> 안타깝게도 그들은 별로 좋아하지 않았습니다. 왜냐하면 그들은 제가 전공과 관련된 직업을 갖기를 기대했기 때문입니다. 하지만 저는 계속해서 내가 왜 이 직업을 원하는지 그들을 이해시키려 노력했습니다. 지금 그들은 제 결정과 꿈을 전적으로 이해합니다.

언제나 지지해 준다

They always support me a lot. Because they know it meets my aptitude. So they believe I would be very happy to work for ○○ air as a flight attendant.

> 그들은 언제나 저를 지지해 줍니다. 왜냐하면 그들은 이 일이 제 적성에 잘 맞는다는 사실을 알기 때문입니다. 그들은 제가 ○○ 항공 승무원으로 즐겁게 일할 것이라 믿습니다.

Where would you like to take your foreign friends who visit to see you?

당신을 만나러 온 외국인 친구들을 어디로 데려가고 싶습니까?

→ **Where would you like to go with your foreign friends?**
→ **Do you have any places you like to introduce to your foreign friends?**

합격비법 1 외국인 친구를 데려가고 싶은 장소를 말한다

I would like to take my foreign friends to __________.
저는 외국인 친구들을 ______(으)로 데려가고 싶습니다.

I would like to go to __________ with them.
저는 그들과 ______ 로 가고 싶습니다.

합격비법 2 이유를 설명한다

Because **it's my hometown. I want them to see the place I was grown up.**
__________ **is** (p.26 고향 소개 참조)

제 고향이기 **때문입니다**. 저는 친구들에게 제가 자란 곳을 보여 주고 싶습니다. ______ 은/는 ______한 곳입니다.

__________ **is very famous for __________. Specially I heard foreign travelers love the place.**

______은/는 ______(으)로 매우 유명하기 **때문입니다**. 특히 외국 관광객들이 그곳을 좋아한다고 들었습니다.

there are many things we can do. For example, __________.

그곳에서 할 수 있는 것들이 많기 **때문입니다**. 예를 들면, ______ 이/가 있습니다.

I hope we can have a great time there.

그곳에서 좋은 시간을 보낼 수 있었으면 합니다.

I believe they would love it.

저는 그들이 그곳을 좋아하리라 믿습니다.

I think it's a good idea to enjoy spending time with them.

저는 이것이 친구들과 시간을 즐겁게 보내는 좋은 방법이라고 생각합니다.

 예시답안 **1**　*부산*

I would like to take my foreign friends to Busan. Because, it's my hometown. I want them to see the place I was grown up. <u>There are so many places they can visit. Busan is very famous for the fish market and Busan international film festival. Specially in summer, they can enjoy swimming and surfing in many beautiful beaches.</u> → p.26의 고향 소개를 여기에서 활용하는 것도 하나의 방법이다. **I hope we can have a great time there.**

> 저는 외국인 친구들을 부산으로 데려가고 싶습니다. 왜냐하면, 그곳은 저의 고향이기 때문입니다. 저는 그들에게 제가 자란 곳을 보여 주고 싶습니다. <u>부산에는 가 볼 만한 곳이 많습니다. 수산시장과 부산국제영화제로 유명합니다. 특히 여름에는 많은 아름다운 해변에서 수영과 서핑을 즐길 수 있습니다.</u> 그곳에서 친구들과 좋은 시간을 보낼 수 있었으면 좋겠습니다.

 예시답안 **2**　*서울 동대문시장*

I would like to go to Dongdaemun market with them. Because, Dongdaemun market is very famous for shopping and eating. Specially I heard foreign travelers love the place. So I would like to go for window shopping with them if they like it, and we can enjoy Korean famous food there. I believe they would love it.

> 저는 친구들과 동대문시장에 가고 싶습니다. 동대문시장은 쇼핑과 먹거리로 매우 유명하기 때문입니다. 특히 외국인 관광객들이 그곳을 좋아한다고 들었습니다. 그래서 저는 그들이 좋아한다면, 함께 윈도우쇼핑을 하며, 한국의 유명한 음식을 먹고 싶습니다. 저는 친구들이 그곳을 좋아하리라 믿습니다.

When you meet people, do you choose friends who are different from you or similar to you?

사람들을 만날 때, 당신은 당신과 성향이 다른 친구를 선택합니까, 아니면 당신과 비슷한 친구를 선택합니까?

> → Are you more comfortable being with friends who are similar to you, or with friends who are different from you?
> → Do you prefer having friends who are similar to you to having friends who are different from you?

합격비법 1 양쪽 모두 수용한다는 포괄적인 대답을 한다

I have both kinds of friends. 저는 두 부류의 친구들이 다 있습니다.
I don't mind both. 둘 다 괜찮습니다.
I love both of them. 두 부류 모두에게 끌립니다.

합격비법 2 그중 하나를 선택해 그 이유를 설명한다

a. 둘 중 하나를 선택

But personally, I'm more comfortable being with people who are different from me/similar to me.
하지만 개인적으로 저는 저와 다른 사람과 있으면/저와 비슷한 사람과 있으면 좀 더 편안합니다.

b. 이유 설명

Different from me : Because I can learn many things from them. So I'm able to be more open-minded. Also I believe it's more interesting to exchange our different ideas and opinions.
나와 다른 : 왜냐하면 저는 그들로부터 많은 것을 배울 수 있습니다. 그래서 좀 더 열린 사고를 하게 됩니다. 또한 저는 다른 생각과 의견들을 교류하는 것이 더 흥미로울 것이라 믿습니다.

Similar to me : Because we have a lot in common, so I can share more things with them. It makes me understand them more. I believe it could help me to build up good relationships with them.

나와 비슷한 : 공통점이 많으면 더 많은 것들을 공유할 수 있기 때문입니다. 이것은 제가 그들을 더 잘 이해할 수 있게 해줍니다. 저는 이런 점이 친구들과 좋은 관계를 쌓아 나가는 데 도움이 될 수 있다고 믿습니다.

 마무리한다

That's why I prefer having friends who __________.

그렇기 때문에 저는 _____ 한 친구들을 더 선호합니다.

예시답안 1 *나와 성향이 다른 친구*

I have both kinds of friends. But personally, I'm more comfortable being with people who are different from me. Because I can learn many things from them. So I'm able to be more open-minded. Also I believe it's more interesting to exchange our different ideas and opinions. It should make us grow up. That's why I prefer having friends who are different from me.

> 저는 두 부류의 친구들이 다 있습니다. 하지만 개인적으로 저와 다른 사람과 있으면 더 편안하다고 느낍니다. 그들로부터 많은 것을 배울 수 있기 때문입니다. 그래서 보다 열린 사고를 하게 됩니다. 또한 다른 생각과 의견들을 교류하는 것이 좀 더 흥미롭게 여겨집니다. 그것은 우리를 보다 성장하게 할 것입니다. 이런 이유로 저는 저와 다른 유형의 친구들을 선호합니다.

예시답안 2 *나와 성향이 비슷한 친구*

I don't mind both. But personally, I'm more comfortable being with people who are similar to me. Because we have a lot in common, so I can share more things with them. It makes me understand them more. I believe it could help me to build up good relationships with them. That's why I prefer having friends who are similar to me.

> 어느 쪽이든 상관없습니다. 하지만 개인적으로 저는 비슷한 유형의 사람과 함께일 때 좀 더 편안해집니다. 공통점이 많으면 더 많은 것들을 공유할 수 있고, 그것은 제가 그들을 더 잘 이해할 수 있게 해줍니다. 저는 이것이 좋은 관계를 쌓아 나가는 데 도움이 될 수 있다고 믿습니다. 그렇기 때문에 저와 비슷한 친구들을 선호합니다.

What is the most important thing in true friendship?

진정한 우정에서 가장 중요한 것은 무엇입니까?

→ **What is the most important value in relationships?**
→ **How do you build up relationships with your friends?**

합격비법 1 진정한 우정에서 가장 중요하다고 생각하는 것을 말한다

I think the most important thing in true friendship is __________.

저는 우정에서 가장 중요한 것은 ______ 하는 것이라고 생각합니다.

to trust each other.

서로 신뢰하는 것입니다.

to be sincere.

진심으로 대하는 것입니다.

to understand each other.

서로를 이해하는 것입니다.

to accept them as they are.

상대를 있는 그대로 받아들이는 것입니다.

to support whatever they do.

친구가 무엇을 하든지 지지해 주는 것입니다.

to be with them when they get through a hard time.

친구가 힘든 시기를 보낼 때 곁에 있어 주는 것입니다.

합격비법 2 이유를 설명한다

Because, if we don't __________, we couldn't __________.

왜냐하면, 만약 우리가 ______ 하지 않는다면, 우리는 ______ 할 수 없을 것이기 때문입니다.

if we don't trust each other, we couldn't be sincere.

만약 우리가 서로 신뢰하지 않는다면, 진심을 보여 주기가 어려울 것이기 때문입니다.

만약 서로를 이해하지 않는다면, 힘든 시기를 함께 헤쳐 나가지 못할 것이기 때문입니다.

if we don't accept each other as we are, **we couldn't** fully support each other.

만약 서로를 있는 그대로 받아들이지 않는다면, 우리는 서로를 충분히 지지해 줄 수 없기 때문입니다.

합격비법 3 마무리한다

So I always try to _________ to build up good relationships with them.

그래서 저는 언제나 그들과 좋은 관계를 쌓아 나가기 위해 _____ 하려고 노력합니다.

I always appreciate having good friends around me.

저는 언제나 제 주위에 멋진 친구들이 있음에 감사합니다.

서로를 신뢰하는 것

I think the most important thing in true friendship is to trust each other. Because, if we don't trust each other, we couldn't be sincere. So I always try to trust my friends to build up good relationships with them.

> 저는 우정에서 가장 중요한 것은 서로를 신뢰하는 것이라고 생각합니다. 만약 우리가 서로 신뢰하지 않는다면, 진심을 보여 주기가 어려울 것이기 때문입니다. 그래서 저는 친구들과 좋은 관계를 쌓아 나가기 위해 언제나 제 친구들을 신뢰하려 노력합니다.

서로를 이해하는 것

I think the most important thing in true friendship is to understand each other. Because, if we don't understand each other, we couldn't be together when we get through a hard time. I always appreciate having good friends around me.

> 저는 우정에서 가장 중요한 것은 서로를 이해하는 것이라고 생각합니다. 만약 서로를 이해하지 않는다면, 힘든 시기를 함께 헤쳐 나가지 못할 것이기 때문입니다. 저는 제 주위의 좋은 친구들에게 늘 감사하고 있습니다.

나만의 비밀 노트

대인관계

01

Do you prefer traveling with people to traveling alone?

당신은 혼자 여행하는 것보다 사람들과 함께 여행하는 것을 선호합니까?

→ **Do you like traveling with people?**
→ **When you travel, do you go with your friends or alone?**

합격비법 1   양쪽 모두 좋다는 포괄적인 대답을 한다

I don't mind both.
어느 쪽이든 상관없습니다.

I love both.
둘 다 좋습니다.

It depends on the situation.
상황에 따라 다릅니다.

합격비법 2   승무원을 희망하고 있으므로 사람들과 함께 여행하는 편을 선호한다고 밝히고 이유를 설명한다

a. 사람들과 함께 여행하는 편 선호

But personally I prefer traveling with people.
하지만 개인적으로 저는 사람들과 함께 여행하는 것을 선호합니다.

b. 이유 설명

Because   **I can share good and beautiful memories with them.**
저는 그들과 멋지고 아름다운 추억을 공유할 수 있기 **때문입니다.**

we can help each other when there is a problem.
문제가 생길 때 서로 도울 수 있기 **때문입니다.**

the trip can be more interesting when there are more people.
사람이 많으면 여행이 보다 흥미로워질 수 있기 **때문입니다.**

I love to be with people. So normally I have a great time when I travel with people.

저는 사람들과 있는 것을 좋아하기 **때문입니다**. 그래서 대개 저는 사람들과 함께 여행을 갈 때 즐겁게 시간을 보냅니다.

 ## 마무리한다

So I prefer traveling together.

그래서 저는 여럿이 함께 여행하는 것을 선호합니다.

That's why I prefer traveling together.

그런 이유로 저는 함께 여행하는 것을 선호합니다.

추억을 공유하고 서로 협력할 수 있기에 함께 하는 여행 선호

I don't mind both. But personally I prefer traveling with people. Because I can share good and beautiful memories with them. Also we can help each other when there is a problem. So I prefer traveling together.

어느 쪽이든 상관없습니다. 하지만 개인적으로 저는 사람들과 함께 여행하는 것을 선호합니다. 왜냐하면 그들과 멋지고 아름다운 추억을 공유할 수 있으며, 또 문제가 생기면 서로 도울 수 있기 때문입니다. 그래서 저는 함께 여행하는 것이 더 좋습니다.

사람들과 함께 하는 것을 좋아하기에 함께 하는 여행 선호

I love both. But personally I prefer traveling with people. Because the trip can be more interesting when there are more people. Also I love to be with people. So normally I have a great time when I travel with people. That's why I prefer traveling together.

둘 모두 좋습니다. 하지만 개인적으로 저는 사람들과 여행하는 것을 선호합니다. 사람이 많으면 여행은 보다 흥미로워지기 때문입니다. 또한 저는 사람들과 함께 있는 것이 좋습니다. 그래서 저는 사람들과 함께 여행을 갈 때 대체로 즐거운 시간을 보냅니다. 그렇기 때문에 저는 여럿이 함께 여행하는 쪽을 선호합니다.

What kind of people do you like to work with?

어떤 유형의 사람과 함께 일하고 싶습니까?

→ **What types of person do you feel happy to work with?**
→ **Do you have a desire for ideal co-worker?**

합격비법 1 어느 누구와도 잘 어울리는 성격임을 먼저 밝힌다

I can get along well with any kind of people.
저는 어느 누구와도 잘 어울릴 수 있습니다.

I am the person who can mix well with people.
저는 사람들과 한데 잘 섞이는 사람입니다.

I don't mind. I am a very sociable person.
상관없습니다. 저는 매우 사교적인 사람입니다.

합격비법 2 특히 좋아하는 유형의 동료에 대해 말한다

However, if I had to choose one, 하지만, 꼭 선택해야 한다면,

I would like to work with someone who is considerate and polite towards her co-workers.
저는 동료를 배려하고 정중한 사람과 일하고 싶습니다.

I would be very happy with a positive and responsible person.
저는 긍정적이고 책임감 있는 사람과 일하는 것이 좋습니다.

I would like to choose a person who is outgoing and humorous.
저는 밝고 유머감각 있는 사람을 선택하고 싶습니다.

합격비법 3 그 이유를 간략히 설명한다

Because **I believe teamwork is the keyword for working in this field. ______**
왜냐하면 **co-worker should have good teamwork skills.**

저는 팀워크가 이 분야에서 일하는 데 핵심어라고 믿습니다. _____한 동료는 좋은 팀워크를 만드는 기술이 있을 것입니다.

I think _________ person can make a good result at work. Such a person can minimize conflict.

저는 _____ 한 사람이 일에서 좋은 결과를 얻을 수 있다고 생각합니다. 그러한 사람은 갈등을 최소화할 수 있습니다.

I always consider the work atmosphere at work. ___________ co-worker is able to make a good and creative atmosphere.

저는 일할 때 언제나 업무 환경을 고려합니다. _____한 동료는 밝고 창조적인 환경을 만들 수 있습니다.

동료를 배려하며 정중한 사람

I am the person who can mix well with people. However, if I had to choose one, I would like to work with someone who is considerate and polite towards her co-workers. Because, I believe teamwork is the keyword for working in this field. A considerate and polite co-worker should have good teamwork skills.

저는 사람들과 잘 섞이는 사람입니다. 하지만 제가 꼭 선택해야 한다면, 동료들을 배려하는 정중한 사람과 일하고 싶습니다. 왜냐하면 저는 팀워크가 이 분야에서 일하는 데 핵심어라고 믿기 때문입니다. 사려 깊고 정중한 동료는 좋은 팀워크를 이루는 기술이 있을 것입니다.

밝고 유머감각 있는 사람

I don't mind. I am a very sociable person. However, if I had to choose one, I would like to choose a person who is outgoing and humorous. Because, I always consider the work atmosphere at work. An outgoing and humorous co-worker is able to make a good and creative atmosphere.

상관없습니다. 저는 매우 사교적인 사람입니다. 하지만 꼭 골라야 한다면, 저는 밝고 유머감각 있는 사람을 선택하고 싶습니다. 왜냐하면 저는 일할 때 언제나 업무 환경을 고려하기 때문입니다. 밝고 유머감각 있는 동료는 밝고 창조적인 환경을 만들 수 있습니다.

03 What kind of people do you feel hard to work with?

함께 일하기 힘든 사람은 어떤 유형의 사람입니까?

→ Do you have any specific type of co-worker you don't want to be with?
→ What types of person do you want to avoid to work with?

합격비법 1 · 자신은 까다로운 성격이 아님을 먼저 밝힌다

I am not really picky, so I can hang out with any kinds of people.
저는 까다로운 편이 아니기에 어떤 유형의 사람과도 잘 어울릴 수 있습니다.

I don't have any particular type of person whom I feel hard to be with.
저는 딱히 함께 하기에 불편하다고 보는 유형의 사람은 없습니다.

I like to work with various kinds of people, so I don't mind.
저는 다양한 사람과 일하는 것을 좋아하기에 상관하지 않습니다.

합격비법 2 · 특히 꺼려지는 동료 유형을 말한다

However, if I had to choose one, 하지만 하나 고른다면

I wouldn't be really happy to be with a person who is not responsible.
책임감 없는 사람과 함께 하는 것은 썩 좋지 않을 것 같습니다.

it could be a person who doesn't know why she is there.
왜 자신이 그곳에 있는지 모르는 사람일 것입니다.

I might feel a bit hard to be with a negative person.
부정적인 사람과 함께 하는 것이 조금 불편할 것 같습니다.

합격비법 3 · 그 이유를 간단히 설명한다

Because **good teamwork comes from individual's effort and responsibility.**
왜냐하면 좋은 팀워크란 개개인의 노력과 책임감에서 나오기 때문입니다.

that kind of person doesn't know what to do, and why to do. It can

bring about confusion at work.

그런 유형의 사람은 무슨 일을 해야 할지, 왜 해야 하는지 모르기 때문입니다. 그것은 일에 혼선을 가져올 수 있습니다.

a _________ person might demotivate others, and it doesn't get efficient in our work.

_____한 사람은 다른 사람들의 사기를 저하시킬 수 있으며, 그것은 일의 능률을 도모하는 데 방해가 됩니다.

 ## 긍정적인 방향으로 마무리한다

So, I would be happier to work with _________ if possible.

그래서 저는 가능하다면 _____한 사람과 일하는 것이 더 행복할 것 같습니다.

예시답안 1 — 책임감 없는 사람

I am not really picky, so I can hang out with any kinds of people. However, if I had to choose one, I wouldn't be really happy to be with a person who is not responsible. Because good teamwork comes from individual's effort and responsibility. So, I would be happier to work with a responsible person if possible.

저는 까다로운 편이 아니기에 어떤 유형의 사람과도 잘 어울릴 수 있습니다. 하지만 제가 꼭 골라야 한다면, 책임감 없는 사람과 함께 하는 것은 썩 좋지 않을 것 같습니다. 왜냐하면 좋은 팀워크란 개개인의 노력과 책임감에서 나오기 때문입니다. 그래서 저는 가능하다면 책임감이 강한 사람과 일하는 것이 더 행복할 것 같습니다.

예시답안 2 — 매사에 부정적인 사람

I like to work with various kinds of people, so I don't mind. However, if I had to choose one, I might feel a bit hard to be with a negative person. Because a negative person might demotivate others, and it doesn't get efficient in our work. So, I would be happier to work with a positive person if possible.

저는 다양한 사람과 일하는 것을 좋아하기에 상관하지 않습니다. 하지만 하나 꼭 골라야 한다면, 부정적인 사람과 함께 하는 것이 다소 불편할 것 같습니다. 왜냐하면 부정적인 사람은 다른 사람들의 사기를 저하시킬 수 있고, 그것은 일의 능률을 올리는 데 방해가 되기 때문입니다. 그래서 저는 가능하다면 긍정적인 사람과 일을 하는 것이 더 행복할 것 같습니다.

Have you had any problems in relationship?

인간관계에서 문제를 겪은 적이 있습니까?

→ **Have you had a conflict with people around you?**

→ **Do you have any experiences you had an argument with your friends?**

간혹 곤란하거나 난처한 질문에는 무조건 'No' 라고 대답하는 지원자들이 있는데, 'No' 라는 대답이 더 곤란하다고 말하고 싶다. 면접의 기본은 단점을 아예 드러내지 않는 것이 아니라 무례하거나 부정적이지 않은 방법으로 솔직한 답변을 하는 데 있기 때문이다. 인간관계에서 완전무결한 사람은 없다. 솔직하게 '있다'고 밝히되 상대방을 깎아내리거나 탓하지 않는 답변으로 마무리하는 게 중요하다.

합격비법 1 인간관계가 좋은 편이나 가끔 문제를 겪는다고 답한다

I don't like to have a conflict with people around me, but sometimes I do.

저는 주변 사람들과 갈등을 겪는 것을 좋아하지 않습니다만, 가끔 겪기도 합니다.

Unfortunately, sometimes I have.

유감스럽지만 가끔 있습니다.

Normally I mingle well with people around me, but sometimes I do.

대개 저는 주변 사람들과 잘 어울리지만 가끔씩 문제를 겪습니다.

I'm a well harmonized person, so I try to avoid it but sometimes I do.

사람들과 잘 어울리는 편이라 갈등을 피하려고 노력은 하지만 가끔 문제를 겪습니다.

합격비법 2 구체적인 갈등 상황을 간략히 설명한다

For example, when I was in (장소 또는 시기), **I had a conflict with one of my** (사람) **because of** (사건 또는 일. + 간략한 설명)

한 예로 제가 _____ 있을 때, _____와 _____ 때문에 갈등을 겪었습니다.

 마무리한다

So, it took some time to compromise.
그래서 화해하는 데 시간이 걸렸습니다.

It was a bit difficult to make up.
화해하기가 다소 어려웠습니다.

예시답안 1 *약속에 자주 늦는 친구와의 갈등*

I don't like to have a conflict with people around me, but sometimes I do. For example, when I was in university, I had a conflict with one of my classmates because of her late coming. We had a team project, but she was often late without notice. One day, I couldn't stand it, so I talked to her badly. It made her feel offended. I should have been more patient until she excused. So we had a conflict for a while and it took some time to compromise.

저는 주변 사람들과 갈등 겪는 것을 좋아하지 않습니다만, 가끔 갈등이 생깁니다. 대학에 다닐 때 약속에 늦는 친구와 갈등을 겪었습니다. 그룹 과제를 할 때 그 친구는 예고 없이 자주 늦었습니다. 하루는 참지 못하고 나쁜 말을 하게 되었고, 그것은 그녀를 불쾌하게 만들었습니다. 그녀가 제게 그 이유를 말해 줄 때까지 저는 더 기다렸어야 했습니다. 그렇게 우리는 한동안 갈등을 겪었고 화해하기까지 시간이 걸렸습니다.

예시답안 2 *일하는 방식 차이에서 오는 갈등*

I'm a well harmonized person, so I try to avoid it but sometimes I do. When I worked in ○○ restaurant, I had a conflict with one of my co-workers because of our different way to work. I preferred working by manual to keep the service consistency. However she wanted to make it short to work more efficiently. So we couldn't be synchronized. So we had a conflict and it was a bit difficult to make up.

주변 사람들과 잘 어울리는 편이고 갈등을 피하려고 노력은 하지만 가끔씩 갈등을 겪습니다. ○○ 레스토랑에서 일할 때 서로 일하는 방식이 달라 동료 한 명과 마찰이 있었습니다. 저는 서비스의 일관성 유지를 위해 매뉴얼대로 일하는 것을 선호했습니다. 하지만 그녀는 보다 효율적으로 일하기 위해 간편한 방식을 원했습니다. 결과적으로 우리는 조화를 이룰 수 없었습니다. 그렇게 갈등이 생겼고 화해하기가 다소 어려웠습니다.

What did you learn from the difficulty in relationships?

인간관계에서 겪은 어려움을 통해 당신이 배운 것은 무엇입니까?

→ **Have you got any lessons from the difficulty in relationships?**
→ **What did you think after solving a problem in relationships?**

어떤 일을 겪은 뒤 무엇을 배웠는지 묻는 질문은 가장 많이 나오는 꼬리질문 유형이다. 인간관계에서 겪은 어려움을 통해 배운 점을 말할 때에는 갈등의 원인을 떠올리면 무리 없이 답할 수 있을 것이다.

합격비법 1 인간관계에서 문제가 생긴 원인을 떠올리면 쉽게 대답할 수 있다

I learned how important to _________.
저는 _____ 하는 것이 얼마나 중요한지 배웠습니다.

It was a good chance to know the importance of _________.
_____의 중요성을 알 수 있었던 좋은 기회였습니다.

I realized what my problem was. It was _________.
저는 제 문제가 무엇이었는지 깨달았습니다. 그것은 _____이었습니다.

I learned many things specially in relationships, which was _________.
특히 저는 인간관계에서 많은 것을 배웠습니다. 그것은 _____이었습니다.

to have enough communication 충분한 대화를 하는 것

to put my feet into someone's shoes 상대방의 입장에서 생각하는 것

to be open-minded 열린 마음으로 사고하는 것

to try to understand each other 서로를 이해하기 위해 노력하는 것

to grow my patience 참을성을 기르는 것

to make a concession 양보하는 것

to know more about each other 서로에 대해 더 많이 아는 것

to make sure if you don't know 모르는 것을 확실히 하는 것

to respect each other and to keep polite even under the conflict
갈등 상황에서도 서로를 존중하고 예의를 지키는 것

to wait 기다릴 줄 아는 것

 **예시답안 1** *대화의 중요성*

I learned how important to have enough communication. If we had talked more, we wouldn't have had such a conflict.

> 저는 충분한 대화를 하는 것이 얼마나 중요한지 배웠습니다. 우리가 좀 더 대화를 나누었다면, 그런 갈등은 겪지 않았을 것입니다.

 **예시답안 2** *역지사지의 중요성*

I learned how important to put my feet into someone's shoes. If I had been more considerate, we wouldn't have had a conflict.

> 저는 상대방의 입장에서 생각하는 것이 얼마나 중요한지 깨달았습니다. 만약 제가 좀 더 신중했더라면, 그런 갈등을 겪지 않았을 것입니다.

 **예시답안 3** *열린 마음을 갖는 것의 중요성*

It was a good chance to know the importance of being open-minded. If we open our mind more, we could understand each other more.

> 열린 마음으로 사고하는 것의 중요성을 알 수 있었던 좋은 기회였습니다. 마음의 문턱을 낮추면 우리는 서로를 더 잘 이해할 수 있을 것입니다.

친구관계나 직장 동료와의 관계 등 대인관계를 묻는 질문은 지원자의 인간관계 기술을 알아보는 게 목적이다. 즉 지원자가 자신의 회사에 입사했을 때, 다른 승무원들과 잘 지낼 수 있을지, 각양각색의 승객들을 잘 다룰 수 있을지 가늠하기 위한 질문이라는 뜻이다. 대인관계에 대한 질문을 받으면, 이 점에 유의해 자신의 뛰어난 인간관계 기술(Excellence in Relationship)을 잘 표현할 수 있도록 한다. 아무리 자신의 사회성이 좋다 말한들, 자신의 인간관계에 대한 구체적인 기술이나 예를 들지 못한다면 아무 의미가 없다.

1. I start a relationship with a bright smile, a bright greeting and a favorable attitude.
   밝은 미소, 밝은 인사, 호의적인 태도로 인간관계를 시작합니다.

2. When I first meet someone, I always remember her name and mention it.
   처음 사람을 만나면, 저는 언제나 상대방의 이름을 기억하고 이름을 부릅니다.

3. I try to express sympathy with others.
   상대방에게 제가 공감하고 있다는 것을 표현하려 노력합니다.

4. I fully listen to understand and persuade confidently.
   저는 이해하기 위해 충분히 들어주고 확신을 가지고 설득합니다.

5. When I find I do something wrong to others, I say sorry right away.
   무언가 상대방에게 잘못했다는 것을 알게 되면, 즉시 사과합니다.

6. I try to get other's trust. So I try not to lie and I always express from the bottom of my heart.
   저는 상대방의 신뢰를 얻으려 애씁니다. 그래서 거짓말을 하지 않으려 하고 진심으로 말합니다.

7. Unit 14 승무원이 되기 위한 나만의 노력과 능력의 4번 Communication skill을 묻는 질문과 5번 Listening skill을 묻는 질문을 참조하는 것도 좋다. 말하는 기술과 들어주는 기술 역시 인간관계에서 필수적인 능력이기 때문이다.

Unit 08

학교 생활

01 How was your school life?

02 What is the most rememberable moment in your school life?

03 What is your major, why did you choose it?

04 What did you learn from your major?

05 Could you point out 1 good and bad thing in each about your major?

06 What was the most difficult thing to study your major?

07 Did you have any club activities or voluntary works in your school days?

08 Why do you apply for this position even it's not really related with your major?

01 How was your school life?

당신의 학창시절은 어땠습니까?

→ **Tell me about your school life.**
→ **Can you briefly describe about your school life?**

합격비법 1 즐거운 학창시절을 보냈음을 밝힌다

I had a lot of fun in my school days.
저는 학창시절이 정말 즐거웠습니다.

It was really meaningful to me.
저에겐 매우 의미 있는 시절이었습니다.

I had a great time with my friends.
친구들과 좋은 시간을 보냈습니다.

I enjoyed every moment of my school life.
저는 학창시절의 매 순간을 즐겼습니다.

합격비법 2 구체적으로 무슨 일을 했는지 말한다

I studied really hard, so I went through college on a scholarship.
저는 공부를 매우 열심히 하여 장학금을 받고 학교를 다녔습니다.

I met various kinds of people, and built up good relationships with them.
저는 다양한 사람들을 만났고 그들과 좋은 관계를 쌓았습니다.

I traveled everywhere in and out of Korea.
저는 국내외 많은 곳을 여행했습니다.

I was very active. I did a lot of voluntary works and was a leader of the drama club.
저는 매우 활동적이었습니다. 많은 봉사활동을 했고 연극부 리더였습니다.

  마무리한다

I learned many things from the experiences.

그 경험을 통해 많은 것들을 배웠습니다.

I was able to become more mature.

저는 더욱 성숙해질 수 있었습니다.

My school life is one of my favorite days in my life.

학창시절은 제 인생에서 가장 좋은 시절 중 하나입니다.

예시답안 1 다양한 인간관계를 쌓고 많은 곳을 여행함

I had a lot of fun in my school days. I met various kinds of people, and built up good relationships with them. Also I traveled everywhere in and out of Korea. I learned many things from the experiences.

> 저는 학창시절이 정말 즐거웠습니다. 다양한 사람들을 만났고 그들과 좋은 관계를 쌓았습니다. 또한 저는 국내외 많은 곳을 여행했습니다. 그 경험들을 통해 많은 것들을 배웠습니다.

예시답안 2 공부도 열심히 하고 과외 활동에도 적극적으로 임함

I enjoyed every moment of my school life. I studied really hard, so I went through college on a scholarship. Also I was very active. I did a lot of voluntary works and was a leader of the drama club. My school life is one of my favorite days in my life.

> 저는 학창시절의 매 순간을 즐겼습니다. 공부를 매우 열심히 하여 장학금을 받고 학교를 다녔습니다. 또한 저는 매우 활동적인 학생이었습니다. 많은 봉사활동을 했으며, 연극부의 리더였습니다. 학창시절은 제 인생에서 가장 좋은 시절 중 하나입니다.

What is the most rememberable moment in your school life?

학창시절에서 가장 기억에 남는 순간은 언제입니까?

→ **When was the most remarkable event in your school life?**
→ **Tell me about one of the impressive job you've done in your school life.**

합격비법 1 가장 기억에 남는 순간을 말한다

The most rememberable moment in my school life was __________.
학창시절 중 가장 기억에 남는 순간은 _______ 이었습니다.

My favorite memory in school days was __________ .
학창시절에서 제가 가장 좋아하는 기억은 _______ 입니다.

I think __________ is the most impressive moment in my school life.
저는 _______이 제 학창시절에서 가장 인상적인 순간이라고 생각합니다.

합격비법 2 그 이유를 설명한다

Because
왜냐하면

I faced many difficult situations, and I was able to control them. I think I was growing up through the experience. For instance, __________.

저는 많은 어려운 상황에 직면했었고 그것을 잘 해결할 수 있었기 **때문입니다.** 저는 그 경험들을 통해 성장했다고 생각합니다. 예를 들면, __________.

it was very meaningful, and I learned many things from the experience. For example, __________.

그것은 의미 있는 일이었고 저는 그 경험을 통해 많은 것을 배웠기 **때문입니다.** 예를 들면, __________.

I had a lot of fun there, I think that was the most glittering moment in my life.

정말 즐거웠고, 그것은 제 인생에서 가장 반짝이는 순간이었기 **때문입니다.**

I met a wide range of people, and they gave me a diverse way of life. So I became more _________.

저는 다양한 사람들을 만났고, 그들은 제게 다양한 삶의 방식을 제시해 주었기 **때문입니다.** 그래서 저는 좀 더 _____ 해졌습니다.

 마무리한다

That is why I think _________ is the most rememberable moment in my school days.

그렇기에 저는 _____이 제 학창시절의 가장 기억할 만한 순간이라고 생각합니다.

교환학생으로 미국에 체류한 것

The most rememberable moment in my school life was to stay in US for 2 years as an exchange student. Because I met a wide range of people, and they gave me a diverse way of life. So I became more open-minded and more considerate. That is why I think the experience is the most rememberable moment in my school days.

> 학창시절 중 가장 기억에 남는 순간은 교환학생으로 2년간 미국에 있었던 것입니다. 그곳에서 저는 다양한 사람들을 만났고, 그들은 제게 다양한 삶의 방식을 제시해 주었기 때문입니다. 그래서 저는 좀 더 열린 마음을 갖게 되었고 속이 깊어졌습니다. 그렇기에 저는 그 경험이 학창시절의 가장 기억할 만한 순간이라고 생각합니다.

독거노인을 돕는 봉사활동을 한 것

My favorite memory in my school days was to do voluntary service that helping live alone the old. Because it was very meaningful, and I learned many things from the experience. For example, I learned how to soothe others' loneliness. I had a lot of fun there, I think that was the most glittering moment in my life. That is why I think spending some time with them is the most rememberable moment in my school days.

> 학창시절에서 제가 가장 좋아하는 기억은 독거노인을 돕는 봉사활동을 한 것입니다. 왜냐하면 그것은 의미 있는 일이었고 저는 그 경험을 통해 많은 것을 배웠기 때문입니다. 예를 들어, 저는 타인의 외로움을 어루만져 주는 법을 배웠습니다. 저는 그곳에서 정말 즐거웠고, 그것은 제 인생에서 가장 반짝거리는 순간이었습니다. 그렇기에 저는 그들과 보낸 시간이 제 학창시절의 가장 기억할 만한 순간이라고 생각합니다.

03

What is your major, why did you choose it?

전공은 무엇이며, 그것을 선택한 이유는 무엇입니까?

→ **Tell me about your major.**

→ **What made you choose your major?**

전공에 대한 간략한 브리핑이라고 생각하면 된다. 자신의 전공은 무엇이며, 왜 선택했고, 무엇을 배웠는지 논리적으로 설명할 수 있어야 한다. 자신의 의사는 반영되지 않은 부모님의 뜻이라거나, 전망이 좋아서 등의 답변은 피한다.

합격비법 1 · 제 전공은 ________입니다

My major is/was ________ at university.
대학에서 저는 _____을/를 전공하고 있습니다/전공했습니다.

I major/majored in ________.
저는 _____을/를 전공하고 있습니다/했습니다.

I study/studied ________ when I was in university.
대학에서 저는 _____을/를 공부합니다/했습니다.

I do/did a double major in ________ and ________.
저는 _____과 _____을 복수전공하고 있습니다/했습니다.

My major is/was ________, and my minor is/was ________.
제 전공은 _____이고, 부전공은 _____입니다/이었습니다.

I have/had a major in ________ with a minor in ________.
저는 _____을 전공으로, _____을 부전공으로 하고 있습니다/했습니다.

합격비법 2 전공을 통해 배운 점을 2가지 정도 언급한다

I learned ________ from my major.

저는 전공을 통해 _____을/를 배웠습니다.

I was able to be more ________ through my major.

저는 전공을 통해 좀 더 _____ 해질 수 있었습니다.

I learned how to be more ________ from my major.

저는 전공 공부로 좀 더 _____하는 법에 대해 배웠습니다.

합격비법 3 전공을 택한 이유를 설명한다

Since I was younger, I have been interested in ________. So I wanted to study more about ________.

어렸을 때부터 저는 _____에 관심이 있었습니다. 그래서 _____에 관해 좀 더 공부하고 싶었습니다.

I tried to find what I like and what I can do. Also I discussed it with my family and friends. After that, I decided to choose ________ as my major.

제가 좋아하는 것과 할 수 있는 것을 찾으려 노력했습니다. 또 그 문제를 놓고 가족, 친구들과 상의하기도 했습니다. 그 후 저는 _____을/를 전공으로 택했습니다.

I loved ________. So I expected to learn ________ through my major. That's how to choose my major.

저는 _____을/를 좋아했습니다. 그래서 전공을 통해 _____을/를 배우기를 기대했습니다. 이것이 제가 전공을 선택한 방법입니다.

What is your major?

전공이 무엇입니까?

 **예시답안 1**

영어영문학

합격비법 1→3→2 순으로 대답한다.

I majored in English and English literature. Since I was younger, I have been interested in foreign cultures and their languages. So I wanted to study more about English at university. I learned about English itself, also I was able to be more open-minded through having many friends from all over the world.

저는 영어영문학을 전공했습니다. 어려서부터 저는 외국 문화와 그들의 언어에 관심이 많았습니다. 그래서 대학에서 영어를 좀 더 공부하고 싶었습니다. 저는 영어 그 자체에 대해 배웠으며, 더불어 세계 각지에서 온 많은 친구들을 사귀면서 보다 열린 사고를 하게 되기도 했습니다.

 **예시답안 2**

심리학

합격비법 1→2 순으로 대답한다.

My major was psychology at university. I learned a mental state of human being, so I was able to learn how to anticipate what people want through checking their behaviours or facial expressions.

대학에서 제 전공은 심리학이었습니다. 인간의 심리에 대해서 배웠으며, 사람들의 행동이나 표정을 통해 그들이 원하는 바를 예측하는 법을 익혔습니다.

Why did you choose your major?

전공을 선택한 이유는 무엇입니까?

예시답안 1 *컴퓨터에 관심이 많아서*

합격비법 1→2→3 순으로 대답한다.

I majored in computer science. So I learned about assembling and dealing with computer, also I was able to think more logically. Since I was younger, I have been interested in machinery specially in computer. So I wanted to study about computer more technically at university.

저는 컴퓨터공학 전공입니다. 컴퓨터를 조립하고 다루는 법을 배웠으며, 보다 논리적으로 생각할 수 있게 되었습니다. 어려서부터 저는 기계류, 특히 컴퓨터에 관심이 많았습니다. 그래서 대학에서 컴퓨터에 대해 좀 더 전문적으로 공부하고 싶었습니다.

예시답안 2 *아이들을 좋아해서*

합격비법 1→2→3 순으로 대답한다.

My major was early childhood education. I learned how to take care of children and how to notice their condition. I love children and I'm good at taking care of people. So I expected to be specialized in early childhood education through my major. That's how I chose early childhood education as my major.

제 전공은 유아교육입니다. 저는 아이들을 돌보는 방법과 그들이 어떤 상태인지 파악하는 법을 배웠습니다. 저는 아이들을 사랑하고 사람들을 돌보는 데 능숙합니다. 그래서 전공을 통해 보다 전문적인 유아교육을 배우기를 기대했습니다. 이것이 제가 유아교육을 전공으로 선택한 방법입니다.

04 What did you learn from your major?

전공을 통해 배운 것은 무엇입니까?

→ **How would your major help you to work as a flight attendant?**
→ **Do you think the knowledge you got from your major would be useful in this field?**

전공의 학문적인 면과 공부하는 과정에서 본인이 내적으로 성장한 부분을 함께 언급하는 것이 좋다. 지원자들 대부분이 승무원과 큰 연관 없는 학문을 전공했을 것이다. 전공을 공부하며 승무원으로서 필요한 자질을 닦을 수 있었다고 하는 편이 좋다.

합격비법 1 전공에서 배운 것을 말한다 (p.95 합격비법2 참조)

합격비법 2 전공에서 배운 점을 어떻게 활용할 것인지 간략하게 설명한다

I could mingle well with a wide range of co-workers. I believe good teamwork goes to good service for passengers.

저는 다양한 유형의 동료와 잘 어울려 지낼 수 있습니다. 저는 좋은 팀워크가 승객을 향한 좋은 서비스로 이어진다고 믿습니다.

I could take care of passengers well, and it would help me to anticipate what passengers want quickly.

저는 승객들을 잘 돌볼 수 있으며, 이는 승객들이 원하는 바를 빨리 예측하는 데 도움을 줄 것입니다.

I can easily socialize with various kinds of passengers. So I could offer better service to them.

저는 다양한 승객들과 잘 융화될 수 있습니다. 그래서 그들에게 보다 나은 서비스를 제공할 수 있습니다.

Passengers are from all over the world. So flight attendants should be careful of their attitude. I believe I can satisfy passengers with my attentive service.

승객들은 전 세계에서 옵니다. 그러므로 승무원은 그들의 태도에 신경 써야 합니다. 저는 세심한 서비스로 승객들을 만족시킬 수 있다고 믿습니다.

I believe I can handle well with demanding passengers with my communication skill. I think I can offer more individual service to them.

제 의사소통 능력으로 까다로운 승객에게 잘 대응할 수 있을 것입니다. 저는 그들에게 좀 더 개별화된 서비스를 제공할 수 있습니다.

I can logically think even under pressure. So I expect that I can handle well with emergency situations.

저는 스트레스를 받는 상황에서도 논리적으로 생각할 수 있습니다. 그래서 저는 응급 상황에 잘 대처할 수 있을 것이라 기대합니다.

예시답안 1 · 사람들의 행동과 표정 읽는 법

My major was psychology at university. I learned a mental state of human being, so I was able to learn how to anticipate what people want through checking their behaviours or facial expressions. Therefore I can easily socialize with various kinds of passengers. So I could offer better service to them.

> 대학에서 제 전공은 심리학이었습니다. 저는 인간의 심리에 대해 배웠으며, 사람들의 행동이나 표정을 통해 원하는 바를 예측하는 법을 익혔습니다. 따라서 저는 다양한 유형의 승객들과 쉽게 어울릴 수 있습니다. 그래서 그들에게 보다 나은 서비스를 제공할 수 있습니다.

예시답안 2 · 열린 마음으로 사고하는 법

I majored in English and English literature. I learned about English itself, also I was able to be more open-minded through having many friends from all over the world. So I could mingle well with a wide range of co-workers. I believe good teamwork goes to good service for passengers.

> 저는 영어영문학을 전공했습니다. 저는 영어 그 자체를 배웠지만 더불어 세계 각지에서 온 많은 친구들과 어울리며 보다 열린 마음으로 사고할 수 있었습니다. 그래서 다양한 유형의 동료와 잘 어울릴 수 있습니다. 저는 좋은 팀워크는 승객을 향한 좋은 서비스로 이어진다고 믿습니다.

05

Could you point out 1 good and bad thing in each about your major?

당신의 전공에서 좋은 점과 나쁜 점을 하나씩 말씀해 주시겠습니까?

→ **What are the merits and demerits of your major?**
→ **Tell me about the strength and weakness in your major.**

100퍼센트 만족한 전공이라 해도 마음에 들지 않는 부분은 있기 마련이다. 나쁜 점을 묻는 질문에 무조건 없다는 답은 피한다. 전공이 적성에 맞지 않았다든가 하는, 결정적인 내용이 아니라면 마음에 들지 않은 점은 솔직히 밝히고, 동시에 공부는 대체적으로 만족스러웠다는 긍정적인 마무리를 하도록 하자.

합격비법 1 좋은 점 : '~을 배우게 돼 좋았다'는 식의 답변이 좋다

It was really great to learn __________.

__________을/를 배운 것은 정말 좋았습니다.

There were lots of good points to study (전공). For example, I was able to __________.

(전공)을/를 공부하는 것에는 많은 장점이 있었습니다. 그 예로 저는 __________ 할 수 있었습니다.

I was happy to study __________, because I was able to broaden my point of view toward the world through the class.

__________을/를 공부하는 것은 즐거웠습니다. 그 수업을 통해 세계관을 넓힐 수 있었기 때문입니다.

I had a lot of fun. I had many good friends and also learned many things at the same time.

많은 즐거움이 있었습니다. 좋은 친구들을 많이 만났으며 동시에 많은 것을 배웠습니다.

합격비법 2 나쁜 점 : 전공이 적성에 맞지 않았다거나, 비전이 보이지 않았다는 등 결정적인 내용이 아니라면 솔직한 생각을 말한다

a. 나쁜 점

On the other hand/However/But, the bad point of studying (전공) was __________.

반면 (전공) 공부의 단점은 __________이었습니다.

I enjoyed to study (전공) most of times, but sometimes I felt something missing. It was __________.

저는 (전공) 공부에 대체적으로 만족했지만, 가끔 아쉬움을 느꼈습니다. 그것은 _____이었습니다.

I was satisfied with my major, but I was not happy with __________.

제 전공에 만족했지만 _____ 하는 것은 좋지 않았습니다.

I think it was very informative to study __________, but on the other hand __________ was not really helpful.

_____을/를 공부하는 것은 매우 유익했다고 생각하지만, 반면 _____은/는 정말로 도움이 되지는 않았습니다.

b. 단점인 이유

Because   **I wanted to have more chances to meet many people from diverse cultures, so I could exchange cultures with them.**

저는 문화를 교환할 수 있도록, 다양한 문화권의 많은 사람들을 만날 더 많은 기회를 원했기 **때문입니다.**

it was difficult to study (특정 과목) for me. Even though I studied a lot, I always got a score less than I expected. It was a bit disappointing.

(특정 과목) 공부가 어려웠기 **때문입니다.** 열심히 공부했음에도 언제나 제가 기대한 것보다 낮은 성적을 받았습니다. 조금은 실망스러운 일이었습니다.

I had many things to do besides studying (전공), such as __________. So it was hard to handle all of them.

저는 (전공)을/를 공부하는 것 외에도 _____와 같은 해야 할 많은 일들이 있었기 **때문입니다.** 그 모든 것을 처리하는 것은 어려웠습니다.

I expected to have many outdoor classes or practical trainings to apply what I learn to working field right away.

저는 제가 배운 것을 바로 업무에 적용할 수 있도록 야외 수업이나 실습을 많이 하길 기대했기 **때문입니다.**

I had to go through too many subjects. So I couldn't be specialized in a certain field. Instead I had to concentrate on getting many credits.

너무 많은 과목을 수강해야 했기 **때문입니다.** 그렇기에 특정 분야에 전문화될 수 없었습니다. 많은 학점을 따는 데 집중해야 했습니다.

 **예시답안 1** *일어일문학 전공이라면*

I majored in Japanese and Japanese literature. It was really great to learn about Japanese itself, because I could interact with Japanese by speaking Japanese. It was interesting to know about their culture, and character. On the other hand, the bad point of studying Japanese and Japanese literature was to learn 'Japanese verse'. Because it was so complicated and difficult to fully understand. So even though I studied a lot, I always got a score less than I expected.

> 저는 일어일문학 전공입니다. 일본어 그 자체를 배운 것은 정말 좋았습니다. 왜냐하면 일본어로 말하면서 일본인과 교류할 수 있었기 때문입니다. 그들의 문화와 성향을 아는 것은 흥미로웠습니다. 반면 '일본 시조'를 공부하는 것은 힘들었습니다. 완전히 이해하기에 복잡하고 어려웠기 때문입니다. 그래서 공부를 열심히 했음에도 불구하고, 제가 기대한 것보다 언제나 더 낮은 점수를 받았습니다.

 **예시답안 2** *관광경영을 전공했다면*

I majored in tourism management. There were lots of good points to study my major. For example, I was able to learn about the basic theory of tourism. I enjoyed to study my major most of times, but sometimes I felt missing. It was to study only in the class. I expected to have many outdoor classes or practical trainings to apply what I learn to working field right away. That was the bad point of my major.

> 저는 관광경영을 전공했습니다. 제 전공 공부는 많은 좋은 점이 있었습니다. 예를 들어 관광학의 기본 이론을 배운 것입니다. 대부분 전공 공부를 즐겼지만, 가끔씩 아쉬운 점이 있었습니다. 단지 교실 안 수업으로 그친다는 점이었습니다. 저는 배운 지식을 바로 업무에 적용할 수 있도록 야외 수업이나 실습을 많이 하길 기대했기 때문입니다. 그것이 제 전공의 단점입니다.

예시답안 3 컴퓨터공학이 전공이라면

My major was computer engineering. There were lots of good points to study my major. For example, I was able to be more logical through my major. However my major was notorious for having lots of tasks and assessments. I had many things to do besides studying such as club activities and part time jobs so it was hard to handle all of them.

저의 전공은 컴퓨터공학입니다. 제 전공 공부는 많은 좋은 점이 있었습니다. 예를 들어, 저는 전공을 통해 좀 더 논리적으로 사고할 수 있었습니다. 하지만 제 전공은 많은 숙제와 평가로 악명 높았습니다. 저는 동아리 활동이나 아르바이트 등 학업 외에도 할 일이 많았기에 그 모든 것들을 동시에 해내기가 힘들었습니다.

예시답안 4 항공운항학과가 전공이라면

My major was aviation and cabin service management. I was happy to study international culture and manner, because I was able to broaden my point of view toward the world through the class. Also I had a lot of fun. I had many good friends and also learned many things at the same time. However, the bad point of studying my major was not to have enough chances to meet many people from diverse culture, because I wanted to have more chances to meet many people from diverse cultures, so I could exchange cultures with them.

제 전공은 항공운항학입니다. 저는 국제 문화와 매너 수업이 좋았습니다. 왜냐하면 그 수업을 통해 세계관을 넓힐 수 있었기 때문입니다. 또한 많은 즐거움이 있었습니다. 좋은 친구들을 많이 만났으며 동시에 많은 것을 배웠습니다. 하지만 제 전공 공부의 단점은 다양한 문화권의 많은 사람들을 만날 기회를 충분히 갖지 못했다는 것입니다. 저는 문화를 교환할 수 있도록, 다양한 문화권의 많은 사람들을 만날 더 많은 기회를 원했기 때문입니다.

06

What was the most difficult thing to study your major?

전공 공부에서 가장 어려운 점은 무엇이었습니까?

→ **Did you have any difficulty to study your major?**
→ **How did you overcome yourself when you had a hard time in school?**

5번 질문에서 살펴본 전공 공부에서의 나쁜 점과 연관지어 답하면 된다. 전공 공부의 단점으로 '특정 과목 공부가 싫었다'를 꼽았다면 이 질문에서도 마찬가지로 '특정 과목 공부가 힘들었다'는 답변이 적당하다.

합격비법 1 전공은 좋아했지만 공부하는 과정에서 힘든 점을 말하고 구체적인 이유를 든다

I fully enjoyed my major, so there was not any big difficulty. However sometimes I had. For example, it was ________.

저는 전공 공부가 즐거웠기에 그렇게 많은 어려움은 없었습니다. 하지만 가끔씩 있었습니다. 예를 들면 그것은 _____,

I was happy to study (전공), but it was a bit difficult ________.

(전공) 공부하는 것은 좋았습니다. 하지만 _____하는 것은 다소 어려웠습니다.

to study (특정 과목). It was quite complicated and hard to fully understand. I spent a lot of time to study (특정 과목), but I didn't get a good mark as I wanted.

(특정 과목) 공부였습니다. 제대로 이해하기가 꽤 복잡하고 어려웠습니다. 저는 그 과목 공부에 많은 시간을 들였지만, 제가 원한 좋은 성적을 얻지는 못했습니다.

to balance between studying and working. I worked in ________ to afford school fee by myself. Because of it, sometimes I couldn't fully concentrate on my study. That was a bit difficult.

학업과 일 사이의 균형을 잡는 것입니다. 등록금을 벌기 위해 _____에서 일했는데, 이 때문에 때때로 온전히 공부에 집중하는 것이 힘들었습니다. 그 점이 다소 어려웠습니다.

to have a lot of tasks and assessments. I had many activities besides studying such as ________. So it was difficult to handle all of them perfectly.

많은 숙제와 평가였습니다. _____와 같은 공부 외에도 많은 활동을 했습니다. 그래서 완벽하게 모든 것들을 해내기가 힘들었습니다.

 예시답안 1 수학 공부

I fully enjoyed my major, so there was not any big difficulty. However sometimes I had. For example, it was a bit difficult to study mathematics. It was quite complicated and hard to fully understand. I spent a lot of time to study mathematics, but I didn't get a good mark as I wanted.

> 제 전공을 많이 좋아했기 때문에 그다지 큰 어려움은 없었습니다. 하지만 가끔씩은 있었습니다. 수학 공부가 그랬습니다. 완전히 이해하기가 꽤 복잡하고 어려웠습니다. 저는 수학 공부에 많은 시간을 들였지만, 원하는 좋은 점수는 얻지 못했습니다.

 예시답안 2 많은 숙제와 평가

I was happy to study my major, but it was a bit difficult to have a lot of tasks and assessments. I'm very outgoing and active. I had many activities besides studying such as a volunteer work or a part time job. Also I was a leader of the exchange students club. So it was difficult to handle all of them perfectly.

> 전공 공부는 즐거웠습니다. 하지만 많은 숙제와 평가가 조금 힘겨웠습니다. 저는 밝고 적극적인 사람으로, 봉사활동이나 아르바이트 등 학업 외 많은 활동을 했습니다. 교환학생 모임의 리더이기도 했습니다. 그래서 모든 것을 완벽하게 해내기가 힘들었습니다.

07

Did you have any club activities or voluntary works in your school days?

학창시절 동아리 활동이나 봉사활동을 한 것이 있습니까?

→ **Tell me about your experiences in club activities or voluntary works at school.**
→ **Which club activities(voluntary works) did you join at school?**

학창시절에 대한 질문 중 가장 많이 나오는 질문이 해외 경험과 더불어 동아리나 봉사활동에 관한 것이다. 지원자가 했던 동아리 활동과 봉사활동의 성격, 특징, 배운 점과 느낀 점, 힘들었던 점등을 정리해 말하도록 한다.

합격비법 1   어떤 그룹, 어느 위치에서 무슨 활동을 했는지 간략하게 밝힌다

> **Yes,**   **I was a member of _________ when I was in university.**
> 네   저는 학창시절 ______의 회원이었습니다.
>
> **I participated in voluntary work.**
> 저는 봉사활동을 했습니다.
>
> **I was a leader of _________ for _________ years.**
> 저는 ______년간 ______의 리더였습니다.
>
> **I worked in _________ as _________.**
> 저는 ______로서 ______에서 일했습니다.

합격비법 2   동아리나 봉사활동의 성격 혹은 특징을 말한다

> **I was responsible for _________.**
> 저는 ______을 담당했습니다.
>
> **I liked/enjoyed to _________.**
> 저는 ______하는 것을 좋아했습니다.
>
> **The club was to _________.**
> 그 동아리는 ______을 위한 것이었습니다.

We had many volunteer works such as __________.

우리는 ______와 같은 봉사활동을 많이 했습니다.

 ## 활동을 통해 느낀 점이나 배운 점 등을 말한다

It was a really great experience.

정말 좋은 경험이었습니다.

I had a lot of fun and it was worthwhile.

재미있었고 의미 있었습니다.

I learned many things from the experiences.

경험을 통해 많은 것을 배웠습니다.

I got how important to __________ through the experience.

그 경험을 통해 ______하는 것이 얼마나 중요한지 알았습니다.

예시답안 1 · 사진 동아리

Yes, I was a member of the photography club when I was in university. I liked to share techniques, knowledge and friendship with the members. We organized monthly meetings, so we had photo exhibits every semester with different issues. I had a lot of fun and it was really worthwhile.

> 네, 저는 학창시절 사진 동아리의 회원이었습니다. 저는 다른 회원들과 우정을 나누고 기술과 지식을 공유하는 것이 좋았습니다. 우리는 매달 모임을 갖고 매 학기마다 다른 주제로 전시회를 열 수 있었습니다. 재미있었고 정말 의미 있는 활동이었습니다.

예시답안 2 · 고아원 봉사활동

Yes, I participated in voluntary work with children. I love spending time with kids. I had orphanage volunteer for 3 years. I was responsible for taking care of the kids and the new born babies, distributed food in their canteen and also taught English and math. I learned many things from the experiences.

> 네, 저는 아이들과 함께 하는 봉사활동을 했습니다. 저는 어린이들과 함께 하는 것을 좋아합니다. 3년간 고아원에서 봉사활동을 했습니다. 제 임무는 어린이들과 신생아를 돌보고, 구내식당에서 음식을 나누어 주고 영어와 수학을 가르치는 것이었습니다. 그런 경험들을 통해 많은 것을 배웠습니다.

→ **Why don't you build up your career reflecting on your major?**

→ **What makes you come here even though you majored in __________ ?**

승무원 업무와 관련이 적은 전공 출신 지원자에게 많이 묻는 질문이다. 자신의 전공을 억지로 승무원과 연결지으려 하지 말고, 큰 연관은 없으나 혹은 전공 공부에 만족스러웠으나 여러 가지 이유로 본인에게 승무원 일이 잘 맞는다는 결론을 내려 지원하게 되었다는 대답이 좋다.

합격비법 1 전공과 관련 없는 승무원이 되려는 이유와 전공에서 배운 것이 업무에 도움이 될 것이라는 점을 언급한다

a. 승무원이라는 직업에서 얻을 수 있는 장점 언급

I enjoyed a lot to study __________, but I wanted to meet various people in the world. I'm sure it would make me a bigger person and I can give it back to ○○ air.

______ 공부는 즐거웠지만, 저는 세계의 다양한 사람들을 만나고 싶었습니다. 이는 저를 보다 큰 사람으로 만들 테고, 저는 다시 이를 ○○ 항공에 되돌릴 수 있으리라 생각합니다.

I want to broaden my point of view toward the world through traveling all over the world. So I could make a bigger contribution to this field rather than to other fields.

저는 세계 곳곳을 여행하면서 세계관을 넓히고 싶습니다. 그러면 다른 분야에서보다 이 분야에 더 큰 기여를 할 수 있을 것입니다.

Because, I have more interests in the service field through various experiences in my school days. I had many part time jobs and I realized I felt happier and learned more in this field.

재학 중 다양한 경험을 통해 서비스 분야에 더 많은 관심이 생겼기 때문입니다. 저는 많은 아르바이트를 했으며, 서비스 계통 일에서 보다 행복했고 더 많은 것을 배운 사실을 깨달았습니다.

Because, I was much more attracted to this position. I think a flight attendant

is a job which gives love and care to customers, and it fascinates me.

왜냐하면 저는 이 직업에 훨씬 더 매력을 느꼈기 때문입니다. 승무원은 고객에게 사랑과 보살핌을 주는 직업이라고 생각하고 그 점이 저를 사로잡습니다.

b. 전공에서 배운 것이 승무원으로 일하는 데 도움이 되리라는 점 언급

Even though my major was not really related to this position, I learned _________. So it would help me to work as a flight attendant.

제 전공이 이 분야와 큰 연관은 없지만 저는 _____을/를 배울 수 있었습니다. 그 점은 제가 승무원으로 일하는 데 도움이 될 것입니다.

I think I would be able to have more chances to improve myself and make a bigger contribution to this field. Also what I learned from my major must be helpful.

저는 이 분야에 제가 성장할 더 많은 기회가 있으며 제가 보다 크게 기여할 수 있다고 생각합니다. 더불어 제 전공 지식은 분명 도움이 될 것입니다.

Honestly, I fully enjoyed to study my major. However I believe I would become much happier and more competitive if I work for ○○ air.

솔직히 저는 전공 공부를 무척 즐겼습니다. 하지만 ○○ 항공에서 일하게 되면 더 행복해지고 더 경쟁력 있는 제가 될 것이라고 믿습니다.

합격비법 2 **마무리한다**

That's why I apply for this position.

그렇기 때문에 이 자리에 지원했습니다.

That's why I apply for this position other than looking for a job related with my major.

그런 이유로 제 전공과 연관된 다른 일을 찾지 않고 이 직종에 지원한 것입니다.

I really want to work for ○○ air. And I believe I can make a significant contribution reflecting on my experiences.

저는 진정으로 ○○ 항공에서 일하고 싶습니다. 저는 제 경험을 바탕으로 크게 기여할 수 있으리라 믿습니다.

예시답안 1 다양한 사람들을 만나 더 큰 사람이 되고 싶어서

The reason I apply for this position is that I could have many chances which I can't have from other jobs related with my major. Of course, I enjoyed a lot to study nursing science, but I wanted to meet various people in the world. I'm sure it would make me a bigger person and I can give it back to ○○ air. Even though my major was not really related to this position as you noticed, I was able to learn how to take care of people. So it would help me to work as a flight attendant. That's why I apply for this position

제가 이 자리에 지원한 이유는 제 전공과 관련된 다른 직업에서는 얻을 수 없는 많은 기회 때문입니다. 물론 저는 간호학 공부를 좋아했지만 세계의 다양한 사람들을 만나고 싶었습니다. 저는 그것이 저를 더 큰 사람으로 만들어 주고, 또 그것으로 제가 ○○ 항공에 보답할 수 있으리라 믿습니다. 비록 면접관님 지적처럼 제 전공은 이 직종과 큰 연관은 없지만 저는 사람들을 어떻게 돌보는지 배웠습니다. 그 점은 제가 승무원으로 일하는 데 도움이 될 것입니다. 그렇기 때문에 이 자리에 지원했습니다.

예시답안 2 가치관을 넓혀 이 분야에 보다 큰 공헌을 하고자

It meets my aptitude to major in chemistry. However I want to broaden my point of view toward the world through traveling all over the world. So I could make a bigger contribution to this field rather than to other fields. Even though my major was not really related to this position as you noticed, I was able to be more attentive through dealing with many dangerous chemical substances. So it would help me to work as a flight attendant. That's why I apply for this position other than looking for a job related with my major.

화학 전공인 제 적성과 맞습니다. 하지만 저는 세계 곳곳을 여행하면서 세계관을 넓히고 싶습니다. 그러면 다른 분야에서보다 이 분야에 더 큰 기여를 할 수 있을 것입니다. 면접관님이 아시는 바와 같이 비록 제 전공이 이 직업과 큰 연관은 없지만, 저는 많은 위험한 화학 물질을 다루면서 좀 더 세심해질 수 있었습니다. 그 점은 제가 승무원으로 일하는 데 도움이 될 것입니다. 이런 이유로 전공과 관련된 다른 일을 찾지 않고 이 자리에 지원했습니다.

서비스 분야에 더 적성이 맞아서

Because, I have more interests in the service field through various experiences in my school days. I had many part time jobs and I realized I felt happier and learned more in this field. I think I would be able to have more chances to improve myself and make a bigger contribution to this field. Even though my major was not really related to this position as you noticed, I was able to be more responsible. So it would help me to work as a flight attendant. That's why I apply for this position.

왜냐하면 재학 중 다양한 경험을 통해 서비스 쪽에 더 많은 관심이 생겼기 때문입니다. 저는 많은 아르바이트를 했으며, 서비스 분야에서 좀 더 행복했고, 더 많은 것을 배웠다는 것을 알았습니다. 이 분야에 제가 성장할 더 많은 기회가 있으며, 더 큰 공헌을 할 수 있을 것으로 생각합니다. 비록 면접관님이 지적하신 대로 제 전공은 큰 연관은 없지만 저는 책임감을 배웠습니다. 그 점은 제가 승무원으로 일하는 데 도움이 될 것입니다. 그런 이유로 이 자리에 지원했습니다.

나만의 비밀 노트

해외 생활

01 Have you been abroad?

해외에 나가 본 적이 있습니까?

→ **Where have you been?**
→ **Which country is the most impressive place you've been?**

합격비법 1   경험이 있는 경우

Yes, I have. I've been to (장소) **with** (사람) **for** (기간) **to** (목적)**.**

네, 있습니다. 저는 _____에 _____와 _____ 동안 _____ 하러 갔었습니다.

I've been to Europe with my family for a month to travel.

저는 가족과 한달간 유럽 여행을 갔었습니다.

I've been to Cambodia with members of volunteer club for 3 weeks to build houses for poor local people.

저는 봉사 동아리 회원들과 가난한 현지인들에게 집을 지어 주기 위해 3주 일정으로 캄보디아에 다녀온 적이 있습니다.

합격비법 2   느낀 점을 말한다

It was meaningful.

그것은 의미 있었습니다.

I learned many things from the experience.

그 경험을 통해 많은 것을 배웠습니다.

_________ was impressive.

_____은 인상적이었습니다.

I had a lot of fun.

즐거웠습니다.

 경험이 없다면 가고 싶은 나라와 그 이유를 설명한다

Unfortunately not yet. But I would like to go to __________, because __________.

유감스럽지만 아직 없습니다. 하지만 저는 _____에 가고 싶습니다. 왜냐하면 _____ 때문입니다.

I would like to go to Japan, because I have been so interested in Japanese culture and fashion.

저는 일본에 가고 싶습니다. 왜냐하면 저는 일본의 문화와 패션에 매우 관심이 많기 때문입니다.

I would like to go to Spain, because I love the passionate image of Spain and I'm a big fan of Messi.

저는 스페인에 가고 싶습니다. 왜냐하면 저는 열정적인 스페인의 이미지를 사랑하고 메시의 열광적인 팬이기 때문입니다.

I would like to go to Austrailia in the Christmas season, because I want to see Santa Claus with swimming suit.

저는 크리스마스 시즌에 호주에 가고 싶습니다. 저는 수영복을 입은 산타클로스를 보고 싶기 때문입니다.

 중국

Yes, I have. I've been to China with my friends for 6 months to study Chinese and to travel. I was able to have many friends there. It was meaningful, and I learned many things from the experience besides Chinese.

네, 있습니다. 저는 친구들과 함께 중국어 공부와 여행을 위해 6개월간 중국에 있었습니다. 그곳에서 많은 친구들을 사귈 수 있었습니다. 의미 있는 일이었으며, 중국어와 더불어 그 경험을 통해 많은 것을 배웠습니다.

 해외 경험이 없는 경우

Unfortunately not yet. But I would like to go to US, because my uncle lives there. I haven't seen him for a long time. So I would like to spend my time with him.

유감스럽게도 아직 없습니다. 하지만 저는 미국에 가고 싶습니다. 왜냐하면 삼촌이 살고 계시기 때문입니다. 저는 오랫동안 삼촌을 뵙지 못했습니다. 그래서 삼촌과 함께 시간을 보내고 싶습니다.

02 Which country would you like to visit?

어느 나라에 가 보고 싶습니까?

→ **Do you have any country you like to go?**
→ **Which country is the best to go?**

합격비법 1 가 보고 싶은 나라를 말한다

I would like to go to __________.
저는 ______에 가고 싶습니다.

I love to go to __________.
저는 ______에 가기를 원합니다.

__________ is my favorite country. So I want to go there.
______은/는 제가 가장 좋아하는 나라입니다. 그래서 그곳에 가 봤으면 합니다.

합격비법 2 그 이유를 든다 (p.115 합격비법 3 참조)

Because   **I would like to see __________.**
왜냐하면   ______을 보고 싶기 때문입니다.

I have been interested in (나라)**'s culture, history and food.**
저는 (나라)의 문화, 역사와 음식에 관심이 많았기 때문입니다.

my favorite writer/singer/actress, (이름) **lives there.**
제가 가장 좋아하는 작가/가수/배우, (이름)가 그곳에 살고 있기 때문입니다.

there are a lot of handsome guys, so I would be happy.
잘생긴 남자가 많아 행복해질 것이라 보기 때문입니다.

프랑스

I would like to go to France, because I would like to see the Eiffel tower in Paris. It's famous for a beautiful and romantic place and many tourists visit there. I think there must be a reason. So I would like to visit France.

저는 프랑스에 가고 싶습니다. 파리의 에펠탑을 보고 싶기 때문입니다. 에펠탑은 아름답고 로맨틱한 장소로 유명합니다. 그리고 많은 관광객들이 찾는 곳입니다. 여기에는 그만한 이유가 있을 것이라 생각합니다. 그래서 프랑스에 가 보고 싶습니다.

일본

I love to go to Japan, because I'm very interested in Japanese culture. I majored in Japanese, and have many Japanese friends. Specially I would like to visit Tokyo where is one of the biggest cities in the world.

저는 일본에 가고 싶습니다. 왜냐하면 일본 문화에 매우 관심이 많기 때문입니다. 저는 일본어를 전공했고 일본인 친구들이 많습니다. 저는 특히 세계에서 가장 큰 도시 중 하나인 도쿄를 방문하고 싶습니다.

영국

UK is my favorite country besides Korea. So I want to go there, because I love their English accent and pronunciation. Also I love watching a musical, so I want to watch ⟨Chicago⟩ with an original version.

영국은 한국을 제외하고 제가 가장 좋아하는 나라입니다. 그래서 그곳에 가고 싶습니다. 영국인들의 악센트와 발음을 좋아하기 때문입니다. 또한 저는 뮤지컬 보는 것을 좋아합니다. 그래서 뮤지컬 ⟨시카고⟩를 오리지널 버전으로 관람하고 싶습니다.

03 Which country would you like to avoid to visit?

가고 싶지 않은 나라가 있습니까?

→ **Do you have any country you don't like to go?**
→ **Which country would you hate to visit?**

합격비법 1 가고 싶지 않은 나라를 말한다

I'd like to avoid to visit __________.

__________을/를 방문하는 것은 피하고 싶습니다.

I wouldn't be very happy to visit __________.

__________ 방문은 별로 좋을 듯하지 않습니다.

I don't have any country I don't like to visit. Actually I love traveling. I would like to visit every country in the world. However if I have to choose one, it could be __________.

방문하고 싶지 않은 나라는 없습니다. 사실 저는 여행을 좋아합니다. 저는 세계의 모든 나라들을 다 가 보고 싶습니다. 하지만 꼭 한 나라를 정해야 한다면 그것은 __________가 될 것입니다.

I'm less interested in __________.

저는 __________에는 별로 관심이 없습니다.

합격비법 2 이유를 설명한다

Because **I have been there already, so I would like to go to other countries I**
왜냐하면 **haven't been.**

이미 가 보았기 때문에 다른 나라에 가고 싶습니다.

Korea and __________ have a lot in common. So I'd like to go to other countries where I'm not familiar with.

한국과 __________은/는 공통점이 많기 때문입니다. 따라서 친숙하지 않은 다른 나라에 가 보고 싶습니다.

these days it's the rainy season in __________. So I'd like to go there

in winter.

요즘 _______은/는 우기이기 때문입니다. 그래서 그곳은 겨울에 가 보고 싶습니다.

these days it's too cold/hot in _________. So I'd like to go there in summer/winter.

요즘 _______은/는 매우 춥기 때문입니다/덥기 때문입니다. 그래서 여름/겨울에 가 보고 싶습니다.

 ## 마무리한다

However **traveling always makes me excited.**
하지만   여행은 언제나 저를 설레게 합니다.

wherever I travel, I would be very happy as long as I'm with people I like.
어디를 여행하든 제가 좋아하는 사람들과 함께라면 저는 매우 행복할 것입니다.

캐나다

I'd like to avoid to visit Canada. Because I have been there few times, so I would like to go to other countries I haven't been. However traveling always makes me excited.

저는 캐나다에 가는 것은 피하고 싶습니다. 왜냐하면 몇 번 가 보았기 때문에 가 보지 않은 나라에 가고 싶기 때문입니다. 하지만 여행은 언제나 저를 설레게 합니다.

일본

I wouldn't be very happy to visit Japan. Because Korea and Japan have a lot in common. So I'd like to go to other countries where I'm not familiar with. However wherever I travel, I would be very happy as long as I'm with people I like.

일본 방문은 그리 좋을 것 같지 않습니다. 한국과 일본은 공통점이 많기 때문입니다. 그래서 저는 익숙하지 않은 다른 나라에 가고 싶습니다. 하지만 어디를 여행하든 제가 좋아하는 사람들과 함께라면 매우 행복할 것입니다.

04 What did you learn from the travel experiences?

여행을 통해 배운 것은 무엇입니까?

→ **Did you learn anything from your travel?**

→ **What did you learn about yourself through traveling?**

지원자의 성격이나 마음가짐을 드러낼 좋은 기회가 되는 질문이다. 여행을 통해 다양한 것을 배웠으며, 그것이 지원자의 인생에 어떤 긍정적인 영향을 주고 있는지 간략하게 설명한다.

합격비법 1 여행을 통해 배운 점을 말한다

I learned teamwork and grew my patience.

저는 팀워크를 배웠고 참을성을 길렀습니다.

I became more open-minded and independent.

좀 더 열린 마음을 갖게 되었고 독립적이 되었습니다.

I got an easy and composed attitude, also became more considerate of others.

저는 여유 있는 태도를 배웠고 또한 다른 사람들에 대한 배려가 보다 깊어졌습니다.

I learned how to love people and how important to respect them.

저는 사람들을 사랑하는 법과 그들을 존중하는 것이 얼마나 중요한지 배웠습니다.

합격비법 2 근거를 들어 설명한다

합격비법 3 마무리한다

That is why I think I became __________.

그렇기에 제가 _____ 될 수 있었다고 생각합니다.

I believe it helps me a lot to work as a flight attendant.

저는 그것이 제가 승무원으로 일하는 데 많은 도움이 될 것이라 믿습니다.

I became much stronger than before.

저는 전보다 훨씬 강해졌습니다.

So I love traveling because I can improve myself.
그래서 저는 스스로 성장할 수 있기 때문에 여행을 사랑합니다.

여유 있는 태도와 배려하는 마음

I got an easy and composed attitude, also became more considerate of others. When I traveled to Europe with my friends, we had all different ideas of the trip. So we spent so much time to understand each other. Fortunately, we could mingle well through the good offices of each other and I became much stronger than before through the experience.

저는 여유 있는 태도를 배웠고 또한 다른 사람들에 대한 배려가 보다 깊어졌습니다. 친구들과 유럽으로 여행을 갔을 때, 우리는 여행에 대한 생각이 모두 달랐습니다. 그래서 서로를 이해하는 데 많은 시간을 들여야 했습니다. 다행히 우리는 서로에 대한 배려로 잘 어울릴 수 있었고, 그 경험을 통해 저는 전보다 훨씬 강해졌습니다.

열린 마음과 독립심

I became more open-minded and independent, because I love traveling, so I travel alone sometimes. When I travel by myself, I can meet a wide range of people and they make me more open-minded. Also I should do everything by myself, so I become more independent. I believe it helps me a lot to work as a flight attendant.

좀 더 열린 마음을 갖게 되었고 독립적이 되었습니다. 왜냐하면 저는 여행을 좋아해 때때로 혼자 여행을 하기 때문입니다. 혼자 여행을 하면, 다양한 사람들을 만날 수 있고, 더욱 열린 마음을 갖게 됩니다. 또한 모든 것을 스스로 해야 하기에 좀 더 독립적이 될 수 있습니다. 저는 그것이 제가 승무원으로 일하는 데 많은 도움이 될 것이라 믿습니다.

인터뷰 핵심노트_ 영어 면접 시 유용한 표현 ①

1. I was able to ~ : ~할 수 있었습니다.

I was able to be more active. 저는 좀 더 적극적이 될 수 있었습니다.

2. It was a good chance to ~ : ~할 수 있는 좋은 기회였습니다.

It was a good chance to improve myself. 제가 성장할 수 있는 좋은 기회였습니다.

3. I have many experiences in ~ : ~에 많은 경험이 있습니다.

I have many experiences in the service field. 서비스 분야에 많은 경험이 있습니다.

4. Apply for 직업 / **Apply to** 회사

I applied for a flight attendant job. 저는 승무원이라는 일에 지원했습니다.

I applied to OO air. 저는 OO 항공사에 지원했습니다.

5. It meets my aptitude. : 그 일은 제 적성에 맞습니다.

= It is suitable for me.

6. It would help me to ~ : 그것은 제가 ~하는 데 도움이 됩니다.

It would help me to work as a flight attendant.

그것은 제가 승무원으로 일하는 데 도움이 됩니다.

7. I would like to ~ : ~하고 싶습니다.

I would like to work for OO air. 저는 OO 항공사에서 일하고 싶습니다.

8. Merits and demerits : 장단점

= Strength and weakness

9. I prefer A to B : 저는 B보다 A를 더 선호합니다.

I much prefer working in a team to working alone.

저는 혼자 일하는 것보다 팀으로 일하는 것을 훨씬 선호합니다.

10. I learned how to ~ : 저는 ~하는 법을 배웠습니다.

I learned how to harmonize with people.

저는 사람들과 조화를 이루는 법을 배웠습니다.

Unit 10

서비스 경력

01 Have you ever worked in the service field?

서비스 업종에서 일을 한 적이 있습니까?

- → Do you have any experiences in service field?
- → Tell me about your working experience in service field.

합격비법 1 Yes 혹은 No부터 말한다

Yes, I have many experiences in the service field.
네, 저는 서비스 업종에 많은 경험이 있습니다.

Yes, I have worked in the service field for __________ years.
네, 저는 _____년간 서비스 계통에서 일을 했습니다.

Not really, but I would like to build a new career in the service field.
아닙니다. 하지만 저는 서비스 업종에서 새로운 경력을 쌓고 싶습니다.

합격비법 2 구체적으로 무슨 일을 했는지 밝힌다

I have worked in ___(직장)___ for ___(기간)___ as ___(직책)___ .
저는 _____로서 _____ 동안 _____에서 일했습니다.

I worked in __________, __________, __________ and so on.
저는 _____, _____, _____ 등에서 일했습니다.

I was a ___(직책)___ in ___(직장)___ .
저는 _____에서 _____로서 있었습니다.

합격비법 3 경험의 결과를 긍정적으로 마무리한다

I got promoted the fastest out of those who joined the company at the same time as me.
저는 제 입사 동기 중 가장 승진이 빨랐습니다.

I got good feedback from my seniors and co-workers.
저는 선배들과 동료들에게 좋은 피드백을 받았습니다.

I was chosen as the best staff by customers twice.

저는 고객으로부터 가장 뛰어난 직원으로 두 번 선정되었습니다.

It was a really good chance to know working in service field makes me happy.

그것은 서비스 업종에서 일을 하는 것이 저를 행복하게 만든다는 것을 알게 된 정말 좋은 기회였습니다.

I learned many things from the experiences, and I became much more service-oriented.

저는 그 경험을 통해 많은 것을 배웠고 훨씬 더 서비스 지향적인 사람이 되었습니다.

다양한 서비스 업종에서 오랫동안 근무한 경우

Yes, I have many experiences in the service field. I have worked in the restaurant as a waitress, the hotel as a staff and the duty free shop as a manager for more than 5 years. I got good feedback from my seniors and co-workers. It was a really good chance to know working in service field makes me happy.

네, 저는 서비스 업종에 많은 경험이 있습니다. 저는 레스토랑에서 웨이트리스로, 호텔에서 스태프로 그리고 면세점에서 매니저로서 총 5년 이상 일을 했습니다. 저는 선배들과 동료들에게 좋은 피드백을 받았습니다. 그것은 서비스 업종에서 일을 하는 것이 저를 행복하게 한다는 사실을 알게 된 정말 좋은 기회였습니다.

아이스크림 가게에서 3년간 근무한 경우

Yes, I have worked in the service field for 3 years. I was an employee in the ice-cream shop. While working, I was chosen as the best staff by customers twice. I learned many things from the experiences, and I became much more service-oriented.

네, 저는 3년간 서비스 계통에서 일을 했습니다. 저는 아이스크림 가게 종업원이었습니다. 일하는 동안 저는 고객들로부터 가장 뛰어난 직원으로 두 번 선정되었습니다. 저는 그 경험들을 통해 많은 것을 배웠고 훨씬 더 서비스 지향적인 사람이 되었습니다.

02 What did you learn through the service experience?

서비스 경험을 통해 배운 것은 무엇입니까?

→ **Did you have anything to learn from your working experience?**
→ **How did you improve yourself after working in the service field?**

합격비법 1 많은 것을 배웠다고 답한다

I learned so many things from the service experiences.
저는 서비스 경험을 통해 많은 것들을 배웠습니다.

I was very lucky to learn many valuable things while working.
일하는 동안 많은 소중한 것들을 배울 수 있어 저는 매우 운이 좋았습니다.

There were many things to learn about the service field.
서비스 분야에 대해 배울 것들이 많았습니다.

합격비법 2 구체적으로 무엇을 배웠으며, 어떻게 성장했는지 말한다

I learned how to anticipate customers' needs, and how to satisfy them. So I always try to think what they need first, and bring them quickly.
저는 고객들의 요구를 예측하고 만족시키는 법을 배웠습니다. 그래서 저는 언제나 그들이 필요로 하는 것을 먼저 생각하고 빠르게 가져다줍니다.

I was able to think about what good customer service is, so I became more service-oriented. For me, the good customer service is to treat them as I want to be treated.
저는 좋은 고객 서비스가 무엇인지 생각할 수 있게 되었고 그래서 더욱 서비스 지향적이 되었습니다. 제게 좋은 고객 서비스란 제가 대접받고 싶은 방식으로 고객들을 대접해 드리는 것입니다.

I realized 'happy service' is better than 'perfect service'. It means I should be happy when I work, then it will make customers happy too. If I work perfectly but under stress, I believe I can't make customers smile with my service.
저는 '행복한 서비스'가 '완벽한 서비스'보다 낫다는 것을 깨달았습니다. 이는 제가 행복하게 일해야 한다는 것을 의미합니다. 그러면 고객분들 역시 행복할 것입니다. 제가 만약 완벽하지만 스트레스를 안고 일한다면, 제 서비스는 고객분들에게 미소를 안길 수 없을 것이라 믿습니다.

 ## 마무리한다

I think I am a well-qualified person for this position.
저는 이 직업에 자질이 충분한 사람이라고 생각합니다.

I hope I can have a chance to show my abilities in ○○ air.
○○ 항공사에서 저의 능력을 발휘할 수 있는 기회를 갖고 싶습니다.

I believe it should be a good experience to work as a flight attendant.
저는 이것이 승무원으로 일하는 데 좋은 경험이 될 것이라 믿습니다.

서비스 지향적인 마음가짐

I learned so many things from the service experiences. I was able to think about what good customer service is, so I became more service-oriented. For me, the good customer service is to treat them as I want to be treated. So I think I am a well-qualified person for this position.

> 저는 서비스 경험을 통해 많은 것을 배웠습니다. 저는 좋은 고객 서비스란 무엇인지 생각할 수 있게 되었고, 그래서 더욱 서비스 지향적이 되었습니다. 제게 좋은 고객 서비스란 제가 대접받고 싶은 방식으로 고객을 대접해 드리는 것입니다. 그래서 저는 이 직업에 충분한 자질을 갖췄다고 생각합니다.

행복한 서비스의 중요성

I was very lucky to learn many valuable things while working. I realized 'happy service' is better than 'perfect service'. It means I should be happy when I work, then it will make customers happy too. If I work perfectly but under stress, I believe I can't make customers smile with my service. I hope I can have a chance to show my abilities in ○○ air.

> 일하는 동안 많은 소중한 것들을 배울 수 있어 저는 매우 운이 좋았습니다. 저는 '행복한 서비스'가 '완벽한 서비스'보다 낫다는 것을 깨달았습니다. 그것은 제가 행복하게 일해야 함을 의미합니다. 그러면 고객분들 역시 행복해질 것입니다. 제가 만약 완벽하지만 스트레스를 안고 일한다면, 제 서비스는 고객을 웃게 만들지 못할 것이라 믿습니다. ○○ 항공사에서 저의 능력을 발휘할 수 있는 기회를 갖고 싶습니다.

Do you think your working experiences would be useful in this field?

당신의 직장 경험이 이 일에 도움이 될 것이라 생각합니까?

→ **How would you contribute to ○○ air based on your working experiences?**
→ **How would you apply your working experiences to this position?**

합격비법 1 긍정적인 내용의 답을 한 뒤, 전 직장에서 배운 점을 말한다

Yes, it would. When I worked in __________, I learned __________.
네, 그럴 것입니다. _____에서 일할 때, 저는 _____를 배웠습니다.

Yes, I believe it would. Because I was able to be more __________ when I worked in __________.
네, 저는 그러하리라 믿습니다. _____에서 일할 때, 저는 좀 더 _____해질 수 있었습니다.

Yes, I think. It was a good chance to learn how to __________ from my working experiences.
네, 그렇게 생각합니다. 직장 경험에서 _____하는 법을 배운 것은 좋은 기회였습니다.

합격비법 2 어떻게 회사에 기여할 것인지 말한다

So, I would contribute to ○○ air with__________.
그래서 저는 ○○ 항공에 _____ 공헌할 것입니다.

I believe it would help me to __________.
저는 제 이전 경력이 _____ 하는 데 도움이 될 것이라 믿습니다.

That's why I believe I can contribute to ○○ air based on my working experiences.
그렇기 때문에 저는 제 직장 경험을 토대로 ○○ 항공에 기여할 수 있다고 믿는 것입니다.

예시답안 1 팀워크에 도움이 될 수 있으리라 생각

Yes, it would. When I worked in the restaurant, I learned about teamwork. I got good feedback about my teamwork skills from my boss. So I would contribute to ○○ air with my teamwork skills.

네, 그럴 것입니다. 레스토랑에서 일할 때, 저는 팀워크에 대해 배웠습니다. 저는 사장님으로부터 저의 팀워크 구축 능력에 대해 칭찬을 받았습니다. 따라서 저는 ○○ 항공이 좋은 팀워크를 만드는 데 공헌할 수 있습니다.

예시답안 2 고객 서비스에 도움이 될 것이라 생각

Yes, I believe it would. Because I was able to be more service-oriented when I worked in ○○ hotel. There were many chances to deal with various kind of customers, so I was able to build up good service skills. I believe it would help me to make passengers feel specially treated.

네, 저는 그러리라 믿습니다. ○○ 호텔에서 일할 때 저는 보다 서비스 지향적이 될 수 있었기 때문입니다. 다양한 유형의 고객들을 대할 많은 기회가 있었기에 저는 좋은 서비스 기술을 쌓을 수 있었습니다. 저는 승객들이 특별하게 대접받는다고 느끼게 하는 데 이것이 도움이 되리라 믿습니다.

04 What is your service mind?

당신의 서비스 마인드는 무엇입니까?

→ **What is your service skill?**
→ **What do you think of the best service?**

서비스에 관한 질문 중 특히 많이 나오는 질문이다. 본인의 아르바이트나 봉사활동 경력을 바탕으로 서비스 마인드에 대해 생각해 본 후 답변하도록 한다. 서비스 마인드에 대해 물은 뒤 그런 자세로 실제 서비스를 제공한 사례가 있는지 묻는 예가 많기 때문이다.

합격비법 1 자신의 서비스 마인드를 말한다

In my opinion, the best service is ___________________________.

제 생각에는, 최고의 서비스란 _______________입니다.

My service mind is ______________________________.

제 서비스 마인드는 _______________입니다.

> **to take care of customers in detail.**
>
> 고객들을 세세한 부분까지 챙기는 것입니다.
>
> **to read customers' mind.**
>
> 고객들의 마음을 읽는 것입니다.
>
> **to anticipate what customers want.**
>
> 고객들이 원하는 것을 예측하는 것입니다.
>
> **to bring what customers want before they ask for.**
>
> 고객들이 원하는 것을 요청하기 전에 가져다주는 것입니다.
>
> **to treat customers as I want to be treated.**
>
> 제가 대접받고 싶은 만큼 고객들을 대접하는 것입니다.
>
> **to treat customers as my family.**
>
> 고객들을 제 가족처럼 대하는 것입니다.
>
> **to treat customers from my heart.**
>
> 고객들을 진심으로 대하는 것입니다.

to make customers feel specially treated.

고객들이 특별히 대접받고 있다고 느끼게 하는 것입니다.

to make customers come back.

고객들이 다시 찾게 만드는 것입니다.

both of myself and customers are satisfied with my service. Because if a service provider is not happy to serve, it couldn't be the best service even when customers are happy.

저 자신과 고객 모두가 제 서비스로 만족하는 것입니다. 서비스 제공자가 행복하지 않다면, 고객들이 만족한다 하더라도 최고의 서비스가 될 수 없기 때문입니다.

to offer more than a customer expects.

고객이 기대하는 것 이상을 제공하는 것입니다.

to provide service more than it's supposed to be.

해야 하는 것 이상의 서비스를 제공하는 것입니다.

not only to satisfy customers but also to touch them.

고객을 만족시키는 것뿐만 아니라 그들을 감동시키는 것입니다.

합격비법 2 서비스를 행하는 자신의 방법을 구체적으로 설명한다

So I would like ______________________________.

그래서 저는 ______________ 하고 싶습니다.

So I always try ______________________________.

그래서 저는 언제나 ______________ 하고자 합니다.

to check customers' gestures, facial expressions and their reacts from my service.

고객의 몸짓과 표정 그리고 제 서비스에 대한 반응을 살핍니다.

to put myself into customer's situation./to put my feet into customer's shoes.

고객의 입장에서 생각합니다.

to think one step ahead to catch what customers need quickly.

고객이 필요로 하는 것을 빠르게 알아차리기 위해 한 박자 앞서 생각합니다.

to think what I would need in the situation if I were a customer.

제가 고객이라면 그 상황에서 무엇이 필요할지 생각합니다.

to remember customers' faces and to recognize them when they visit again.

고객의 얼굴을 기억하고 그들이 다시 방문했을 때 알아볼 수 있게 합니다.

to set up customers' profiles so I can check their preference.

고객의 신상을 파악해 취향을 확인합니다.

합격비법 3 마무리한다

So if I have a chance to work for ○○ air, I would like to offer more specialized service to customers with my service mind.

만약 ○○ 항공에서 일할 기회가 주어진다면, 제 이런 서비스 마인드로 보다 전문화된 서비스를 제공하고 싶습니다.

I believe my service mind will make me a happy service provider.

제 서비스 마인드가 저를 행복한 서비스 제공자로 만들어 줄 것이라 믿습니다.

I hope I can work for ○○ air, so I would make a big contribution with my service mind.

○○ 항공에서 일하여 저의 서비스 마인드로 큰 기여를 할 수 있기를 희망합니다.

I got a lot of good feedback from customers with my service mind.

제 서비스 마인드로 저는 고객들에게 많은 좋은 피드백을 받았습니다.

예시답안 1 *고객을 세심히 살피는 것*

My service mind is to take care of customers in detail. So I always try to check customers' gestures, facial expressions and their reacts from my service. Also I try to put myself into customer's situation. So if I have a chance to work for ○○ air, I would like to offer more specialized service to customers with my service mind.

제 서비스 마인드는 고객들을 세심히 챙기는 것입니다. 저는 언제나 고객의 행동과 표정, 제 서비스에 대한 그들의 반응을 살피려고 합니다. 또한 고객의 입장에서 생각하려 애씁니다. ○○ 항공에서 일할 기회가 주어진다면, 이런 제 서비스 마인드로 보다 전문화된 서비스를 고객들에게 제공하고 싶습니다.

예시답안 2 · 고객의 요구를 예측하는 것

My service mind is to anticipate what customers want. So I always try to think one step ahead to catch what customers need quickly. Also I try to think what I would need in the situation if I were a customer. I believe my service mind will make me a happy service provider.

제 서비스 마인드는 고객이 원하는 것을 예측하는 것입니다. 그래서 저는 항상 고객이 필요로 하는 것을 빠르게 알아차리기 위해 한 박자 앞서 생각하려고 노력합니다. 또한 고객의 입장이 되어 그 상황에서 무엇이 필요할지 생각해 보려 합니다. 저는 제 서비스 마인드가 저를 행복한 서비스 제공자로 만들어 줄 것이라 믿습니다.

예시답안 3 · 고객의 예측 이상을 제공하는 것

In my opinion, the best service is to offer more than a customer expects. So I always try to remember customers' faces and to recognize them when they visit again. Also I try to set up customers' profiles so I can check their preference. I hope I can work for ○○ air, so I would make a big contribution with my service mind.

제 생각에는 최고의 서비스란 고객이 예측하는 것 이상을 제공하는 것입니다. 그래서 저는 언제나 고객의 얼굴을 기억하고 그들이 다시 방문했을 때 알아볼 수 있게 노력합니다. 또한 저는 고객의 신상을 파악해 취향을 확인하려 애씁니다. ○○ 항공에서 일하여 저의 서비스 마인드로 큰 기여를 할 수 있기를 희망합니다.

합격비법 1 일을 열심히 한다고 대답한다

Yes, I think I work hard.
네, 저는 제가 일을 열심히 한다고 생각합니다.

Of course, I'm a hard worker.
물론 저는 열심히 일하는 사람입니다.

합격비법 2 본인의 일하는 방식에 대해 설명한다

I'm very responsible. Once I start to work, I don't stop till it's done.
저는 책임감이 매우 강합니다. 한번 일을 시작하면 마무리될 때까지 멈추지 않습니다.

I'm a well harmonized person. So when I work, I always try to help my co-workers whenever I have a chance.
저는 조화를 잘 이루는 사람입니다. 일할 때 저는 기회가 있을 때마다 동료들을 도우려 노력합니다.

I'm good at handling customers. So when I work, I normally have many patrons.
저는 고객 응대에 능합니다. 일할 때 저는 대개 많은 단골 고객을 만듭니다.

I'm very positive. I don't lose my smile even if the job is hard. So my co-workers say they are motivated when they work with me.
저는 긍정적인 사람입니다. 일이 힘들어도 미소를 잃지 않습니다. 그래서 동료들은 저와 일하면 의욕이 넘치게 된다고 말합니다.

I have a lot of good feedback from my senior.

저는 선배로부터 많은 좋은 평가를 받습니다.

My co-workers love to work with me.

제 동료들은 저와 일하는 것을 좋아합니다.

I believe I am a hard worker.

저는 제가 열심히 일하는 사람이라고 믿습니다.

예시답안 **1** 책임감이 강하고 조화를 잘 이룸

Yes, I think I work hard. I'm very responsible. Once I start to work, I don't stop till it's done. Also I'm a well harmonized person. So when I work, I always try to help my co-workers whenever I have a chance. So my co-workers love to work with me.

네, 저는 제가 일을 열심히 한다고 생각합니다. 저는 책임감이 매우 강합니다. 한번 일을 시작하면, 끝날 때까지 멈추지 않습니다. 또한 저는 조화를 잘 이루는 사람입니다. 그래서 일을 할 때 저는 기회가 있을 때면 언제나 동료들을 도우려고 애씁니다. 그래서 제 동료들은 저와 일하는 것을 좋아합니다.

예시답안 **2** 고객 응대에 능하고 긍정적임

Of course, I'm a hard worker. I'm good at handling customers. So when I work, I normally have many patrons. Also I'm very positive. I don't lose my smile even if the job is hard. My co-workers say they are motivated when they work with me. So I believe I am a hard worker.

물론 저는 열심히 일을 하는 사람입니다. 저는 고객 응대에 능합니다. 보통 저는 일할 때 많은 단골 고객을 만듭니다. 또한 저는 긍정적입니다. 일이 힘들어도 미소를 잃지 않습니다. 제 동료들은 저와 일하면 의욕이 넘치게 된다고 말합니다. 따라서 저는 제가 열심히 일하는 사람이라고 믿습니다.

What is the best service you've got?

당신이 받은 최고의 서비스는 무엇입니까?

→ **Tell me about the best service you were given.**

→ **Have you got the best service?**

사람마다 가치관과 생각이 다르듯, 본인이 생각하는 최고의 서비스가 면접관 입장에서는 언뜻 이해되지 않거나 최고라 하기에 부족할 수 있다. 언제, 어디서, 어떤 서비스를 받았는지 간략히 언급하고 어째서 최고의 서비스인지 설명을 덧붙이도록 한다.

합격비법 1 자신이 받은 최고의 서비스를 간략히 밝히고, 이유를 설명한다

a. The service I've got:

언제, 어디서, 어떤 서비스를 받았는지 간략하게 설명한다.

b. I regard it as one of the best service I've got.

저는 이것이 제가 받은 최고의 서비스 중 하나라고 생각합니다.

c. Because my service motto is to _______(p.130~131 합격비법1 참조)_______. **That's why I think it's the best service.**

제 서비스 모토는 ______로, 제가 그것을 최고의 서비스라고 생각하는 이유입니다.

합격비법 2 마무리한다

That is why I think it is the best service.

그렇기 때문에 저도 이것을 최고의 서비스라고 생각합니다.

That is why I can't forget about the service.

그렇기 때문에 저는 그 서비스를 잊을 수 없습니다.

예시답안 1   레스토랑에서 받은 생일축하

When I went to one of the popular restaurants with my friends to celebrate my birthday, I got the best service. While having a meal, the waitress noticed it was my special day. She came to congratulate me on my birthday with a free charge of cookies. I felt even happier when she brought a bill with a card written by hand. I regard it as one of the best service I've got. Because my service motto is not only to satisfy customers but also to touch them. That's why I think it's the best service.

친구들과 제 생일을 축하하기 위해 유명한 레스토랑에 갔을 때 최고의 서비스를 받았습니다. 식사를 하는 동안, 웨이트리스는 그날이 제 특별한 날인 것을 알았습니다. 그녀는 서비스로 쿠키를 가져와 제 생일을 축하해 주었습니다. 직접 손으로 쓴 카드와 영수증을 가지고 왔을 때는 훨씬 더 기뻤습니다. 이것이 제가 받은 최고의 서비스 중 하나라고 생각합니다. 왜냐하면 제 서비스 모토는 고객을 만족시키는 것뿐만 아니라 그들을 감동시키는 것이기 때문입니다. 그렇기 때문에 저는 이것을 최고의 서비스라고 생각합니다.

예시답안 2   새해 연휴 레스토랑 웨이트리스에게 받은 위로

When I stayed in US, I got the best service from one of the restaurants in New York. It was a new year holiday, so there were not many people in the street, and most of shops were closed. So I felt lonely. When I had lunch in the restaurant, the waitress noticed how I felt. She often came to check how the meal was, and tried to make a conversation. It was really comforting. I regard this as one of the best service I've got. Because my service motto is 'To make customers feel specially treated', and I felt so. That's why I think it is the best service.

미국에 있을 때, 뉴욕의 한 레스토랑에서 최고의 서비스를 받았습니다. 새해 연휴라 거리에 사람도 많지 않았고 대부분의 상점이 휴업이라 조금 외로웠습니다. 그 레스토랑에서 점심을 먹을 때, 웨이트리스는 그런 제 기분을 알아차렸습니다. 그녀는 자주 제 테이블로 와서 음식이 어떤지 확인했고 대화를 하려 했습니다. 정말 위로가 되었습니다. 저는 이것을 제가 받은 최고의 서비스 중 하나로 생각합니다. 저의 서비스 모토는 '고객들로 하여금 특별하게 대접받는다고 느끼게 하자'인데 제가 그렇게 느꼈기 때문입니다. 그렇기 때문에 저는 이것을 최고의 서비스라고 생각합니다.

나만의 비밀 노트

팀워크

01 Have you worked in a team?

팀으로 일해 본 적이 있습니까?

→ **Do you have any experiences to work as a team member?**

→ **What is your way to work in a team?**

주로 봉사활동, 아르바이트나 서비스 경력 혹은 동아리 활동을 바탕으로 답변을 만든다. 팀으로 일한 적이 있느냐는 포괄적인 질문에는 지난 일을 브리핑하는 기분으로 답하면 될 것이다. 즉 언제 어디서 무엇을 왜 했는지, 배운 점은 무엇인지 간추려 말할 수 있도록 한다.

합격비법 1 팀으로 일한 경험 유무를 밝힌다

Yes, I've worked in a team when I was in_________ as a _________.

네, 제가 ______ 에 있을 때 ______로서 팀이 되어 일했습니다.

Yes, I was a member/leader of _________.

네, 저는 ______의 일원/리더였습니다.

합격비법 2 자신이 맡았던 임무에 대해 말한다

My position was a/an _________.

저의 직책은 ______였습니다.

My duty was to _________.

저의 임무는 ______였습니다.

I was responsible for _________.

저는 ______를 담당했습니다.

합격비법 3 느낀 점이나 배운 점을 언급한다

It was worthwhile.

그것은 보람 있었습니다.

It was meaningful.

그것은 의미 있는 일이었습니다.

I learned many things from the experience.

그 경험을 통해 많은 것을 배웠습니다.

It was a good chance to learn about teamwork.

팀워크에 대해 배울 수 있었던 좋은 기회였습니다.

It was a good chance to learn the way to harmonize with others.

다른 사람들과 어울리는 법을 배운 좋은 기회였습니다.

I learned how to love and to be loved.

어떻게 사랑하고 어떻게 사랑받는지 배웠습니다.

It was good to improve myself.

제 스스로가 성장할 수 있어 좋았습니다.

I learned how to satisfy customers.

고객을 어떻게 만족시키는지 배웠습니다.

레스토랑에서 일했다면

Yes, I've worked in a team when I was in the restaurant as a waitress. My duty was to serve food and to respond to customers. I learned how to satisfy customers and how to harmonize with people.

> 네. 레스토랑에서 웨이트리스로 일할 때 팀으로 일했습니다. 저의 임무는 음식을 서빙하고 고객을 응대하는 것이었습니다. 저는 고객들을 만족시키는 법과 사람들과 어울리는 방법도 배웠습니다.

봉사 모임 일원이었다면

Yes, I was a member of the voluntary club which visited orphanages regularly. I was responsible for looking after disabled children, and for spending my time with them regularly. I learned how to love and to be loved through the experience.

> 네. 저는 고아원을 정기적으로 방문하는 봉사 모임의 일원이었습니다. 저는 장애 아동들을 돌보고 정기적으로 그들과 시간을 함께 보내는 일을 했습니다. 이 경험을 통해 저는 어떻게 사랑하고 어떻게 사랑받는지 알았습니다.

What are the merits and demerits of working as a team?

팀으로 일할 때의 장단점은 무엇일까요?

→ **Tell me about the strength and weakness of working in a team.**
→ **What do you think of the good points and bad points to work in a team?**

단점보다 장점을 강조해 부정적인 인상을 주지 않는 데 힘쓴다. 팀으로 일할 때의 단점을 장점보다 더 많이 언급한다면 팀으로 일하는 것을 선호하지 않는 듯한 인상을 주게 된다. 이는 팀으로 일하는 승무원에 지원하는 사람의 대답으로는 적절치 못하다.

합격비법 1 항상 장점을 단점보다 더 많이 언급해 부정적인 인상을 주지 않도록 한다

There are a lot of good points of working as a team. For example, _________.
팀으로 일하는 것은 많은 장점이 있습니다. 예를 들면, _____입니다.

The merit of working in a team is _________.
팀으로 일하는 것의 장점은 _____입니다.

One of the strong points is _________.
장점 중 하나는 _____입니다.

> **to work faster and to save time because there are more people.**
> 많은 사람들로 이루어져 있어 더 빠르게 일할 수 있고 시간을 절약할 수 있습니다.
>
> **to work better because we work in one body, so we can motivate each other.**
> 하나가 되어 일을 하므로 서로 사기를 북돋아 줄 수 있어 일을 더 잘할 수 있습니다.
>
> **to work more efficiently because we can get various ideas and ways to work.**
> 다양한 의견과 일하는 방식을 알게 되어 보다 효과적으로 일할 수 있습니다.
>
> **to make less mistakes because team members back up each other.**
> 동료끼리 서로를 보완해 주므로 실수를 줄일 수 있습니다.
>
> **to have a lot of fun. So we can enjoy our job. I think it's important.**
> 더 많은 즐거움을 얻을 수 있습니다. 그러므로 일을 즐길 수 있게 됩니다. 그것은 중요하다고 생각합니다.

  단점은 하나만 든다

On the other hand/However/But the demerit of working in a team is (팀의 단점 1개)

반면에/하지만/그러나 팀으로 일하는 것의 단점이라면 _____입니다.

> **to take longer time to make a decision.**
> 결정을 내리는 데 더 많은 시간이 걸릴 수도 있습니다.

> **to make a mutual concession even when I think my idea is better.**
> 제 의견이 더 낫다고 생각될 때에도 서로 절충을 해야만 합니다.

> **to think more about 'Relationships with team members' besides the job itself.**
> 일 그 자체와 더불어 '팀원들 간의 관계' 에 대해서도 더 생각해야만 합니다.

> **to be responsible for team members' fault.**
> 팀원의 실수도 책임져야 한다는 것입니다.

  마무리한다

I think everything has the good points and the bad points.
저는 모든 것에는 장단점이 있다고 생각합니다.

It's suitable for me to work in a team. I love to work together.
팀으로 일하는 것은 저에게 잘 맞습니다. 저는 함께 일하는 것을 좋아합니다.

Flight attendant should work in a team. That's why I'm confident of working as a flight attendant.
승무원은 팀으로 일해야 합니다. 그렇기 때문에 저는 승무원으로 일하는 데 자신이 있습니다.

Even though there are some bad points of teamwork, I still prefer working in a team.
팀워크에는 단점이 있지만, 저는 여전히 팀으로 일하는 것을 선호합니다.

예시답안 1 업무 효율성은 좋아져도 결정에 이르기까지 시간이 더 걸린다

The merit of working in a team is to work faster and to save time because there are more people. Also we can work more efficiently because we can get various ideas and ways to work. On the other hand, the demerit of working in a team is to take longer time to make a decision. I think everything has the good points and bad points.

> 팀으로 일하는 것의 장점은 사람이 많아 더 빠르게 일할 수 있고 시간을 절약할 수 있다는 것입니다. 또한 다양한 의견과 일하는 방식을 알게 되어 좀 더 효율적으로 일할 수 있습니다. 반면 결정을 내리는 데 시간이 더 걸릴 수 있는 단점도 있습니다. 모든 것에는 장단점이 있다고 생각합니다.

예시답안 2 구성원 간 도움은 줄 수 있어도 '인간관계' 역시 신경 써야 한다

The merit of working in a team is to work better because we work in one body, so we can motivate each other. Also we can make less mistakes because team members back up each other. However the demerit of working in a team is to think more about 'relationships with team members' besides the job itself. However it's suitable for me to work in a team. I love to work together.

> 팀의 장점은 하나가 되어 일하므로 서로 사기를 북돋아 줄 수 있어 일을 더 잘할 수 있다는 점입니다. 또한 팀원들이 서로를 보완해 주기에 실수를 줄일 수 있습니다. 하지만 해야 하는 일은 물론 '팀원들 간의 관계'에도 신경을 써야 하는 게 단점입니다. 하지만 제게는 팀으로 일하는 것이 잘 맞습니다. 저는 함께 일하는 것을 좋아합니다.

실수는 줄 수 있어도 결정에 이르는 시간은 길어진다

One of the strong points is to make less mistakes. Because team members back up each other. Also we can work more efficiently, because we can get various ideas and ways to work. But the bad point is to take longer time to make a decision. Flight attendant should work in a team. That's why I'm confident of working as a flight attendant.

> 장점 중 하나는 실수를 줄일 수 있다는 것입니다. 왜냐하면 동료끼리 서로를 보완하기 때문입니다. 또한 우리는 다양한 의견과 일하는 방식을 알게 되어 보다 효율적으로 일할 수 있습니다. 하지만 단점은 결정을 내리는 데 더 오랜 시간이 걸린다는 것입니다. 승무원은 팀으로 일해야 합니다. 그렇기 때문에 저는 승무원으로 일하는 데 자신이 있습니다.

즐거움을 갖고 일을 즐길 수 있지만, 팀원들 간의 관계도 신경 써야 한다.

There are a lot of good points of working as a team. For example, we can have a lot of fun. So we can enjoy our job. I think it's important. Also we work faster and save time because there are more people. However, the demerit of working in a team is to think more about 'Relationships with team members' besides the job itself. Even though there are some bad points of teamwork, I still prefer working in a team.

> 팀으로 일하는 것은 많은 장점이 있습니다. 예를 들면, 우리는 더 많은 즐거움을 얻을 수 있습니다. 그러므로 일을 즐길 수 있게 됩니다. 그것은 중요하다고 생각합니다. 또한 많은 사람들로 이루어져 있어 더 빠르게 일할 수 있고 시간을 절약할 수 있습니다. 하지만 팀으로 일하는 것의 단점이라면 일 그 자체와 더불어 '팀원들 간의 관계'에 대해서도 더 생각해야만 한다는 것입니다. 팀워크에는 단점이 있지만, 저는 여전히 팀으로 일하는 것을 선호합니다.

Do you prefer working together to working alone?

당신은 혼자 일하는 것보다 함께 일하는 것을 선호합니까?

→ **Which one do you like, working together or working alone?**

→ **Do you like working in a team?**

팀으로 일하는 승무원을 지망하는 사람이라면 되도록 함께 일하는 쪽을 선호한다고 답하는 것이 좋다. 하지만 A or B 식의 선택 문제에서는 일단 둘 모두 잘한다거나, 경험한 바 있다거나, 아니면 어느 쪽이든 상관없다는 포용 가능성을 열어 둔 뒤 한쪽을 선택하도록 하자.

합격비법 1 우선 둘 모두 포용할 수 있다는 인상을 심어 준다

I've experienced in both.
저는 둘 모두에 경험이 있습니다.

I don't mind both.
어느 쪽이건 상관이 없습니다.

I can take both of them.
둘 다 잘할 수 있습니다.

It's case by case.
경우에 따라 다릅니다.

합격비법 2 혼자 일하는 것보다 팀 작업을 선호한다고 하는 것이 좋다

But personally, I prefer working in a team. + 팀의 장점 언급 (p.142 합격비법1 참조)
하지만 개인적으로는 팀으로 일하는 쪽을 선호합니다.

However I feel more comfortable for working in a team. + 팀의 장점 언급
하지만 저는 팀으로 일하는 것이 더 편합니다.

However I think working in a team is more efficent and more creative. + 팀의 장점 언급
하지만 저는 팀으로 일하는 것이 보다 효율적이고 창의적이라고 생각합니다.

It meets my aptitude.

그것이 제 적성에 맞습니다.

I'm always happy to work with people.

저는 사람들과 일하는 것을 언제나 좋아합니다.

It's not easy that everyone becomes one, but very challenging.

모두가 하나가 되는 것은 쉽지 않지만 매우 도전적인 일입니다.

That is why I love to work together.

그렇기 때문에 저는 함께 일하는 것을 선호합니다.

예시답안 **1** *시간을 절약할 수 있어 팀 선호*

I've experienced in both. But personally, I prefer working in a team. Because we can work faster and save time as there are more people. And we can work better as we work in one body, so we can motivate each other. Also it meets my aptitude. That's why I love to work together.

> 저는 둘 모두에 경험이 있습니다. 하지만 개인적으로 팀으로 일하는 것을 선호합니다. 사람이 많으면 더 빨리 일할 수 있고 시간을 절약할 수 있기 때문입니다. 그리고 하나가 되어 일을 하기에 서로 사기를 북돋아 줄 수 있어 더 잘 일할 수 있습니다. 또한 그것은 제 적성에 맞기도 합니다. 그렇기 때문에 저는 함께 일하는 것을 좋아합니다.

예시답안 **2** *업무 효율이 높고 구성원 간 보완이 가능해 팀 선호*

I don't mind both, but personally I prefer working in a team. Because we can work more efficiently as we can get various ideas and ways to work, and we can make less mistakes as team members back up each other. I'm always happy to work with people. That's why I love to work together.

> 어느 쪽이든 상관은 없지만 개인적으로는 팀으로 일하는 것을 선호합니다. 다양한 의견과 일하는 방식을 접할 수 있어 보다 효율적으로 일할 수 있고 서로 보완해 주기에 실수를 줄일 수 있어서입니다. 저는 사람들과 일하는 것을 언제나 좋아합니다. 그렇기 때문에 저는 함께 일하는 것이 좋습니다.

04 What is your own definition of teamwork?

팀워크에 대한 당신 자신만의 정의는 무엇입니까?

→ **How do you define 'teamwork'?**
→ **Tell me about your own definition of teamwork.**

합격비법 1 팀워크를 정의한다

For me, teamwork is like _________.
제게 있어 팀워크란 ______과 같습니다.

My own definition of teamwork is _________.
팀워크에 대한 저만의 정의는 ______ 입니다.

I think teamwork is like _________.
저는 팀워크란 ______와 같다고 생각합니다.

합격비법 2 정의에 대해 간략히 설명한다

합격비법 3 마무리한다

That is why I think teamwork is _________.
그렇기에 저는 팀워크란 ______ 라고 생각합니다.

So I can define teamwork as _________.
그래서 저는 팀워크를 ______이라 정의할 수 있습니다.

 **예시답안 1** 서로를 이해하는 것

For me, teamwork is 'understanding each other'. Because I believe when people understand each other, which means, people listen carefully to each other, they make use of each other's competencies and they take seriously each other's opinions, they are involved in teamwork. So I can define teamwork as understanding each other.

제게 있어 팀워크란 '서로를 이해하는 것' 입니다. 왜냐하면 사람들이 서로를 이해할 때, 즉 서로의 이야기를 귀 기울여 듣고, 서로의 능력을 잘 활용하고, 서로의 의견을 진지하게 받아들일 때 팀워크가 완성되는 것이라 믿기 때문입니다. 그래서 저는 팀워크란 서로를 이해하는 것이라 정의 내릴 수 있습니다.

 **예시답안 2** 용광로

My own definition of teamwork is 'a melting pot'. Because every different power, idea and capacity come together to be one like melting pot, so they can create a new outcome. 'A new outcome' should be customer's satisfaction and customer's happiness. That is why I think teamwork is like 'a melting pot'.

팀워크에 대한 저만의 정의는 '용광로' 입니다. 마치 용광로처럼 각기 다른 힘, 생각, 능력이 하나가 되기 위해 섞이는 곳이 팀이기 때문입니다. 그래서 새로운 결과물을 창출해 낼 수 있습니다. '새로운 결과물' 이란 고객 만족과 고객 행복이 될 것입니다. 그렇기에 저는 팀워크란 '용광로' 와 같다고 생각합니다.

 **Tip** 팀워크에 대한 다른 정의

- **Becoming one** → We run together for the same goal.
  하나가 되는 것　　　　우리는 같은 목표를 위해 함께 달려가니까

- **Play** → Each one has his/her own role, and when everyone completes
  연극　　　his/her job, they can have a great play.
  각자 맡은 역할이 있고 모두가 자신의 임무를 잘 수행할 때 좋은 연극이 탄생되기에

- **Orchestra** → When everyone is harmonized, the audience can enjoy the
  오케스트라　　concert.
  모두가 하나로 어우러질 때, 청중은 그 연주를 즐길 수 있으므로

인터뷰 핵심 노트 _ 영어 면접 시 유용한 표현 ②

1. **Motivate** : ~에게 동기를 부여하다, 의욕을 느끼게 하다.
   It motivated me a lot to be a flight attendant.
   그 일은 제가 승무원이 되고자 하는 데 많은 동기부여가 되었습니다.

2. **That is why I think ~** : 그렇기 때문에 저는 ~라고 생각합니다.
   That is why I think it is important.
   그렇기 때문에 저는 그것이 중요하다고 생각합니다.

3. **I can mingle well with people** : 저는 사람들과 잘 어울립니다.
   mingle은 mix, socialize, harmonize, get along과 같은 의미이다.

4. **I always try (not) to ~** : 저는 언제나 ~ 하려고(하지 않으려고) 노력합니다.
   I always try not to make a mistake. 저는 항상 실수를 하지 않으려고 노력합니다.

5. **It is related to ~** : ~와 연관이 있습니다.
   Somewhat my major is related to this position.
   제 전공은 이 직업과 다소 연관이 있습니다.

6. **Service consistency** : 서비스의 일관성
   I want to focus on customer service consistency.
   저는 서비스의 일관성에 집중하고 싶습니다.

7. **It is a little hard to say, but ~** : 다소간 말씀드리기 어려우나~
   = I don't know how to tell it to you, but ~

8. **In common** : 공통으로
   We have a lot in common. 우리는 공통점이 많습니다.

9. **명사 + oriented** : ~ 중심적인, ~ 경향의
   I am future-oriented. 저는 미래지향적입니다.

10. **I am healthy enough** : 저는 매우 건강합니다.
    = I am mentally and physically healthy. 저는 심신이 건강합니다.

지원 항공사에 대한 질문

What do you know about ○○ air?

○○ 항공에 대해 무엇을 알고 있습니까?

→ **Do you have any sketchy knowledge of ○○ air?**
→ **Why do you think ○○ air is the best airline for you?**

지원하는 항공사에 대해 관심을 갖고 잘 알고 있어야 하는 것은 너무나 당연하며, 이는 면접관과 그 회사에 대한 예의이기도 하다.

합격비법 1   항공사의 두드러지는 장점을 말한다

○○ air is   **growing rapidly.**
○○ 항공은   빠르게 성장하고 있습니다.

one of the world leading companies.
세계를 이끄는 기업 중 하나입니다.

a well-known company in the aviation industry.
항공 산업 분야에서 잘 알려진 기업입니다.

really famous for outstanding service and safety.
뛰어난 서비스와 안전성으로 정말 유명합니다.

합격비법 2   영문 홈페이지에서 확인한 회사 정보를 바탕으로 답변을 만든다

회사의 역사, 특이점 혹은 대표적인 서비스, 최신 뉴스, 사회 공헌 활동, 슬로건, 경영이념 등을 확인한다.

합격비법 3   마무리 인사를 한다

So,   **if I work for ○○ air, I would be very happy.**
따라서,   제가 ○○ 항공에서 일하게 된다면, 매우 기쁠 것입니다.

if I have a chance to work for ○○ air, I would make a significant contribution.
○○ 항공에서 일할 기회가 주어진다면, 저는 큰 공헌을 할 수 있을 겁니다.

if I become a member of ○○ air, we can expect synergy effect.

제가 ○○ 항공의 직원이 된다면, 시너지 효과를 기대할 수 있을 것입니다.

that's why I think ○○ air is the best airline for me.

이런 이유로 ○○ 항공이 제게는 최고의 항공사입니다.

예시답안 1   대한항공에 지원한 경우

Korean air is one of the world leading companies. It has a long history. It was established in 1969, Mar. 1st. Also Korean air is very famous for outstanding service such as flying mom service and excellent meal service which was awarded several times. The service slogan of Korean air is 'Excellence in flight'. I'm very service oriented, so I believe it's suitable for me. So, if I have a chance to work for Korean air, I would make a significant contribution.

> 대한항공은 세계를 이끄는 기업 중 하나입니다. 긴 역사를 가지고 있으며, 1969년 3월 1일 설립되었습니다. 또한 대한항공은 플라잉 맘 서비스나 수차례 상을 받은 훌륭한 기내식 서비스 등 뛰어난 서비스로 유명합니다. 대한항공의 미션은 'Excellence in flight' 입니다. 저는 서비스 정신이 뛰어난 사람으로, 이 일이 제게 잘 맞는다고 믿습니다. 대한항공에서 일할 기회가 주어진다면, 저는 큰 공헌을 할 수 있을 것입니다.

예시답안 2   아시아나항공에 지원한 경우

Asiana airlines is really famous for outstanding service and safety. They got a lot of awards nationally about excellent service, also they really concentrate on having a safe flight. The service slogan of Asiana airlines is 'Always with you'. As this slogan, Asiana airlines always tries to develop in many ways and also has many social contribution activities. So, if I work for Asiana airlines, I would be very happy.

> 아시아나항공은 뛰어난 서비스와 안전성으로 매우 유명합니다. 아시아나항공의 서비스는 국제적인 수상 경력을 자랑하며, 안전한 비행에도 많은 신경을 기울입니다. 아시아나항공의 슬로건은 '언제나 함께' 입니다. 이 슬로건처럼 아시아나항공은 언제나 다양한 방식으로 발전하기 위해 노력하며 더불어 많은 사회 공헌 활동을 하고 있습니다. 제가 아시아나항공에서 일하게 된다면, 정말 행복할 것 같습니다.

02 Why do you apply to ○○ air?

○○ 항공에 지원한 이유는 무엇입니까?

→ **Why do you like to work for ○○ air?**

→ **What makes you come here?**

지원 동기를 묻는 질문과 승무원으로서의 자질을 묻는 질문에는 비슷한 답변이 요구된다. 즉 자신의 장점과 자질 등을 밝히는 것이다. 그러나 본인의 자질에만 제한되는 후자에 비해 지원 동기를 묻는 질문에는 본인의 자질과 더불어 승무원이라는 직업, 항공사 입사를 통해 예상되는 이점이나 혜택을 언급하는 것이 좋다.

합격비법 1 자신의 장점과 자질 등을 밝힌다

(p.162 합격비법 1, 2 참조)

합격비법 2 승무원이란 직업, 또는 항공사에서 받을 수 있는 혜택과 항공사에 대해 칭찬한다

▶ 혜택

I would like to + 승무원이 되면 할 수 있는 것들과 그에 따른 자기 발전에 대해 말한다.

have many chances to travel all over the world. So I would be able to broaden my point of view toward the world.

저는 전 세계를 여행할 수 있는 많은 기회를 갖고 싶습니다. 그것은 제 세계관을 더 넓힐 수 있습니다.

meet a wide range of people. So I could be more open-minded and expand my mind.

저는 다양한 사람들을 만나고 싶습니다. 그러면 보다 열린 사고를 하고 도량을 넓힐 수 있을 것입니다.

live alone in a foreign country. It could be a good chance to be more independent.

외국에서 혼자 살아 보고 싶습니다. 이는 제가 보다 독립적이 되는 좋은 기회가 될 것입니다.

○○ air has a good welfare system. I believe when a company takes good care of its workers, they could be more motivated to work.

○○ 항공은 좋은 복지 시스템을 갖추고 있습니다. 회사가 사원들을 잘 챙길 때, 사원들은 보다 더 일하려는 의욕을 갖게 된다고 믿습니다.

And I will give it back to ○○ air.

그리고 저는 얻은 것을 ○○ 항공에 되돌려 드릴 생각입니다.

▶ 항공사에 대한 칭찬

○○ air is   **the best airline in the aviation industry.**

○○ 항공은   항공업계에서 최고의 항공사입니다.

the one of the well-known companies for the high quality of service.

높은 수준의 서비스로 잘 알려진 항공사 중 하나입니다.

very famous for a safe and excellent flight in this field.

이 분야에서 안전하고 훌륭한 비행으로 매우 유명합니다.

So I would like to improve myself with ○○ air.

그래서 저는 ○○ 항공과 함께 성장하고 싶습니다.

합격비법 3 마무리한다

That's why I apply for this position.

그렇기 때문에 이 직업에 지원했습니다.

I'm sure I can contribute to ○○ air reflecting on my personality and various experiences.

제 성격과 다양한 경험을 고려할 때 ○○ 항공에 공헌할 수 있으리라 믿습니다.

I would like to have a chance to work for ○○ air. So we can motivate each other to improve.

저는 ○○ 항공에서 일할 기회를 갖고 싶습니다. 서로의 성장에 자극제가 될 수 있을 것입니다.

예시답안 1 ○○ 항공의 복지 시스템이 마음에 들어서

I'm sure I'm the one you're looking for. I have solving skills and think logically. I major in mathematics, so it helps me a lot. Also I'm an outgoing person. I'm a leader of the exchange students club. I got a lot of good feedback from my team members about my leadership. Also ○○ air has a good welfare system. I believe when a company takes good care of its workers, they could be more motivated to work, and I will give it back to ○○ air. I'm sure I can contribute to ○○ air reflecting on my personality and various experiences.

제가 바로 귀사가 찾는 인물이라 확신합니다. 저는 문제 해결 능력이 있으며 논리적으로 사고합니다. 전공인 수학이 많은 도움이 됩니다. 저는 활발한 사람이기도 합니다. 교환학생 모임의 리더이며, 제 리더십은 동료들로부터 많은 좋은 평가를 받았습니다. 더불어 ○○ 항공은 좋은 복지 시스템을 갖추고 있습니다. 회사가 사원들을 잘 챙길 때, 사원들은 보다 더 일하려는 의욕을 갖게 된다고 믿습니다. 그리고 저는 이를 ○○ 항공에 되돌려 드릴 것입니다. 제 성격과 다양한 경험을 고려할 때 저는 ○○ 항공에 공헌할 수 있으리라 믿습니다.

예시답안 2 적성에 잘 맞기 때문에

I apply to ○○ air because it meets my aptitude. I'm an open-minded person. I majored in Chinese, so I was able to learn their culture and ideas, and it helped me to be more open-minded. Also I'm a service-minded person. So I have many experiences in the service field such as working in the restaurant and resort. Also I would like to have many chances to travel all over the world. So I would be able to broaden my point of view toward the world, and I will give it back to ○○ air. That's why I apply for this position.

제 적성에 맞는 직종이라 ○○ 항공에 지원하게 되었습니다. 저는 열린 마음으로 사고하는 사람입니다. 중국어를 전공해 그들의 문화와 생각을 배울 수 있었고, 그것을 통해 좀 더 열린 사고를 할 수 있게 되었습니다. 저는 서비스 마인드 또한 갖추고 있습니다. 레스토랑이나 리조트와 같은 서비스 업종에서의 경험이 많습니다. 저는 전 세계를 여행할 수 있는 많은 기회를 갖고 싶습니다. 이는 제가 세계관을 넓히는 데 한몫할 것입니다. 그리고 저는 얻은 것을 ○○ 항공에 되돌려 드릴 생각입니다. 이상이 제가 이 일에 지원한 이유입니다.

○○ 항공사와 함께 성장하고 싶기에

Because I'm sure this job would make me happy and I can make a better achievement in this position. I have good teamwork skills. I had many experiences to work as a team. So I know how to co-operate with others. Also I'm a good listener. So people feel comfortable being with me. It could be useful to work as a flight attendant. Lastly ○○ air is the best airline in the aviation industry. So I would like to improve myself with ○○ air. That's why I apply for this position.

왜냐하면 이 직업이 저를 행복하게 하고 제가 이 일에서 더 나은 성취를 이룰 것임을 확신하기 때문입니다. 저는 팀워크 스킬이 좋습니다. 팀으로 일한 경험이 많습니다. 그래서 저는 다른 사람들과 협동하는 법에 대해 알고 있습니다. 또한 저는 남의 말에 귀를 기울일 줄 압니다. 그래서 사람들은 저와 함께 있는 것에 편안함을 느낍니다. 그것은 승무원으로 일하는 데 유용할 수 있습니다. 마지막으로 ○○ 항공은 항공업계 최고의 항공사입니다. 그래서 저는 ○○ 항공과 함께 성장하고 싶습니다. 그렇기 때문에 이 직업에 지원을 했습니다.

○○ 항공에 어떻게 기여할 것입니까?

→ **How would you like to work for ○○ air?**

→ **Do you think you can make a significant contribution to ○○ air?**

'본인의 성격'(p.28~29 참조)에 대한 답변에, 이를 통해 항공사에 어떤 방식으로 공헌할 수 있는지 언급하면 된다.

합격비법 1 본인의 성격에 대해 말한다 (p.28 합격비법1 참조)

합격비법 2 본인의 성격과 관련지어 회사에 어떻게 공헌할 수 있는지 밝힌다

I believe I can contribute to having better teamwork. And I'm sure good service comes from good teamwork.

저는 보다 나은 팀워크를 만드는 데 기여할 수 있습니다. 좋은 서비스는 좋은 팀워크에서 나온다고 확신합니다.

I know how to treat customers, and how to satisfy them. I think I can make customers feel specially treated, and it will go to the company's good reputation.

저는 고객을 어떻게 응대하고 만족시킬 수 있는지 알고 있습니다. 저는 고객들로 하여금 특별하게 대접받는다는 느낌을 갖게 할 수 있으며, 이는 회사가 좋은 평판을 얻는 바탕이 될 것입니다.

I can provide individual service to passengers with my personality and various experiences. If they are satisfied with my service, they would come back to ○○ air.

제 성격과 다양한 경험으로 승객들에게 개별적인 서비스를 제공할 수 있습니다. 승객이 제 서비스에 만족한다면, 그들은 다시 ○○ 항공을 찾을 것입니다.

예시답안 1 — 개별적인 서비스를 제공하고파

I'm an outgoing person. So I'm a leader of the exchange students club. I got a lot of good feedback on my leadership style from team members. So I could build up good communication skills. So I can provide individual service to passengers. If they are satisfied with my service, they would come back to ○○ air.

> 저는 활발한 사람입니다. 교환학생 모임의 리더를 맡고 있기도 합니다. 제 리더십은 동료들로부터 많은 좋은 평가를 받았습니다. 그 결과 저는 훌륭한 의사소통 능력을 갖추어 나갈 수 있었습니다. 저는 승객들에게 개별적인 서비스를 제공할 수 있습니다. 승객들이 제 서비스에 만족한다면, ○○ 항공을 다시 찾게 될 것입니다.

예시답안 2 — 일하기 좋은 작업 환경 만들기에 일조하고파

I'm warm-hearted. If there are any problems with customers, I can handle them well. So I believe I can contribute to making customers feel more comfortable. Also I'm open-minded. If my colleagues suffer from flying fatigue, I would cheer them up and make them laugh. It's helpful to have a good working environment and I am sure it goes to passenger's satisfaction at the end.

> 저는 정이 많은 사람입니다. 고객들과 문제가 생긴다면 잘 해결할 수 있습니다. 그래서 저는 고객들이 좀 더 편안함을 느끼도록 할 수 있습니다. 저는 열린 마음의 소유자이기도 합니다. 동료가 비행 피로에 시달린다면, 저는 그들을 격려하고 웃게 만들 수 있습니다. 이는 일하기 좋은 환경을 만드는 데 일조할 것이며, 그것은 결국에는 승객들의 만족으로 이어진다고 믿습니다.

04 How long would you like to work for ○○ air?

얼마나 오랫동안 ○○ 항공에서 일하고 싶습니까?

→ **When would you like to resign after being hired?**
→ **How long do you think you can work for ○○ air?**

언뜻 쉬워 보이는 질문이나 그렇게 간단하지 않다. '~년'이라고 구체적으로 밝힌다면 애사심이 부족해 보이고, '평생'이라고 답한다면 미래 계획이 없는 것으로 인식될 수 있기 때문이다. 이 질문에는 자신과 회사 서로에게 이익이 되는 관계가 유지되는 날까지 일할 것이며, 또 그 후에도 승무원 경력이 도움이 되는 일을 하고 싶다고 밝히는 것이 좋다.

합격비법 1 서로에게 도움이 되는 날까지 일하고 싶다고 밝힌다

I would like to work　**as long as I feel I contribute to ○○ air, so I feel I'm needed.**

제가 ○○ 항공에 공헌하는 바가 있다고 느끼고, 따라서 제가 필요한 사람이라고 여겨지는 때까지 **일하고 싶습니다.**

as long as I help ○○ air to improve and ○○ air helps me to improve.

제가 ○○ 항공의 발전에 도움이 되고, ○○ 항공 역시 저를 발전시킨다고 생각되는 때까지 **일하고 싶습니다.**

until I become the finest cabin crew for ○○ air.

○○ 항공의 최상의 승무원이 될 때까지 **일하고 싶습니다.**

until I build up my career as a (본인 성격) **crew.**

(본인 성격)한 승무원으로 제 경력을 쌓아 나갈 때까지 **일하고 싶습니다.**

합격비법 2 본인의 성격과 관련지어 회사에 어떻게 공헌할지 답한다 (p.158 합격비법2 참조)

합격비법 3 승무원 경력이 도움이 될 만한 일로 계속 경력을 쌓아 나가겠다고 말한다

if I have a chance, I would like to train junior crew as a training instructor.

기회가 된다면, 훈련 교관이 되어 후배 승무원들을 교육하고 싶습니다.

I would like to work in the personnel management department for ○○ air.

○○ 항공의 인사관리부에서 일하고 싶습니다.

I would like to be an interviewer for ○○ air like you.

면접관님처럼 ○○ 항공의 면접관이 되고 싶습니다.

○○ 항공에 필요한 사람으로 일할 때까지

I would like to work as long as I feel I contribute to ○○ air, so I feel I'm needed. I'm an open-minded person. So I believe I can contribute to having better teamwork, and I'm sure good service comes from good teamwork. After that, If I have a chance, I would like to train junior crew as a training instructor.

제가 ○○ 항공에 공헌한다고 느끼고 제가 필요한 사람이라는 생각이 들 때까지 일하고 싶습니다. 저는 열린 마음으로 사고하는 사람입니다. 그래서 저는 더 나은 팀워크를 만드는 데 일조할 수 있습니다. 그리고 저는 좋은 서비스는 좋은 팀워크에서 나온다고 확신합니다. 그 후에는 기회가 된다면 훈련 교관으로 후배 승무원들을 교육하고 싶습니다.

나와 회사가 서로 만족할 때까지

I would like to work until both of myself and the company are satisfied with each other. I'm very energetic. So if my colleagues suffer from flying fatigue, I would cheer them up and make them laugh. It's helpful to have a good working environment and I am sure it goes to the passenger's satisfaction at the end. After that I would like to work in the personnel management department for ○○ air.

저와 회사가 서로에게 만족하는 날까지 일하고 싶습니다. 저는 매우 활력이 넘치는 사람입니다. 동료가 비행 피로에 시달린다면, 저는 그들을 격려하고 웃게 만들 수 있습니다. 이는 좋은 근무 환경을 만드는 데 도움이 될 것이며, 결국에는 승객들의 만족으로 이어질 것이라고 믿습니다. 그 후에는 ○○ 항공의 인사관리부에서 일하고 싶습니다.

당신이 이 직업에 충분한 자질을 갖추었다고 생각하는 이유는 무엇입니까?

→ **Why should I hire you?**
→ **Tell me about your qualifications as a flight attendant.**

승무원으로서 자질을 묻는 질문에는 본인의 장점과 자질 등을 말하면 된다. 언제나 솔직한 답변이 더 설득력을 갖는 법이다. 자질을 묻는 질문에 답변하는 방식은 아래와 같다.

합격비법 1   자신의 자질이 충분함을 밝히고 그 이유를 든다

a. 자신의 자질이 충분함을 언급

I think I'm a well qualified person for this position.

저는 제가 이 직업에 자질이 충분한 사람이라고 생각합니다.

I'm sure I'm the one you're looking for.

제가 바로 귀사가 찾는 사람이라고 확신합니다.

b. 그렇게 생각하는 이유

Because   **I'm sure this job would make me happy and I can make a better achievement in this position.**

이 일은 저를 행복하게 하고 이 직종에서 저는 보다 나은 성취감을 갖게 될 것이기 **때문입니다.**

I can fully enjoy my job so, I can make a significant contribution to ○○ air.

이 일을 충분히 즐길 수 있으며, 그 결과 ○○ 항공에 큰 공헌을 할 수 있을 것으로 믿기 때문입니다.

합격비법 2   성격과 이를 뒷받침해 줄 전공이나 본인만의 특이점, 경력 등을 언급한다.

(p.28 합격비법1 참조)

따뜻한 마음과 열린 사고방식

I think I'm a well qualified person for this position because I'm warm-hearted. I had many voluntary jobs. I went to the orphanage regularly, and I spent time with children. Also I'm open-minded. So I have many foreign experiences. I've been to US, Canada, China and Europe. I built up good relationships with many kinds of people, so I try not to judge people with prejudice easily.

> 저는 마음이 따뜻한 사람이기 때문에 이 직업에 충분한 자질을 갖추었다고 생각합니다. 저는 많은 봉사활동을 했습니다. 고아원을 정기적으로 방문해 아이들과 함께 시간을 보냈습니다. 또한 저는 열린 사고를 합니다. 많은 해외 경험이 이 점을 설명해 줍니다. 저는 미국, 캐나다, 중국과 유럽을 다녀온 바 있습니다. 다양한 사람들과 좋은 인간관계를 쌓아 나갈 수 있었고, 편견으로 쉽게 사람을 판단하지 않으려고 노력하게 되었습니다.

새로운 것을 빨리 배우고 열정적인 성격

I'm sure I'm the one you're looking for. I'm a fast learner. So when I worked in the restaurant, I got a lot of good feedback from my boss. Also I'm very passionate. I'm interested in many things, and I'm not afraid of challenging new things. I'm sure I can contribute to ○○ air reflecting on my personality and various experiences. Thank you.

> 제가 바로 귀사가 찾는 사람이라고 확신합니다. 저는 빨리 배우는 편입니다. 레스토랑에서 일했을 때 상사로부터 많은 좋은 평가를 받았습니다. 또한 저는 매우 열정적입니다. 많은 것에 관심을 가지며, 새로운 일에 도전하는 것을 두려워하지 않습니다. 제 이런 성격과 다양한 경험으로 미루어 볼 때, ○○ 항공에 공헌할 수 있으리라 믿습니다. 감사합니다.

나만의 비밀 노트

Unit **13**

승무원이라는 직업에 대한 생각

01 What do you think of cabin crew's duty?

02 What could be the most undesirable attribute flight attendant shouldn't have?

03 What are some good points of working in this field?

04 What could be the disadvantages of being a flight attendant?

05 What would be the stressful duty if you were a flight attendant?

06 What types of passengers would make you upset?

01 What do you think of cabin crew's duty?

승무원의 임무는 무엇이라고 생각합니까?

> → **Are you aware of cabin crew's job?**
> → **Do you know what cabin crew does on board?**
>
> 모두가 알고 있듯 승무원의 임무는 다양하다. 하지만 그 다양한 일들을 순서 없이 나열한다면 뭔가 부족해 보이는 인상을 줄 수 있다. 승무원의 임무는 크게 '서비스(Service)'와 '안전(Safety) 유지'로 나눌 수 있다. 이 두 영역과 관련된 임무로 세분화해 답변할 것을 추천한다.

합격비법 1 안전과 서비스에 대해 말한다

I think cabin crew takes charge of safety and service for passengers during the flight.

승무원은 비행 중 승객의 안전과 서비스를 책임지는 사람이라고 생각합니다.

Cabin crew is responsible for safety and service on board.

승무원은 기내 안전과 서비스를 담당합니다.

Cabin crew has many jobs. Specially service and safety are the most important duties on board.

승무원은 많은 일을 담당합니다. 특히 서비스와 안전은 기내에서 가장 중요한 임무입니다.

합격비법 2 보다 구체화한다

a. 안전과 관계된 임무

Cabin crew should clean the cabin.

승무원은 기내를 청소해야 합니다.

Cabin crew's responsibility is to check the cabin before and after flight.

승무원은 비행 전후 기내를 검사할 책임이 있습니다.

Cabin crew should know how to deal with a casualty on board.

승무원은 기내에서 환자를 대하는 법을 알아야 합니다.

Cabin crew should be ready for an emergency situation.

승무원은 응급 상황에 준비가 되어 있어야 합니다.

Cabin crew is supposed to be aware of what's going on in the cabin.

승무원은 기내에서 일어나는 일을 잘 알고 있어야 합니다.

Cabin crew should pick up everything in the aisle specially when it's dark.

승무원은 특히 기내가 어두울 때, 복도에 있는 모든 것을 치워야 합니다.

b. 서비스와 관계된 임무

Cabin crew is responsible for offering a drink and a meal on time.

승무원은 정시에 음료수와 식사를 제공하는 일을 합니다.

Cabin crew takes charge of operating the duty free shop on board.

승무원은 기내에서 면세품 판매를 담당합니다.

Cabin crew should guide and explain passengers how to use facilities on board.

승무원은 기내 편의시설 이용법을 승객에게 안내하고 설명해야 합니다.

Cabin crew is supposed to have a big smile all the time to make passengers feel comfortable.

승무원은 승객들이 편안함을 느끼도록 언제나 웃어야 합니다.

Cabin crew should listen to passengers carefully to minimize a problem.

승무원은 문제를 최소화하기 위해 승객들의 말에 귀를 기울여야 합니다.

Cabin crew should solve a problem if a passenger complains.

승무원은 승객들이 불만을 제기하면 이를 해결해야 합니다.

Cabin crew is supposed to make a public announcement when it's needed.

승무원은 필요할 때 기내 방송을 해야 합니다.

This is what cabin crew's duty is as far as I know.

이것이 제가 알고 있는 승무원의 임무입니다.

I think cabin crew holds up their end when passengers feel safe and happy during the flight.

승객들이 비행하는 동안 안전함과 행복함을 느낄 때, 이것이 저는 승무원으로서의 책임을 다하는 것이라고 생각합니다.

That is why I believe cabin crew should be professional at work.

그렇기 때문에 저는 승무원은 일할 때 프로가 되어야 한다고 생각합니다.

These are not easy at all, but very challenging and meaningful to me.

이런 일들은 결코 쉽지 않지만 제게는 매우 도전적이고 의미 있는 일입니다.

Eventually, cabin crew's duty is to satisfy customers.

결국 승무원의 임무란 고객들을 만족시키는 것입니다.

예시답안 **1**　기내 청소, 식사 제공, 면세품 판매 등

I think cabin crew takes charge of safety and service for passengers during the flight. Regarding safety, cabin crew should clean the cabin. Regarding service, cabin crew is responsible for offering a drink and a meal on time. Also cabin crew takes charge of operating the duty free shop on board. This is what cabin crew's duty is as far as I know.

> 승무원은 비행하는 동안 승객의 안전과 서비스를 책임지는 사람이라고 생각합니다. 안전의 경우 승무원은 기내를 청소해야 합니다. 서비스 측면에서 승무원은 정시에 음료수와 식사를 승객에게 제공하는 일을 합니다. 또한 승무원은 기내에서 면세품 판매를 담당합니다. 이것이 제가 알고 있는 승무원의 임무입니다.

비행기 검사, 편의시설 이용 안내 등

Cabin crew is responsible for safety and service on board. Regarding safety, cabin crew's responsibility is to check the cabin before and after flight. Regarding service, cabin crew should guide and explain passengers how to use facilities on board. Also cabin crew should listen to passengers carefully to minimize a problem. I think cabin crew holds up their end when passengers feel safe and happy during the flight.

> 승무원은 기내 안전과 서비스를 담당합니다. 안전 문제와 관련해 승무원은 비행 전후 기내를 검사하는 일을 담당합니다. 서비스의 경우, 승무원은 기내 편의시설 이용법을 승객에게 안내하고 설명해야 합니다. 또한 승무원은 문제를 최소화하기 위해 승객들의 말에 귀를 기울여야 합니다. 승객들이 비행하는 동안 안전과 행복을 느낄 때, 이것이 저는 승무원으로서의 책임을 다하는 것이라고 생각합니다.

기내에서 발생하는 상황 인지, 승객 불만 해결 등

I think cabin crew takes charge of safety and service for passengers during the flight. Regarding safety, cabin crew is supposed to be aware of what's going on in the cabin. Regarding service, cabin crew is supposed to have a big smile all the time to make passengers feel comfortable. Also cabin crew should solve a problem if a passenger complains. This is what cabin crew's duty is as far as I know.

> 승무원은 비행하는 동안 승객들을 위해 안전과 서비스를 책임지고 있다고 생각합니다. 안전과 관련해 승무원은 기내에서 무슨 일이 일어나는지 잘 알고 있어야 합니다. 서비스 측면에서, 승무원은 승객들의 기분을 편안하게 하기 위해 언제나 웃어야 합니다. 또한 승무원은 승객들이 불평할 때 문제를 해결해야 합니다. 이것이 제가 아는 승무원의 임무입니다.

> → **What could be an unwelcomed attitude as a flight attendant?**
> → **Which attitude do you have to avoid to work as a flight attendant?**

 **합격비법 1** 승무원으로서 가져서는 안 될 자세를 꼽는다

The most undesirable attribute flight attendant shouldn't have is __________.

승무원으로서 가장 바람직하지 못한 자세는 _____ 하는 것입니다.

__________ is not appropriate for working as a flight attendant.

_____ 은 승무원으로 일하는 데 적절치 못합니다.

I think it wouldn't be acceptable to __________ as a flight attendant.

저는 _____ 은 승무원으로서 받아들여지지 않을 것이라 생각합니다.

합격비법 2 이유를 설명한다

To have a prejudice about differences. Flight attendants need to be more open-minded to provide better quality of service.

차이에 대한 편견을 갖는 일입니다. 승무원은 더 나은 서비스를 제공하기 위해 좀 더 열린 사고를 할 필요가 있습니다.

Being stubborn/selfish/too much self-centered. Because flight attendant works in a team. So it's important to harmonize with team members.

고집 센/이기적인/지나치게 자기중심적인 태도입니다. 승무원은 팀으로 일합니다. 따라서 팀원들과 조화를 이루는 것은 중요합니다.

To be passive/reserved. Because flight attendant needs to approach passengers first to offer better service. So it's important to be more active.

수동적인 자세입니다. 승무원은 더 나은 서비스를 제공하기 위해 승객들에게 먼저 다가갈 필요가 있습니다. 그러므로 보다 적극적인 태도는 중요합니다.

To be irresponsible. Flight attendant works in a limited time. So if they are not responsible, they can't make a comfortable flight for passengers.

무책임한 것입니다. 승무원은 시간적인 제약을 받는 직업입니다. 책임감 없는 승무원은 승객들에게 편안한 비행을 제공하지 못할 것입니다.

지나치게 자기중심적인 태도

The most undesirable attribute flight attendant shouldn't have is being too much self-centered. Because flight attendant works in a team. So it's important to harmonize with team members. That's why I think flight attendant should be more thoughtful.

> 승무원이 가져서는 안 될 가장 바람직하지 못한 자세는 지나치게 자기중심적인 태도입니다. 승무원은 팀으로 일합니다. 따라서 팀원들과 조화를 이루는 것은 중요합니다. 그렇기 때문에 승무원에게는 보다 사려 깊은 자세가 필요합니다.

수동적인 자세

Being passive is not appropriate for working as a flight attendant. Because flight attendant needs to approach passengers first to offer better service. So it's important to be more active. That's why I think a passive person might have a hard time to get used to working as a flight attendant.

> 수동적인 자세는 승무원으로 일하는 데 적절치 못합니다. 승무원은 더 나은 서비스를 제공하기 위해 승객들에게 먼저 다가갈 필요가 있습니다. 그러므로 적극적인 자세는 중요합니다. 이 때문에 수동적인 사람은 승무원 업무에 적응하는 데 어려울 수도 있다고 생각합니다.

03 # What are some good points of working in this field?

이 분야에서 일하는 것의 장점은 무엇입니까?

→ **Tell me about the merits of working in this field.**
→ **Do you see many benefits of being a flight attendant?**

합격비법 1 이 분야에 많은 장점이 있다고 말한다

I see many good points in this field.
저는 이 분야에 많은 장점이 있다고 봅니다.

There are many benefits that go with the flight attendant job.
승무원이 되는 것에는 많은 이점이 있습니다.

Working in this field is not easy at all, but very attractive at the same time, because there are plenty of good points.
이 분야에서 일을 한다는 것은 전혀 쉬운 일이 아니지만 동시에 매우 매력적입니다. 왜냐하면 많은 장점이 있기 때문입니다.

I believe there are many strong points in this field.
저는 이 분야에 장점이 많다고 믿습니다.

The good points of working in this field are __________.
이 분야의 장점은 _____ 입니다.

합격비법 2 장점들을 구체적으로 나열한다

This job has an opportunity to meet various people, so I can be more open-minded.
이 직업은 다양한 사람들을 만날 수 있는 기회가 있어 좀 더 열린 사고를 할 수 있습니다.

Flight attendant is a job which sells 'happiness' and 'relaxedness' to customers. I think making someone happy is very worthwhile!
승무원은 고객들에게 '행복' 과 '편안함' 을 파는 직업입니다. 저는 누군가를 행복하게 한다는 것은 정말 뜻 깊은 일이라 생각합니다.

Flight attendant has various reduced-rate travel benefits, so flight attendant can travel many places with a reasonable price and I believe it would help them take on an international mindset.

승무원은 다양한 티켓 할인의 혜택을 받기에 합리적인 가격으로 많은 곳을 여행할 수 있습니다. 그리고 저는 그것이 국제 감각을 익히는 데 도움이 될 것이라 믿습니다.

Normally airlines have generous benefits. I think good benefits make employees work harder and happier, so flight attendant would take pride in her job.

대개 항공사에는 많은 복지 혜택이 있습니다. 저는 좋은 혜택이 직원들을 더 열심히, 더 행복하게 일하게 만든다고 봅니다. 그러면 승무원은 자신의 직업에 자부심을 가질 수 있습니다.

Through having many experiences, flight attendant can have a wide view of the world. That must be helpful to live.

많은 경험들을 통해, 승무원은 넓은 세계관을 가질 수 있습니다. 그것은 살아가는 데 반드시 도움이 될 것입니다.

This job gets never boring. Because flight attendant always meets new people, new places and new circumstances. So flight attendant could learn many things and have a lot of fun while working.

이 일은 결코 지루할 틈이 없습니다. 왜냐하면 승무원은 언제나 새로운 사람들, 새로운 장소들, 새로운 환경과 만나기 때문입니다. 그래서 승무원은 많은 것을 배울 수 있고, 일하면서 많은 즐거움도 느낄 수 있습니다.

합격비법 3 마무리한다

I hope I can enjoy the benefits as a flight attendant in ○○ air.

저는 ○○ 항공사에서 승무원으로 이런 혜택들을 누리고 싶습니다.

That is why I am so fascinated with this job.

그렇기 때문에 제가 이 직업에 매료된 것입니다.

I would try to be a good flight attendant who is qualified to enjoy many benefits.

저는 많은 혜택을 누릴 자격이 있는 좋은 승무원이 되기 위해 노력할 것입니다.

I think these are some good points of working in this field.

이런 점들이 이 분야의 장점이라고 생각합니다.

 **예시답안 1** 누군가를 행복하게 만드는 직업이자 티켓 할인 혜택이 있다

I see many good points in this field. First of all, flight attendant is a job which sells 'happiness' and 'relaxedness' to customers. I think making someone happy is very worthwhile! Also flight attendant has various reduced-rate travel benefits, so flight attendant can travel many places with a reasonable price and I believe it would help them take on an international mindset. I hope I can enjoy the benefits as a flight attendant in ○○ air.

저는 이 분야에 많은 장점이 있다고 봅니다. 무엇보다 먼저 승무원은 고객들에게 '행복'과 '편안함'을 파는 직업입니다. 저는 누군가를 행복하게 한다는 것은 정말 뜻 깊은 일이라 생각합니다. 또한 승무원은 다양한 티켓 할인 혜택을 받기에 합리적인 가격으로 많은 곳을 여행할 수 있습니다. 그리고 저는 그것이 국제 감각을 익히는 데 도움이 될 것이라 믿습니다. 저는 ○○ 항공사에서 승무원으로 이런 혜택들을 누리고 싶습니다.

 **예시답안 2** 열린 사고를 할 수 있게 되며 다양한 복지혜택을 누린다

Working in this field is not easy at all, but very attractive at the same time, because there are plenty of good points. This job has an opportunity to meet various people, so I can be more open-minded. Secondly, normally airlines have generous benefits. I think good benefits make employees work harder and happier, so flight attendant would take pride in her job. I would try to be a good flight attendant who is qualified to enjoy many benefits.

이 분야에서 일한다는 것은 전혀 쉬운 일이 아니지만 동시에 매우 매력적입니다. 왜냐하면 많은 장점이 있기 때문입니다. 이 직업은 다양한 사람들을 만날 수 있는 기회가 있어 좀 더 열린 사고를 할 수 있습니다. 두 번째로 대부분의 항공사에는 많은 복지 혜택이 있습니다. 저는 좋은 혜택이 직원들을 더 열심히, 더 행복하게 일하게 한다고 생각합니다. 그래서 승무원은 자신의 직업에 자부심을 가질 수 있습니다. 저는 많은 혜택을 누릴 자격이 있는 좋은 승무원이 되기 위해 노력할 것입니다.

예시답안 3 넓은 세계관을 갖게 되며 결코 지루해지지 않는 일이다

There are many benefits that go with the flight attendant job. Through having many experiences, flight attendant can have a wide view of the world. That must be helpful to live. Also this job gets never boring. Because flight attendant always meets new people, new places and new circumstances. So flight attendant could learn many things and have a lot of fun while working. That is why I am so fascinated with this job.

승무원이 되는 데는 많은 혜택이 있습니다. 많은 경험들을 통해, 승무원은 넓은 세계관을 가질 수 있습니다. 그것은 살아가는 데 반드시 도움이 될 것입니다. 또한 이 직업은 결코 지루할 틈이 없습니다. 왜냐하면 승무원은 언제나 새로운 사람들, 새로운 장소들, 새로운 환경과 만나기 때문입니다. 그래서 승무원은 많은 것들을 배울 수 있고, 일하면서 많은 즐거움도 느낄 수 있습니다. 그렇기 때문에 제가 이 직업에 매료된 것입니다.

# What could be the disadvantages of being a flight attendant?

승무원의 단점이 될 수 있는 것은 무엇일까요?

→ **What is the demerit of being a flight attendant?**
→ **What do you see of the flight attendant's weakness?**

합격비법 1 가능성을 열어 둔 문장으로 시작한다

I think every job has the merits and demerits.

저는 모든 직업에는 장단점이 있다고 생각합니다.

I think there are more advantages than disadvantages to be a flight attendant.

저는 승무원이 되는 것에는 단점보다 장점이 더 많다고 생각합니다.

합격비법 2 승무원의 단점에 대해서 말한다

If I mention about disadvantages of this job, _______________________.

이 직업의 단점을 들자면, _______________.

this job is physically demanding. So flight attendant should work out all the time.

이 일은 육체적으로 힘듭니다. 따라서 승무원은 언제나 운동을 해야 합니다.

this job has an irregular schedule. So it's hard to do something regularly.

이 일은 불규칙한 스케줄에 따라야 합니다. 그래서 어떤 일을 규칙적으로 하기 어렵습니다.

flight attendant always has to fit to fly under any circumstances.

승무원은 어떠한 환경에서도 언제나 비행 가능한 상태를 유지해야 합니다.

flight attendant should smile all the time to provide professional service even if she doesn't feel good.

승무원은 컨디션이 나빠도 프로페셔널한 서비스를 제공하기 위해 늘 웃어야 합니다.

But I don't think it would be a big problem for me. Because I'm ready to overcome.

하지만 저는 그것이 큰 문제가 될 것이라고 생각하지 않습니다. 왜냐하면 극복할 준비가 되어 있기 때문입니다.

However it's a part of responsibility and duty as a flight attendant, so I would try to overcome.

하지만 이는 승무원으로서 책임과 직무의 한 부분이기에 저는 극복할 것입니다.

육체적으로 힘들고 일상생활이 불규칙해진다

I think every job has the merits and demerits. If I mention about disadvantages of this job, this job is physically demanding. So flight attendant should work out all the time. Also this job has an irregular schedule. So it's hard to do something regularly. But I don't think it would be a big problem for me. Because I'm ready to overcome.

모든 직업에는 장단점이 있다고 생각합니다. 이 일의 단점을 들자면, 육체적으로 힘든 일이라는 것입니다. 그래서 승무원은 항상 운동을 해야 합니다. 또한 불규칙한 스케줄에 따르므로 어떤 일을 규칙적으로 하기 어렵습니다. 하지만 저는 그것이 큰 문제가 될 것이라고 생각하지 않습니다. 왜냐하면 극복할 준비가 되어 있기 때문입니다.

언제나 좋은 컨디션을 유지해야 한다

I think there are more advantages than disadvantages to be a flight attendant. If I mention about disadvantages of this job, flight attendant always has to fit to fly under any circumstances. Also they should smile all the time to provide professional service even if they don't feel good. However it's a part of responsibility and duty as a flight attendant, so I would try to overcome.

저는 승무원이 되는 것에는 단점보다 장점이 더 많다고 생각합니다. 이 일의 단점이라면, 승무원은 어떠한 환경에서도 언제나 비행 가능한 컨디션을 유지해야 하는 것입니다. 또한 승무원은 컨디션이 나빠도 프로페셔널한 서비스를 위해 늘 웃어야 합니다. 하지만 이는 승무원으로서의 책임과 직무의 한 부분이기에 저는 극복할 것입니다.

05 What would be the stressful duty if you were a flight attendant?

당신이 승무원이라면 어떤 임무에 스트레스를 받을 것 같습니까?

→ **What kind of duty would you feel hard to handle?**
→ **Do you have any responsibility you think you might not be able to handle?**

합격비법 1 일단 스트레스를 잘 받지 않는다고 대답한다

I don't think I would get stressed easily about this position. Because I'm sure it meets my aptitude.

저는 이 일에서 쉽게 스트레스를 받을 것이라 생각하지 않습니다. 이 일이 제 적성에 맞는다고 확신하기 때문입니다.

I'm not the person who gets stressed easily.

저는 쉽게 스트레스를 받는 사람이 아닙니다.

합격비법 2 스트레스를 유발할 만한 일에 대해 설명한다

However, I think it could be a bit stressful ___________________________.

하지만 _______________에서는 다소 스트레스를 받을 수도 있다고 생각합니다.

to overcome time difference quickly. Because flight attendants are always suffered from jet lag.

시차에 빠르게 적응하는 일입니다. 왜냐하면 승무원들은 언제나 시차 문제로 힘들어하기 때문입니다.

to satisfy every single passenger with my service. Because they are all different. So even if I offered the same service to passengers, they would take it differently.

저의 서비스로 승객들 한 명 한 명 모두를 만족시키는 일입니다. 왜냐하면 그들은 모두 다른 사람들이기 때문입니다. 그래서 제가 승객들에게 동일한 서비스를 제공해도, 그들은 이를 다르게 받아들일 것입니다.

to serve alcohol. Because there are many kinds of liquor on board and I don't drink. So I don't have any knowledge of it.

술을 제공하는 일입니다. 기내에는 많은 종류의 술이 비치돼 있으나 저는 술을 마시지 않기 때문입니다. 따라서 술에 대한 지식이 없습니다.

합격비법 3 긍정적인 어조로 마무리한다

Even if I have difficulty, I am ready to overcome it.

설사 어려움이 있다고 해도, 저는 이를 극복할 준비가 되어 있습니다.

But I would try to overcome it.

하지만 저는 그것을 극복하려 노력할 것입니다.

예시답안 1 시차 적응

I don't think I would get stressed easily about this position. Because I'm sure it meets my aptitude. However, I think it could be a bit stressful to overcome time difference quickly. But I'd find my own way to adapt to a new environment. Even if I have difficulty, I am ready to overcome it.

저는 이 일에서 쉽게 스트레스를 받을 것이라 생각하지 않습니다. 이 일이 제 적성과 맞는다고 확신하기 때문입니다. 하지만 저는 시차에 빠르게 적응하는 데에는 다소 스트레스를 받을 수도 있다고 생각합니다. 하지만 저는 새로운 환경에 적응할 저만의 방법을 찾을 것입니다. 설사 어려움이 있다 해도 저는 극복할 준비가 되어 있습니다.

예시답안 2 모든 승객을 만족시키는 것

I'm not the person who gets stressed easily. However, I think it could be a bit stressful to satisfy every single passenger with my service. Because they are all different. But I would try to overcome it.

저는 쉽게 스트레스를 받는 사람이 아닙니다. 하지만 승객 한 명 한 명 모두를 만족시키는 일에는 다소 스트레스를 받을 수 있으리라 생각합니다. 그들은 모두 다르기 때문입니다. 하지만 저는 이를 극복하려 노력할 것입니다.

What types of passengers would make you upset?

어떤 유형의 승객이 당신을 화나게 할 것 같습니까?

> → **What kinds of passengers would you feel hard to handle?**
> → **Do you have any specific type of demanding passengers?**

합격비법 1 어떤 유형의 승객이든 잘 응대할 수 있다고 대답한다

I don't think there are any particular type of passengers who can make me upset.

저를 화나게 하는 특정 유형의 승객이 있다고 생각하지 않습니다.

I believe I can deal with various kinds of passengers.

저는 다양한 유형의 승객들을 잘 다룰 수 있다고 믿습니다.

합격비법 2 자신을 화나게 할 것 같은 승객 유형을 말한다

However   **if I have to choose one, he could be _________.**
하지만   제가 꼭 한 유형을 꼽아야 한다면, 그 사람은 _____ 일 것입니다.

I wouldn't be very happy to see a passenger who _________.
저는 _____한 승객을 만나는 일은 그리 유쾌하지 않을 듯합니다.

 화나게 할 것 같은 승객 유형을 표현하는 단어

aggressive 공격적인	**rude** 무례한
have prejudice 편견을 가진	**selfish** 이기적인
negative 부정적인	**use bad language** 비속어를 사용하는

합격비법 3 이유를 설명한다

Because   **he could make me feel demotivated. It would be hard to offer**
왜냐하면   **customized service for him.**

그런 사람은 제 사기를 떨어뜨릴 수 있기 때문입니다. 그런 승객에게 맞춤형 서비스를 제공하는 일은 어려울 것입니다.

he could make myself and other passengers feel offended. So it's hard to keep service consistency.

그 승객이 저와 다른 승객들을 불쾌하게 만들 수 있기 때문입니다. 그렇게 되면 서비스의 일관성을 유지하기가 어려워집니다.

it's hard to close to him. So it's a bit difficult to satisfy him with my service.

그에게 다가가기가 어려울 것이기 때문입니다. 따라서 저의 서비스로 그 승객을 만족시키는 일은 다소 힘들어집니다.

예시답안 1 무례한 승객

I don't think there are any particular type of passengers who can make me upset. However, if I have to choose one, he could be a rude person. Because he could make me feel demotivated. It would be hard to offer customized service for him. However I would try to overcome with my professional attitude.

저를 화나게 하는 특정한 유형의 승객이 있다고 생각하지 않습니다. 하지만 하나를 꼭 꼽아야 한다면 무례한 사람을 들겠습니다. 왜냐하면 그런 사람은 제 사기를 떨어뜨릴 수 있기 때문입니다. 그런 승객에게 맞춤형 서비스를 제공하는 일은 어려울 것입니다. 하지만 저는 프로다운 자세로 극복할 것입니다.

예시답안 2 비속어를 쓰는 승객

I believe I can deal with various kinds of passengers. However, I wouldn't be very happy to see a passenger who uses bad language. Because he could make myself and other passengers feel offended. So it's hard to keep service consistency. However I would try to overcome with my professional attitude.

저는 다양한 유형의 승객들을 잘 다룰 수 있다고 믿습니다. 하지만 비속어를 사용하는 승객을 만나면 그리 유쾌하지는 않을 듯합니다. 그런 승객은 저와 다른 승객들을 불쾌하게 만들 수 있기 때문입니다. 그렇게 되면 서비스의 일관성을 유지하기가 어렵습니다. 하지만 저는 프로다운 자세로 극복할 것입니다.

인터뷰 핵심 노트_ 영어 면접 시 유용한 표현 ③

1. I am confident of ~ : 저는 ~하는 것에 자신이 있습니다.
I am confident of working as a flight attendant.
저는 승무원으로 일하는 것에 자신이 있습니다.

2. It doesn't matter. : 상관없습니다.
= I don't mind. / I don't care.

3. To be honest : 솔직히 말씀드리면
= Frankly speaking / Actually

4. Qualified : 자질이 있는
I am well-qualified for this position.
저는 이 일에 자질이 충분합니다.

5. If I work for OO air, : 제가 OO 항공사에서 근무한다면,
= If I have a chance to work for OO air,

6. A wide range of people : 다양한 사람들
= Various people

7. I can make a contribution to ~ : ~에 공헌할 수 있습니다.
= I can contribute to ~ / I can make for ~

8. My duty is to ~ : 저의 임무는 ~입니다.
= I take charge of ~ / I am responsible for ~

9. I think it is important to ~ : 저는 ~은 중요하다고 생각합니다.
I think it is important to accept differences without prejudice.
저는 편견 없이 차이점을 받아들이는 것이 중요하다고 생각합니다.

10. A bit : 조금, 다소, 약간, 잠시 (부정적인 표현을 사용할 때 습관적으로 붙여 준다)
I felt a bit offended when she seemed not to know how to behave in front of the old.
저는 그녀가 어르신들 앞에서 예의범절을 모르는 양 행동했을 때 다소 불쾌했습니다.

승무원이 되기 위한 나만의 노력과 능력

What do you do to give a good impression to people?

사람들에게 좋은 인상을 주기 위해 당신이 하는 행동은 무엇입니까?

→ **How do you try to have a good impression of yourself?**

→ **Tell me about your own way to keep a good impression of yourself.**

의식하고 하는 행동은 아니더라도 누구든 좋은 인상을 주기 위해 노력하는 부분이 있을 것이다. 거듭 강조하자면 승무원 지망자에게 좋은 인상이란 필수적이다. 좋은 인상을 남기고자 적극적으로 노력하는 부분이나 노하우가 있다면 면접관에게 훨씬 좋은 점수를 받을 수 있을 것이다.

합격비법 1 좋은 인상을 심어 주는 자신만의 방법 2~3가지 정도를 소개한다

Keep smiling.
계속해서 웃습니다.

Approach people and say hello first.
사람들에게 먼저 다가가 인사합니다.

Be on time.
시간을 잘 지킵니다.

Sincerely treat people.
사람들을 진심으로 대합니다.

Break the ice.
분위기를 잘 띄웁니다.

Listen carefully.
사람들의 말에 귀를 기울입니다.

Give good feedback.
좋은 평가를 해 줍니다.

Speak politely.
예의 바르게 말합니다.

Think once more before speaking out.
말하기 전 한 번 더 생각합니다.

Be well-groomed.
몸가짐을 단정히 합니다.

 마무리 인사를 한다

That's what I usually do, and normally it works.
이것이 보통 제가 하는 것이고 대개 효과가 있습니다.

These are what I do whenever I meet people.
이것이 제가 사람들을 만날 때마다 하는 것입니다.

These things help me have a good impression of myself.
이런 것들은 좋은 인상을 주는 데 도움이 됩니다.

예시답안 1 — 잘 웃고 먼저 인사한다

I normally keep smiling when I'm with people. So it makes them think I'm a positive person. Secondly I approach people and say hello first. So I can have a more comfortable atmosphere to be with them. Lastly I always try to be on time. So it makes people think I'm a punctual and reliable person. That's what I usually do, and normally it works.

저는 보통 사람들과 함께이면 웃으려고 합니다. 그래서 사람들로 하여금 제가 긍정적인 사람이라고 생각하게 합니다. 두 번째로, 저는 먼저 다가가 인사를 합니다. 그러면 사람들과 함께일 때 좀 더 편안한 분위기를 만들 수 있습니다. 마지막으로 저는 언제나 시간을 지키려 노력합니다. 사람들로 하여금 제가 시간을 잘 지키고 신뢰할 만한 사람이라는 인상을 갖게 하는 것입니다. 이것이 보통 제가 하는 것이고, 대개 효과가 있습니다.

예시답안 2 — 타인을 진심으로 대하고 그들의 이야기를 경청한다

I try to treat people sincerely, because it's easier to open their mind and to get their trust. Also I try to break the ice when I meet new people. So I make a joke around and try to have a sense of humour. And I carefully listen to whoever says. So I try to make an eye contact and to show my sympathy. These are what I do whenever I meet people.

저는 사람들을 진심으로 대하려 노력하는데, 그렇게 하면 그들의 마음을 열고 신뢰를 얻기가 더 쉬워집니다. 또 새로운 사람들을 만나면 분위기를 띄우려고 애씁니다. 그래서 농담을 하고 유머감각을 키우려고 합니다. 그리고 저는 누가 이야기를 하든지 경청합니다. 시선을 맞추고 공감을 표시합니다. 이것이 제가 사람들을 만날 때마다 하는 것입니다.

→ **Do you have your own way to study English?**
→ **How is your English?**

합격비법 1 영어에 큰 문제가 없음을 밝힌다

I speak English fluently.
저는 영어를 유창하게 합니다.

I have good English skills to communicate with foreigners.
저는 외국인들과 대화할 수 있는 좋은 영어 실력을 갖추었습니다.

I don't speak English like English native speakers, but I can speak enough English to work in a multi national environment.
저는 원어민 수준으로 영어를 말하진 못하지만, 다국적 환경에서 일할 수 있을 만큼의 충분한 영어 실력을 가지고 있습니다.

I can speak English just like English native speakers, because I had lived in US for a long time.
저는 오랫동안 미국에서 살았기에 원어민 수준으로 영어를 할 수 있습니다.

I had been studying English steadily, so I think my English is more than enough to work as a flight attendant.
영어를 꾸준히 공부해 왔기에 승무원으로 일하기에 충분한 영어 실력을 가지고 있다고 생각합니다.

합격비법 2 영어 공부 방법을 말한다

I studied English in US for a year.
저는 1년 동안 미국에서 영어를 공부했습니다.

I studied English by myself. I read novels and watch movies in English.
저는 혼자서 영어를 공부했습니다. 영어로 된 소설을 읽고 영화를 봅니다.

I go to a private English academy. I have a grammar, listening and conversa-

tion class.
저는 영어 학원에 다닙니다. 문법, 듣기, 회화를 배우고 있습니다.

I love to watch American movies. I watch them repeatedly with subtitles and without it.
저는 미국영화 보는 것을 좋아합니다. 자막과 함께, 그리고 자막 없이 반복적으로 봅니다.

I am a member of the exchange students club. So I have many foreign friends. Normally, I often see them and make conversations in English.
저는 교환학생 모임의 일원입니다. 그래서 많은 외국 친구들이 있습니다. 보통 저는 그들을 자주 만나 영어로 대화합니다.

합격비법 3 마무리한다

It helps me a lot to take up my English.
그것은 영어 실력을 향상시키는 데 많은 도움이 됩니다.

I still study and practice English.
저는 여전히 영어를 공부하고 연습합니다.

I want to speak English more fluently.
저는 영어를 좀 더 유창하게 하고 싶습니다.

예시답안 1 영어 연수를 한 바 있다

I speak English fluently. I studied English in UK for a year. I still study and practice English.

저는 영어를 유창하게 합니다. 1년 동안 영국에서 영어를 공부했습니다. 저는 여전히 영어를 공부하고 연습합니다.

예시답안 2 스스로 공부한다

I have good English skills to communicate with foreigners. I studied English by myself. I read novels and watch movies in English. It helps me a lot to take up my English.

저는 외국인과 대화할 수 있는 영어 실력을 갖추었습니다. 저는 혼자서 영어를 공부했습니다. 영어로 된 소설을 읽고 영화를 봅니다. 그것은 영어 실력을 향상시키는 데 많은 도움이 됩니다.

03

How did you prepare for this interview?

이 인터뷰를 위해 어떤 준비를 했습니까?

→ **What did you do to pass this interview?**
→ **Are you well prepared for this interview?**

합격비법 1 인터뷰를 위해 준비한 것을 언급한다

I have tried to have a right attitude as a flight attendant and to study English.
저는 승무원으로서 바른 태도를 갖추는 것과 영어 공부에 힘써 왔습니다.

I think it's important to have a bright smile and to study English.
저는 밝은 미소와 영어 공부가 중요하다고 생각합니다.

I have tried to be well qualified for this position in many ways.
저는 많은 방법으로 이 일에 충분한 자격을 갖추려 노력해 왔습니다.

합격비법 2 구체적인 노력을 설명한다

I learned how to groom myself, and I have been taking English lessons in a private academy. Also I practice English with my classmates.
저는 자신을 가꾸는 법을 배웠으며, 사설 학원에서 영어 수업을 듣고 있습니다. 또한 저는 반 친구들과 영어를 연습합니다.

I always try to think positively so I have a bright smile. Also I've been to Canada for 6 months to study English. Lastly I have tried to have a right posture whenever I walk.
저는 언제나 긍정적으로 생각하기 때문에 밝은 미소를 갖게 되었습니다. 또한 영어 공부를 위해 캐나다에 6개월간 있었습니다. 마지막으로 저는 걸을 때마다 올바른 자세를 유지하려 애써 왔습니다.

I have a part time job in the service field, so I have my own service mind and skill. Also I study English everyday.
저는 서비스 업종에서 아르바이트를 하고 있어 저만의 서비스 마인드와 요령을 가지고 있습니다. 또한 영어 공부도 매일 합니다.

I work out regularly to keep myself fit. I do yoga and play tennis. Also I don't miss English conversation class at school. That is very practical, so I expect my English ability could be improved a lot.

저는 건강을 위해 규칙적으로 운동을 합니다. 요가와 테니스를 합니다. 또한 저는 학교의 영어회화 수업을 빼먹지 않습니다. 그 수업은 매우 실용적이라 제 영어 실력이 많이 향상될 것이라 기대합니다.

Recently, I had aviation service class at the private academy and achieved CPR license at the Red Cross. It would allow me to adapt quickly if I got hired.

최근 저는 사설 학원에서 항공 서비스 수업을 받았고 적십자에서 심폐소생술 자격증을 땄습니다. 이는 제가 채용된다면 빨리 적응하는 데 도움이 될 것입니다.

바른 태도 갖추기와 영어 공부

I have tried to have a right attitude as a flight attendant and to study English. So I learned how to groom myself, and I have been taking English lessons in a private academy. Also I practice English with my classmates.

> 저는 승무원으로서 바른 태도를 갖추는 것과 영어 공부에 애써 왔습니다. 그래서 저는 자신을 가꾸는 법을 배웠으며, 사설 학원에서 영어 수업을 듣고 있습니다. 또한 저는 반 친구들과 영어를 연습합니다.

밝은 미소와 영어 연수

I have tried to be well qualified for this position in many ways. So I always try to think positively so I have a bright smile. Also I've been to Canada for 6 months to study English. Lastly I have tried to have a right posture whenever I walk.

> 저는 많은 방법으로 이 일에 충분한 자질을 갖추려 애써 왔습니다. 언제나 긍정적으로 생각하려 하기에 밝은 미소를 가지고 있습니다. 또한 영어 공부를 위해 캐나다에 6개월간 있었습니다. 끝으로 걸을 때마다 저는 올바른 자세가 되려고 노력해 왔습니다.

04

What is your communication skill?

당신의 의사소통 능력은 무엇입니까?

→ **How do you communicate with people?**

→ **Tell me about your way to communicate with people.**

의사소통 능력은 승무원에게 꼭 필요한 자질 중 하나이다. 팀을 이루어 일하고, 사람들을 상대하는 직업일수록 화술 능력은 중요하다. 본인이 이런 능력을 갖추었다고 단순히 강조하기보다는 자신에게 어떤 대화법이 있는지 구체적으로 언급하는 것이 신뢰도를 높이는 방법이다.

합격비법 1 의사소통에 대한 정의나 그 중요성 및 방법을 간단히 설명한다

I think communication is to interact with people. So I _________.

의사소통은 사람들과 교류하는 방법이라고 생각합니다. 그래서 저는 _____ 합니다.

I think communication is really important to build up relationships with people. So I always try to _________.

의사소통은 사람들과 관계를 쌓아 나가는 데 정말 중요하다고 생각합니다. 그래서 저는 언제나 _____ 하려고 노력합니다.

합격비법 2 의사소통 능력에 대해 말한다

Listen carefully: To make people think I want to understand them.

주의 깊게 듣습니다: 사람들로 하여금 제가 그들을 이해하려 한다고 생각하게 만들기 위해.

Approach first: To make people feel more familiar with me.

먼저 다가갑니다: 사람들이 제게 좀 더 친근감을 느끼게 하기 위해.

Smile: To make people think I'm happy to be with them.

웃습니다: 사람들로 하여금 제가 그들과 있어 행복하다고 생각하게 하려고.

Make sure if things are not clear: To minimize unnecessary misunderstand-ings.

확실하지 않은 것은 확인합니다: 불필요한 오해를 최소화하기 위해.

Wait until they are ready to talk instead of pushing them to answer: To give them enough time to think what to say.

사람들에게 대답을 강요하지 않고 그들이 말할 준비가 될 때까지 기다립니다: 그들에게 말하고자 하는 것을 생각할 충분한 시간을 주기 위해.

Find things in common: To feel more familiar with them.

공통점을 찾습니다: 그들에게 보다 친근감을 느끼고자.

사람들에게 먼저 다가서고 주의 깊게 경청한다

I think communication is really important to build up relationships with people. So I always try to listen to others carefully. So they feel I really want to understand them. Also I don't hesitate to approach people first to feel more familiar with them. These are my ways to interact with people and somewhat it works.

> 의사소통은 사람들과 관계를 쌓아 나가는 데 정말 중요하다고 생각합니다. 그래서 저는 언제나 사람들의 말을 주의 깊게 듣고자 노력합니다. 그러면 그들은 제가 자신들을 이해하길 원한다고 느낍니다. 또한 저는 좀 더 친근해지기 위해 사람들에게 먼저 다가가기를 망설이지 않습니다. 이것들이 제가 사람들과 교류하는 방식이고 어느 정도 효과가 있습니다.

확실하지 않은 부분은 짚고 넘어가고 상대방에게 충분히 이야기할 시간을 준다

I think communication is to interact with people. So I make sure if things are not clear. Then I can minimize unnecessary misunderstandings between myself and people. Also I wait until they are ready to talk instead of pushing them to answer. So I can give them enough time to think what to say. Lastly I try to find things in common. It makes us feel more familiar.

> 의사소통은 사람들과 교류하는 방법이라고 생각합니다. 저는 확실하지 않은 부분은 확인하고 넘어갑니다. 그러면 저와 사람들 사이에 생기는 불필요한 오해를 최소화할 수 있습니다. 또한 저는 상대방에게 대답을 강요하지 않고 그들이 얘기할 준비가 될 때까지 기다립니다. 그들은 무슨 말을 할지 생각할 충분한 시간을 가질 수 있습니다. 마지막으로 저는 공통점을 찾기 위해 노력합니다. 그것은 서로를 좀 더 친근하게 느끼도록 합니다.

05 What is your listening skill?

당신의 리스닝 스킬은 무엇입니까?

→ **Tell me about your way to listen to others.**

→ **Are you a good listener?**

의사소통 능력과 마찬가지로 승무원에게 요구되는 자질이다. 의사소통 능력이란 결국 얼마나 타인의 마음을 열어 대화할 수 있느냐에 달렸는데, 상대의 마음을 열기 위해서는 먼저 상대방의 말에 귀를 기울여 이해하는 단계가 필요할 것이다. 본인의 리스닝 스킬은 어떠하며, 단지 들어주기만 하는 수동적인 모습이 아닌 적극적인 기술을 설명할 수 있어야 한다.

합격비법 1 자신의 리스닝 스킬을 간단히 언급한다

My listening skill is to __________.

저의 리스닝 스킬은 ______입니다.

My way to listen to others is simple. I try to __________.

사람들의 말을 들어주는 제 방식은 간단합니다. 저는 ______ 하려고 노력합니다.

I think listening skill is important to understand people and to communicate with them. So what I do is to __________.

리스닝 스킬은 사람들과 대화하고 그들을 이해하는 중요한 능력이라고 생각합니다. 따라서 저는 ______ 합니다.

합격비법 2 리스닝 스킬을 구체적으로 설명한다

Try to feel sympathy: They would feel more comfortable when they have someone who understands them.

공감하려 애씁니다: 사람은 자신을 이해하는 누군가에게 좀 더 편안함을 느낄 것입니다.

Try not to judge people easily: Once they feel I judge them, they wouldn't open their mind and would stop talking.

사람들을 쉽게 판단하지 않습니다: 제가 그들을 판단한다고 느끼면, 그들은 마음을 열지 않고 입을 닫아 버릴 것입니다.

Be careful of giving an advice or a solution: They are the only one who can decide and manage their life. Maybe they need someone who just listens. They wouldn't expect me to give them the best solution.

조언이나 해결책을 제시하는 데 주의합니다: 그들은 자신의 인생을 결정하고 관리하는 유일한 사람입니다. 어쩌면 그들은 단지 들어줄 누군가가 필요할 수도 있습니다. 제게서 최선의 해결책을 기대하진 않을 것입니다.

상대방에게 공감하려 애쓴다

My way to listen to others is simple. First of all, I try to feel sympathy when I talk to people, because they would feel more comfortable when they have someone who understands them. Also I try not to judge them easily. It's because once they feel I judge them, they wouldn't open their mind and would stop talking.

타인의 말에 귀를 기울이는 제 방식은 간단합니다. 먼저 대화할 때 공감하려 애씁니다. 사람은 자신을 이해하는 누군가에게 좀 더 편안함을 느낄 것이기 때문입니다. 또한 저는 사람들을 쉽게 판단하지 않습니다. 제가 그들을 평가한다고 느끼면, 그들은 마음을 열지 않고 말을 멈출 것이기 때문입니다.

해결책을 제시할 때 주의한다

I think listening skill is important to understand people and to communicate with them. So what I do is to be careful of giving an advice or a solution. They are the only one who can decide and manage their life. Maybe they need someone who just listens. They wouldn't expect me to give them the best solution. Also I try to feel sympathy. So they would feel more comfortable when they have someone who understands them.

리스닝 스킬은 사람들과 대화하고 그들을 이해하는 데 중요하다고 생각합니다. 그래서 저는 조언이나 해결책을 제시하는 데 주의합니다. 그들은 자신의 인생을 결정하고 관리하는 유일한 사람입니다. 어쩌면 그들은 단지 이야기를 들어줄 사람이 필요할 수도 있습니다. 제게서 최선의 해결책을 기대하진 않을 것입니다. 또한 저는 공감하려고 노력합니다. 그들은 자신을 이해하는 누군가가 있을 때 좀 더 편안해질 것입니다.

What is your way to adapt to a new environment?

06

당신은 어떤 방식으로 새로운 환경에 적응합니까?

→ **How do you adapt to a new environment?**
→ **What would be the most difficult to adapt to a new environment?**

승무원은 낯선 환경에 빠르게 적응하고 익숙해져야 한다. 늘 새로운 곳에 가고, 새로운 승객들을 만나기 때문이다. '새로운 환경에 잘 적응한다' 는 답변은 누구에게서나 나올 법한 뻔한 대답이므로 면접관의 신뢰를 얻기 어렵다. 어떤 방식으로 새로운 환경에 적응하는지 구체적으로 설명할 수 있어야 한다.

합격비법 1 많은 사람을 대하는 승무원이 되려는 것이므로 새로운 사람들을 만나면서 적응해 나간다고 하는 것이 중요하다

I would try to live like local people. So I can have many friends.
저는 그곳에서 현지화되고자 애쓸 것입니다. 그러면 많은 친구들을 만날 수 있습니다.

I would try to have new friends there, so I can easily adapt to a new environment.
새로운 친구들을 사귀기 위해 노력할 것입니다. 그러면 새로운 환경에 쉽게 적응할 수 있습니다.

I think the best/fastest way to adapt to a new environment is to have local friends.
새로운 환경에 적응하는 가장 좋은/빠른 방법은 현지 친구들을 사귀는 것이라고 생각합니다.

If I have local friends who I can fully trust, I would be able to share my life with them.
전적으로 신뢰할 수 있는 현지 친구가 생긴다면, 저는 그들과 그곳에서 제 인생을 공유할 수 있을 것입니다.

합격비법 2 새로운 친구를 사귀는 자신만의 방법을 예로 든다

I would like to enjoy popular sports there with local people. Through this, I can enjoy my hobby and also have new friends.

저는 현지인들과 그곳의 인기 스포츠를 즐기고 싶습니다. 이를 통해 제 취미도 즐기고 새로운 친구도 만드는 것입니다.

I would try to follow the local people's way to live. For example, I would try local food with their way to eat, also try to wear local costume.

저는 현지 사람들의 생활방식을 따를 것입니다. 예를 들어, 그들이 먹는 방식으로 현지 음식을 먹어 보고 또한 현지 복장을 입으려 할 것입니다.

Even though we are from different country and culture, I would try to find a lot in common. If we share more, we can understand each other more.

비록 다른 나라, 다른 문화권에서 왔지만, 저는 공통점을 찾아보겠습니다. 더 많이 공유하면 서로를 더 많이 이해할 수 있습니다.

I would like to invite new neighbors and to share Korean food. It would make them understand me more, then we can feel more familiar.

저는 새 이웃들을 초대해 한국 음식을 함께 먹고 싶습니다. 그로써 그들은 저를 더 이해할 수 있게 될 것이고, 그러면 우리는 더 친해질 수 있습니다.

I would like to participate in local events or festivals. So I wouldn't feel isolated and can have many friends

저는 현지 행사나 축제에 참여하고 싶습니다. 그러면 소외감을 느끼지 않을 것이며 많은 친구가 생길 것입니다.

합격비법 3 마무리한다

It would be helpful to adapt myself to a new environment.

이것은 제가 새로운 환경에 적응하는 데 도움이 될 것입니다.

So that's my own way to adapt myself to a new environment.

이것이 제가 새로운 환경에 적응하는 방식입니다.

I expect that would help me to adapt to a new environment.

저는 그 방법이 새로운 환경에서 사는 데 도움이 될 것이라 기대합니다.

So I believe I can adapt myself easily to a new environment.

이렇게 저는 새로운 환경에 쉽게 적응할 수 있으리라 믿습니다.

새로운 친구를 사귄다

I would try to have new friends there, so I can easily adapt myself to a new environment. If I have local friends who I can fully trust, I would be able to share my life with them. Also I would like to invite new neighbors and to share Korean food. It would make them understand me more, then we can feel more familiar. It would be helpful to adapt myself to a new environment.

> 저는 새로운 친구들을 사귀고자 노력할 것입니다. 그러면 새로운 환경에 쉽게 적응할 수 있습니다. 전적으로 신뢰할 수 있는 현지 친구가 생기면, 그들과 그곳에서 저의 인생을 공유할 수 있을 것입니다. 새로운 이웃들을 초대해 한국 음식을 같이 먹는 방법도 있습니다. 그것은 저에 대한 그들의 이해를 도울 것이며, 그러면 그들과 더 가까워질 수 있습니다. 이것은 제가 새로운 환경에 적응하는 데 도움이 될 것입니다.

현지 행사나 축제에 참여한다

I think the best way to adapt to a new environment is to have local friends. If I have local friends who I can fully trust, I would be able to share my life there with them. So I would like to participate in local events or festivals. So I wouldn't feel isolated and can have many friends. I expect that would help me to adapt myself to a new environment.

> 새로운 환경에 적응하는 가장 좋은 방법은 현지 친구들을 사귀는 것이라고 생각합니다. 제가 전적으로 신뢰할 수 있는 현지 친구들을 만난다면, 그들과 그곳에서 인생을 공유할 수 있을 것입니다. 그래서 저는 현지 행사나 축제에 참여하고 싶습니다. 소외감을 느끼지 않고 많은 친구를 만들 수 있습니다. 저는 그 방법이 새로운 환경에 적응하는 제게 도움이 될 것이라고 기대합니다.

승무원이 된다면?

01 What would you like to do first, if you get hired?

02 What would you like to do with your first payment if you get hired?

03 How will you improve yourself after becoming a flight attendant?

04 If you feel isolated in a group, what would you do?

05 If there is a member who is not willing to participate, what would you do?

What would you like to do first, if you get hired?

채용되면 가장 먼저 하고 싶은 일은 무엇입니까?

→ What's your first priority to do after being a flight attendant?
→ What would you like to do first as a flight attendant?

합격비법 1 솔직한 감정을 표현한다

I would be really happy.
정말 행복할 것입니다.

I would be excited and surprised.
설레고 놀랄 것입니다.

It would be a happy guess.
행복한 상상이 될 것입니다.

There are a lot of things I like to do after being hired.
합격 후 하고 싶은 일들이 정말 많습니다.

That is the moment that my dream comes true.
그것은 제 꿈이 현실이 되는 순간입니다.

합격비법 2 기쁨을 공유하고 싶은 사람을 밝히고 그 이유를 말한다

First of all I want to share it with __________.
무엇보다 저는 그것을 _____와 나누고 싶습니다.

Because   **they supported me a lot.**
왜냐하면   그들은 저를 많이 지지해 주었기 **때문입니다.**

they always motivated me.
그들은 언제나 제 사기를 북돋아 주었기 **때문입니다.**

they are the people who always wish me luck.
그들은 언제나 제게 행운을 빌어 준 사람들이기 **때문입니다.**

I love them the most.

저는 그들을 가장 사랑하기 **때문입니다.**

합격비법 3 구체적으로 하고 싶은 것을 말한다

I would like to _________ . 저는 ______을/를 하고 싶습니다.

travel with them

그들과 여행하고 **싶습니다.**

treat them dinner

그들에게 저녁을 사고 **싶습니다.**

have a party with them

그들과 파티를 **하고 싶습니다.**

buy small gifts for them

그들에게 작은 선물을 **하고 싶습니다.**

go to our favorite restaurant

우리가 가장 좋아하는 식당에 가고 **싶습니다.**

예시답안 1 친구들과 여행 떠나기

I would be really happy. So I want to share it with my friends, because they supported me a lot. So I would like to travel with them.

매우 기쁠 것입니다. 그래서 저는 친구들과 그 기쁨을 나누고 싶습니다. 친구들은 저를 많이 지지해 주었기 때문입니다. 그래서 친구들과 여행을 가고 싶습니다.

예시답안 2 주변 사람들과의 저녁식사

I would be excited and surprised. So I want to share it with people around me, because they always motivated me. So I would like to treat them dinner.

설레고 놀랄 것입니다. 저는 그 기쁨을 주변 사람들과 나누고 싶습니다. 왜냐하면 그들은 언제나 제 사기를 북돋아 주었기 때문입니다. 그래서 그들에게 저녁을 사고 싶습니다.

What would you like to do with your first payment if you get hired?

첫 월급으로 무엇을 하고 싶습니까?

→ **Do you want anything to buy with your first payment?**
→ **How do you plan to do with your first payment?**

합격비법 1 첫 월급에 대한 본인의 기대감을 솔직히 표현한다

I haven't thought about it before.
한 번도 생각해 보지 않았습니다.

I hope I have the day I can do something with my first payment given by ○○ air.
○○ 항공에서 받은 첫 월급으로 제가 무엇인가 할 수 있는 날이 왔으면 좋겠습니다.

I would like to do something valuable with my first payment.
첫 월급으로 무언가 가치 있는 일을 하고 싶습니다.

There are many things I want to do, but if I choose one,
하고 싶은 일은 많지만 하나만 고르자면,

I like to do something which makes me happy.
저를 행복하게 만드는 일을 하고 싶습니다.

합격비법 2 구체적으로 하고 싶은 것을 밝힌다

I would like to buy ________________________ .
저는 ____________을/를 사고 싶습니다.

a world map to broaden my view of the world
세계관을 넓히기 위한 세계지도

small presents for people around me
주변 사람들을 위한 작은 선물

my favorite perfume to give a gift to myself
자신에게 선물하기 위한 가장 좋아하는 향수

I would like to ________ with ________.

_____와 _____을/를 하고 싶습니다.

go to US with my friends

친구들과 미국 방문

donate half of them to charity

자선단체에 기부

travel with my family

가족들과 여행

예시답안 1 주변 사람들에게 선물

I haven't thought about it before. But I would like to buy small presents for people around me. Also if I have extra money, I would like to save it for my future.

생각해 본 일이 없습니다. 하지만 주변 사람들을 위해 작은 선물을 사고 싶습니다. 또한 여분이 있다면 미래를 위해 저금을 하겠습니다.

예시답안 2 친구들과 미국 여행

I hope I have the day I can do something with my first payment given by ○○ air. I would like to go to US with my friends. I have many relatives living there. I want to see them, and also I want to spend time with my friends there.

○○ 항공에서 받은 첫 월급으로 무엇인가를 할 수 있는 날이 오기를 바랍니다. 저는 친구들과 미국에 가고 싶습니다. 그곳에 사는 친척들이 많습니다. 친척도 만나고 친구들과 미국에서 함께 시간을 보내고 싶습니다.

How will you improve yourself after becoming a flight attendant?

승무원이 된 후, 어떻게 자기계발을 할 것입니까?

→ **What do you see yourself in 10 years?**
→ **What is your plan after being a flight attendant?**

합격비법 1 계획이 있다고 말한다

There are many things I like to do after becoming a flight attendant.
승무원이 된 후 하고 싶은 일들이 많습니다.

That is a happy question!
참 행복한 질문이네요!

I have few plans for self-improvement.
제게는 자기계발을 위한 몇 가지 계획이 있습니다.

합격비법 2 구체적인 계획을 간략히 밝힌다

I would like to work as a veteran flight attendant first, and I would try to be a service instructor for junior flight attendants.
저는 먼저 베테랑 승무원이 되고 싶습니다. 그리고 후배 승무원들을 위해 서비스 교관이 되고 싶습니다.

I have a plan to learn foreign languages. I can speak little bit of Japanese and Chinese, so I would take up my second foreign languages. Then I believe I can treat specific passengers more delicately.
저는 외국어를 배우려는 계획이 있습니다. 약간의 일본어와 중국어를 하기 때문에 제2외국어 능력을 향상시킬 것입니다. 그러면 특정한 승객들을 좀 더 세심하게 대할 수 있으리라 믿습니다.

My plan after being a flight attendant is to do an online MBA to further my career. So I can still work while studying. After retirement as a flight attendant, I would like to work in the management team of ○○ air.
승무원이 되고 난 후의 계획은 저의 커리어를 더 발전시키기 위해 온라인으로 MBA 코스를 밟는 것입니다. 그러면 공부를 하면서도 일을 할 수 있습니다. 은퇴 후에는, ○○ 항공 경영팀에서 일하길 원합니다.

However, being a flight attendant for ○○ air is my first priority now.

하지만 지금은 ○○ 항공의 승무원이 되는 것이 저의 첫 번째 우선순위입니다.

I hope I can do everything I want in ○○ air.

제가 ○○ 항공에서 하고자 하는 모든 일들을 다 할 수 있었으면 좋겠습니다.

It will be myself after 10 years.

그것이 10년 후 보게 될 제 모습입니다.

예시답안 **1** 외국어 공부

There are many things I like to do after becoming a flight attendant. I have a plan to learn foreign languages. I can speak little bit of Japanese and Chinese, so I would take up my second foreign languages. Then I believe I can treat specific passengers more delicately. It will be myself after 10 years.

> 승무원이 된 후 하고 싶은 일들이 많습니다. 저는 외국어를 배우려는 계획이 있습니다. 약간의 일본어와 중국어를 하기 때문에 제2외국어 능력을 향상시킬 것입니다. 그러면 특정한 승객들을 좀 더 세심하게 대할 수 있으리라 믿습니다. 그것이 10년 후 보게 될 제 모습입니다.

예시답안 **2** MBA 수료

I have few plans for self-improvement. My plan after being a flight attendant is to do an online MBA to further my career. So I can still work while studying. After retirement as a flight attendant, I would like to work in the management team of ○○ air. However, being a flight attendant for ○○ air is my first priority now.

> 제게는 자기계발을 위한 몇 가지 계획이 있습니다. 승무원이 되고 난 후의 계획은 커리어를 더 발전시키기 위해 온라인으로 MBA 코스를 밟는 것입니다. 그러면 공부를 하면서도 쭉 일을 할 수 있습니다. 승무원 은퇴 후에는, ○○ 항공 경영팀에서 일을 하길 원합니다. 하지만 지금은 ○○ 항공의 승무원이 되는 것이 저의 첫 번째 우선순위입니다.

If you feel isolated in a group, what would you do?

그룹에서 소외감을 느낀다면 어떻게 하겠습니까?

> → **If you can't participate in a team, what would you do?**
> → **If you can't harmonize with team members, what would you do?**
>
> 팀 내 인간관계와 관련된 문제는 'Communication' 곧 대화를 통해 해결하겠다고 말하는 것이 최선의 방법이다. 이런 질문에는 본인의 'Communication' 능력을 강조해 주면 된다. 더불어 문제의 원인을 타인보다는 자신에게서 찾는 성숙한 면을 보여 준다면 금상첨화겠다.

합격비법 1 소외감을 느낄 때의 감정을 솔직하게 드러낸다

I think I would be a bit embarrassed and frustrated.

조금 당황스럽고 답답할 것이라 생각됩니다.

It would be sad if I can't harmonize with team members.

동료들과 잘 어울릴 수 없다면 슬플 듯합니다.

I wouldn't be happy about it, because I want to have good relationships with team members.

기분이 좋진 않을 것입니다. 왜냐하면 저는 동료들과 좋은 관계를 맺고 싶기 때문입니다.

합격비법 2 자신만의 해결 방법을 밝힌다

I think 'communication' is the best way to solve a problem. So I would try to talk to them.

저는 문제를 해결하는 가장 좋은 방법은 '의사소통' 이라고 생각합니다. 따라서 그들과 대화하려 노력할 것입니다.

I would try to make a conversation with team members. Because it's the best way to minimize misunderstandings in relationships.

동료들과 대화하려고 애쓸 것입니다. 그것이 인간관계에서 생기는 오해를 최소화하는 최선의 방법이기 때문입니다.

I think we need to have enough communication, so I'd try to talk to them.

저는 충분한 대화를 하는 것이 필요하다고 생각하기에 그들과 대화하려 애쓸 것입니다.

예시답안 1 문제를 찾아 고치려 노력

I haven't had such an experience, but I think I would be a bit embarrassed and frustrated. I think there must be a reason if I can't socialize with people. I would try to find out what my problem is, and to solve it. Also I think 'communication' is the best way to solve a problem. So I would try to talk to them.

저는 그런 경험은 없습니다만, 조금 당황하고 답답하리라 생각됩니다. 제가 만약 사람들과 어울릴 수 없다면 거기에는 반드시 이유가 있다고 생각합니다. 저는 문제가 무엇인지 찾아 고치려고 노력할 것입니다. 또한 문제를 해결하는 데는 '의사소통'이 최선의 방법이라고 생각합니다. 따라서 그들과 대화하려고 노력할 것입니다.

예시답안 2 대화를 통해 해결

It would be sad if I can't harmonize with team members. I'm very outgoing, so fortunately I don't have such an experience. However if it happened, I would try to make a conversation with team members, because it's the best way to minimize misunderstandings in relationships. So if I had any problems or did something wrong, I would apologize to them and try not to make it happen again.

팀원들과 잘 어울릴 수 없다면 슬플 것입니다. 저는 매우 활발한 사람이라 다행스럽게도 그런 경험은 없습니다. 하지만 그런 일이 생긴다면 팀원들과 대화를 하려고 노력할 것입니다. 인간관계에 있어 오해를 최소화하는 가장 좋은 방법이기 때문입니다. 그래서 제게 문제가 있거나 무엇인가 잘못한 게 있다면, 동료들에게 사과하고 같은 일이 반복되지 않도록 노력할 것입니다.

If there is a member who is not willing to participate, what would you do?

참여하려는 의지가 없는 팀원이 있다면 어떻게 하겠습니까?

→ **If one of team members doesn't want to participate in a group, what would you do?**

→ **If there is a member who can't mingle with others, what would you do?**

4번 질문과 마찬가지로 'Communication'을 강조해야 하는 질문이다. 이 역시 인간관계에서 생기는 문제를 묻기 때문이다. 상대방의 잘못을 탓하거나, 원인을 상대에게서 찾으려 하기보다 팀워크의 중요성을 언급해 'Communication'의 필요성을 밝히는 것이 좋다.

합격비법 1 팀워크의 중요성을 언급한다

I think when every member is motivated to work, we can expect the best teamwork.

저는 모든 팀원이 일하고자 하는 의욕이 있을 때 최고의 팀워크를 기대할 수 있다고 생각합니다.

I believe there must be a reason. So I would try to back her up for a while.

저는 그런 태도에는 반드시 이유가 있을 것이라고 믿습니다. 그러므로 일정 기간 동료를 보완해 주려 노력할 것입니다.

I think teamwork is the most important thing in a group job. So I would try to motivate her to participate more in the group.

저는 팀으로 하는 일에는 팀워크가 가장 중요하다고 생각합니다. 따라서 동료가 팀에 좀 더 참여할 수 있도록 격려하겠습니다.

 Communication의 필요성을 밝힌다

I would try to talk to her whether or not she has any problems.

혹시 동료에게 어떤 문제가 있지는 않은지 대화해 보려 하겠습니다.

I would try to talk to her in private.

동료와 사적으로 이야기해 보려 애쓰겠습니다.

I think it could be a good way to talk to her whenever we have a chance. So I can understand her more. Then I would be able to help her in a better way.

저는 기회가 있을 때마다 그 동료와 대화하는 것이 좋은 방법이라고 생각합니다. 그러면 그녀를 좀 더 이해할 수 있을 것입니다. 저는 그녀를 좀 더 나은 방법으로 도울 수 있을 것입니다.

예시답안 1 · 대화를 시도한다

I think when every member is motivated to work, we can expect the best teamwork. So I would try to talk to her whether or not she has any problems. She might have a problem which demotivates her to work such as conflicts with team members or her personal matter and so on. Also I would try not to make rest of team members demotivated.

저는 모든 팀원이 일하려는 의욕을 가질 때, 최고의 팀워크를 기대할 수 있다고 생각합니다. 그래서 혹시 그녀에게 어떤 문제가 있는 건 아닌지 대화를 해 보겠습니다. 가령 동료들 간의 갈등이나 그녀의 개인적인 문제 등 그녀의 의욕을 떨어뜨리는 문제가 있을 수도 있습니다. 또한 다른 팀원들의 사기가 떨어지지 않도록 노력할 것입니다.

예시답안 2 · 동료의 일을 보완해 준다

I believe she must have a reason. So I would try to back her up for a while. However if it kept going, I would try to talk to her in private. Because if it's been a while, she might need someone's help. I'm willing to help her as a team member if she needs my help.

저는 동료에게 반드시 어떤 이유가 있을 것이라고 믿습니다. 그래서 일정 기간 그녀의 일을 보완해 주려 노력할 것입니다. 하지만 문제가 계속된다면 그녀와 사적으로 이야기해 보겠습니다. 왜냐하면 그 동료가 누군가의 도움을 필요로 할 수도 있기 때문입니다. 제 도움이 필요하다면 팀의 한 사람으로서 기꺼이 그녀를 도울 것입니다.

나만의 비밀 노트

Unit 16

If Question

If Question 유형 1

승무원의 과실로 발생한 문제나 승객이 불만을 제기한 상황에서의 대응을 묻는 질문
유형

If Question 유형 2

선뜻 응하기 힘든 승객의 곤란한 요구나 난처한 상황에서의 대응을 묻는 질문 유형

If Question 유형 3

기내 안전과 보안을 위협하는 상황이나 승객과 승무원 사이에서 발생 가능한 난처한
상황을 가정한 질문 유형

If Question 유형 4

동료, 선배, 후배 사이에서 발생 가능한 문제에 대처하는 방식을 묻는 질문 유형

> **01** If a passenger was upset without a clear reason, what would you do?
>
> **02** If you spilled a cup of hot coffee or juice to a passenger, what would you do?
>
> **03** If a passenger complained about high temperature in the cabin, what would you do?
>
> **04** If a passenger complained about the cold cabin, what would you do?

유형1은 승객이 불평하거나(complain), 화를 내거나(upset) 혹은 승무원이 실수하거나(mistake), 잘못한(fault) 상황에 대해 묻는 질문이다. 유형1과 2의 질문이 면접 If Question의 90% 이상을 차지한다. 위의 네 가지 질문을 통해 유형1을 연습해 보겠다.

기 | 출 | 문 | 제

If a passenger complained about the odor of sweaty feet in the cabin, what would you do?
기내에 발냄새가 난다고 승객이 불평하면 어떻게 하겠습니까?

If a passenger was very upset because he missed PA in the cabin, what would you do?
승객이 기내방송을 놓쳤다고 화를 내면 어떻게 하겠습니까?

If a passenger complained because the front seat was too much reclined, what would you do?
앞 좌석이 너무 뒤로 젖혀져 있어 불평하는 승객이 있다면 어떻게 하겠습니까?

If you forgot to answer passenger's call bell, what would you do?
승객의 콜벨에 응답하는 것을 잊었다면 어떻게 하겠습니까?

If a passenger complained that the meal didn't suit his taste, what would you do?
승객이 기내식사가 입맛에 맞지 않는다고 불평한다면, 어떻게 하겠습니까?

If passengers got upset because the flight was delayed, what would you do?
비행기 출발이 지연되어 승객들이 화가 났다면 어떻게 하겠습니까?

 승객이 불평하거나 화를 내고, 혹 승무원이 잘못한 일이 있다면 가장 먼저 할 일은 '사과(apology)'이다

I would apologize to the passenger immediately not to offer a comfortable flight. Because the passenger could feel released simply with my apology.

편안한 비행을 제공하지 못한 데 대해 그 손님에게 즉시 사과드리겠습니다. 승객은 단순히 제 사과로도 기분이 풀릴 수 있기 때문입니다.

I would make an apology because I think it's my duty to make passengers feel comfortable and happy.

승객의 기분을 편안하고 기쁘게 만드는 일이 저의 임무라고 생각하므로 사과드리겠습니다.

 사과를 했다면, 문제를 구체적으로 해결할 방법을 제시해야 한다

 문제가 해결되었다면, 추후에도 계속 그 승객을 살펴보고 사후 서비스를 제공하겠다고 하거나 동료들과 그 사실을 공유하겠다고 대답해 '의사소통' 능력을 강조하도록 한다

I would check what I can do for the passenger.

그 승객을 위해 할 수 있는 일을 찾겠습니다.

I would keep an eye on the passenger through the flight to check what he needs.

그 승객이 무엇을 필요로 하는지 파악하기 위해 비행하는 동안 계속해서 그 승객을 지켜보겠습니다.

I would share it with my co-workers.

동료들과 이 사실을 공유할 것입니다.

If a passenger was upset without a clear reason, what would you do?

승객이 뚜렷한 이유 없이 화를 낸다면, 어떻게 하겠습니까?

합격비법 1 우선 사과한다고 대답한다

I would apologize to the passenger immediately not to offer a comfortable flight. Because the passenger could feel released simply with my apology.
편안한 비행을 제공하지 못한 데 대해 그 손님에게 즉시 사과드리겠습니다. 승객은 단순히 제 사과로도 기분이 풀릴 수 있기 때문입니다.

I would make an apology because I think it's my duty to make passengers feel comfortable and happy.
승객의 기분을 편안하고 기쁘게 만드는 일이 저의 임무라고 생각하므로 사과드리겠습니다.

합격비법 2 문제 해결을 위해 노력하겠다고 한다

I would try to find what the problem is and to solve it.
문제가 무엇인지 찾아 해결하려고 노력하겠습니다.

I would listen to what the passenger says, so I can find the reason why he was upset. After that, I would try to solve the problem.
저는 그 승객의 말에 귀를 기울여, 화를 낸 이유를 찾겠습니다. 그다음 그 문제를 해결하도록 하겠습니다.

합격비법 3 승객에게 사후 서비스를 제공하거나 동료들과 이 사실을 공유하겠다고 대답한다

I would check what I can do for him.
그 승객을 위해 할 수 있는 일을 찾겠습니다.

I would keep an eye on the passenger through the flight to check what he needs.
그 승객이 무엇을 필요로 하는지 파악하기 위해 비행하는 동안 계속해서 그 승객을 지켜보겠습니다.

I would share it with my co-workers.
동료들과 이 사실을 공유할 것입니다.

예시답안 1 사과 후 손님을 지켜본다

I would apologize to the passenger immediately not to offer a comfortable flight. Because the passenger could feel released simply with my apology. Also I would try to find what the problem is and to solve it. After that, I would keep an eye on him through the flight to check what he needs.

> 편안한 비행을 제공하지 못한 데 대해 그 승객에게 즉시 사과드리겠습니다. 승객은 단순히 제 사과로도 기분이 풀릴 수 있기 때문입니다. 또한 문제가 무엇인지 찾아 해결하려 하겠습니다. 그다음, 그 승객이 무엇을 필요로 하는지 파악하기 위해 비행하는 동안 그 승객을 계속해서 지켜보겠습니다.

예시답안 2 사과 후 원인 파악

I would make an apology because I think it's my duty to make passengers feel comfortable and happy. And I would listen to what he says, so I can find the reason why he was upset. After that, I would try to solve the problem. Also, I would share it with my co-workers.

> 승객의 기분을 편안하고 기쁘게 만드는 일이 제 임무라고 생각하므로 사과드리겠습니다. 그리고 저는 그 승객의 말에 귀를 기울여, 화를 낸 이유를 찾을 것입니다. 그리고 그 문제를 해결하도록 노력하겠습니다. 또한 동료들과 이 사실을 공유할 것입니다.

예시답안 3 사과 후 승객의 불만 경청

I would apologize to the passenger immediately not to offer a comfortable flight. Because the passenger could feel released simply with my apology. After that I would concentrate on his story without interrupting him. When he seems to be released, I would check what I can do for him.

> 편안한 비행을 제공하지 못한 데 대해 그 손님에게 즉시 사과드리겠습니다. 승객은 단순히 제 사과로도 기분이 풀릴 수 있기 때문입니다. 그 후에 저는 방해하지 않고 그 승객의 이야기에 집중할 것입니다. 그 승객이 기분이 풀린 것 같을 때 저는 그 승객을 위해 할 수 있는 일을 찾겠습니다.

If you spilled a cup of hot coffee or juice to a passenger, what would you do?

승객에게 뜨거운 커피나 주스를 쏟았다면, 어떻게 하겠습니까?

합격비법 1 우선 사과한다고 대답한다

I would apologize to the passenger immediately not to offer a comfortable flight. Because the passenger could feel released simply with my apology.

편안한 비행을 제공하지 못한 데 대해 그 손님에게 즉시 사과드리겠습니다. 승객은 단순히 제 사과로도 기분이 풀릴 수 있기 때문입니다.

I would make an apology because I think it's my duty to make passengers feel comfortable and happy.

승객의 기분을 편안하고 기쁘게 만드는 일이 저의 임무라고 생각하므로 사과드리겠습니다.

I would apologize to him immediately because it is my fault.

그것은 저의 실수이기에 손님에게 즉시 사과드리겠습니다.

합격비법 2 문제 해결을 위해 노력하겠다고 한다

I would check any burns on the passenger, and offer him medicine if necessary.

승객이 화상을 입지는 않았는지 확인하고, 필요하다면 약품을 제공하겠습니다.

I would offer the passenger a wet towel to clean.

닦을 수 있는 젖은 수건을 제공하겠습니다.

I would offer the passenger a laundry coupon if available.

가능하다면 승객에게 세탁쿠폰을 드리겠습니다.

I would bring the passenger a cup of fresh coffee(juice).

승객에게 새로 커피(주스)를 가져다 드리겠습니다.

합격비법 3 승객에게 사후 서비스를 제공하거나 동료들과 이 사실을 공유하겠다고 대답한다

I would check what I can do for him.

그 승객을 위해 할 수 있는 일을 찾겠습니다.

I would keep an eye on him through the flight to check what he needs.

그 승객이 무엇을 필요로 하는지 파악하기 위해 비행하는 동안 계속해서 그 승객을 지켜보겠습니다.

I would share it with my co-workers.

동료들과 이 사실을 공유할 것입니다.

 화상 여부를 살피고 약품 제공

I would apologize to the passenger immediately not to offer a comfortable flight. And I would check any burns on him, and offer him medicine if necessary. Also I would offer him a wet towel to clean. After that, I would keep an eye on him through the flight to check what he needs.

편안한 비행을 제공하지 못한 데에 대해 그 승객에게 즉시 사과드리겠습니다. 그리고 승객이 화상을 입지는 않았는지 확인하고, 필요하다면 약품을 제공하겠습니다. 또한 닦을 수 있는 젖은 수건을 제공하겠습니다. 그 후에 그 승객이 무엇을 필요로 하는지 살필 수 있도록 비행하는 동안 그 승객을 계속해 지켜보겠습니다.

 세탁쿠폰과 새 음료 제공

I would apologize to him immediately because it is my fault. And I would offer the passenger a laundry coupon if available. Also I would bring him a cup of fresh coffee(juice). After that, I would share it with my co-workers.

그것은 저의 실수이기에 손님에게 즉시 사과드리겠습니다. 그리고 가능하다면 승객에게 세탁쿠폰을 제공하겠습니다. 또한 승객에게 새 커피(주스)를 가져다 드리겠습니다. 후에 동료들과 이 사실을 공유할 것입니다.

03 If a passenger complained about high temperature in the cabin, what would you do?

승객이 기내의 온도가 높다고 불평한다면, 어떻게 하겠습니까?

합격비법 1 우선 사과한다고 대답한다

I would apologize to the passenger immediately not to offer a comfortable flight. Because the passenger could feel released simply with my apology.

편안한 비행을 제공하지 못한 데 대해 그 손님에게 즉시 사과드리겠습니다. 승객은 단순히 제 사과로도 기분이 풀릴 수 있기 때문입니다.

I would make an apology because I think it's my duty to make passengers feel comfortable and happy.

승객의 기분을 편안하고 기쁘게 만드는 일이 저의 임무라고 생각하므로 사과드리겠습니다.

합격비법 2 문제 해결을 위해 노력하겠다고 한다

I would ask other passengers. So if they feel same, I would lower the temperature under senior's permission.

다른 승객들을 확인해 보겠습니다. 모두가 덥다고 느끼면, 선배의 허락하에 기내 온도를 낮추겠습니다.

If he is the only one who feels hot, I would check his condition because he might be sick.

그 승객만 덥게 느낀다면, 아픈 것일 수도 있으므로 건강 상태를 확인해 보겠습니다.

I would offer the passenger a cold drink(a cup of water with ice).

차가운 음료수(얼음물)를 제공하겠습니다.

I would offer the passenger a wet towel to cool down.

열을 식힐 수 있는 젖은 수건을 제공하겠습니다.

 승객에게 사후 서비스를 제공하거나 동료들과 이 사실을 공유하겠다고 대답한다

I would check what I can do for him.

그 승객을 위해 할 수 있는 일을 찾겠습니다.

I would keep an eye on him through the flight to check what he needs.

그 승객이 무엇을 필요로 하는지 파악하기 위해 비행하는 동안 계속해서 그 승객을 지켜보겠습니다.

I would share it with my co-workers.

동료들과 이 사실을 공유할 것입니다.

 예시답안 **1** 기내 온도를 낮춘다

I would make an apology because I think it's my duty to make passengers feel comfortable and happy, and I would ask other passengers. So if they feel same, I would lower the temperature under senior's permission. However if he is the only one who feels hot, I would check his condition because he might be sick. After that, I would share it with my co-workers.

> 승객의 기분을 편안하고 행복하게 만드는 일은 제 임무이므로 먼저 사과드리겠습니다. 그리고 다른 승객들을 확인해 보겠습니다. 모두가 덥다고 느끼면, 선배의 허락하에 기내 온도를 낮추겠습니다. 하지만 그 승객만 더워하신다면, 아픈 것일 수도 있으므로 건강 상태를 확인해 보겠습니다. 후에 동료들과 이 사실을 공유할 것입니다.

 예시답안 **2** 차가운 음료와 젖은 수건 제공

I would apologize to the passenger immediately not to offer a comfortable flight. Because the passenger could feel released simply with my apology. And I would offer him a cold drink. Also I would offer him a wet towel to cool down. After that, I would keep an eye on him through the flight to check what he needs.

> 편안한 비행을 제공하지 못한 데 대해 그 승객에게 즉시 사과드리겠습니다. 승객은 단순히 제 사과로도 기분이 풀릴 수 있기 때문입니다. 그리고 차가운 음료수를 제공하겠습니다. 또한 열을 식힐 수 있는 젖은 수건을 제공해 드리겠습니다. 그 후 그 승객이 무엇을 필요로 하는지 살필 수 있도록 비행 내내 그 승객을 계속해 지켜보겠습니다.

If a passenger complained about the cold cabin, what would you do?

승객이 기내가 춥다고 불평한다면, 어떻게 하겠습니까?

합격비법 1 우선 사과한다고 대답한다

I would apologize to the passenger immediately not to offer a comfortable flight. Because the passenger could feel released simply with my apology.
편안한 비행을 제공하지 못한 데 대해 그 손님에게 즉시 사과드리겠습니다. 승객은 단순히 제 사과로도 기분이 풀릴 수 있기 때문입니다.

I would make an apology because I think it's my duty to make passengers feel comfortable and happy.
승객의 기분을 편안하고 기쁘게 만드는 일이 저의 임무라고 생각하므로 사과드리겠습니다.

합격비법 2 문제 해결을 위해 노력하겠다고 한다

I would ask other passengers. So if they feel same, I would turn up the temperature under senior's permission.
다른 승객들을 확인해 보겠습니다. 그래서 모두가 춥다고 느끼면, 선배의 허락하에 기내 온도를 높이겠습니다.

If he is the only one who feels cold, I would check his condition because he might be sick.
그 승객만 춥게 느낀다면, 아픈 것일 수도 있으므로 건강 상태를 확인해 보겠습니다.

I would offer the passenger a cup of hot tea.
손님에게 따뜻한 차 한 잔을 드리겠습니다.

I would offer the passenger an extra blanket.
손님에게 여분의 담요를 드리겠습니다.

 승객에게 사후 서비스를 제공하거나 동료들과 이 사실을 공유하겠다고 대답한다

I would check what I can do for him.

그 승객을 위해 할 수 있는 일을 찾겠습니다.

I would keep an eye on him through the flight to check what he needs.

그 승객이 무엇을 필요로 하는지 파악하기 위해 비행하는 동안 계속해서 그 승객을 지켜보겠습니다.

I would share it with my co-workers.

동료들과 이 사실을 공유할 것입니다.

 **예시답안 1** 기내 온도를 높인다

I would make an apology because I think it's my duty to make passengers feel comfortable and happy. And I would ask other passengers. So if they feel same, I would turn up the temperature under senior's permission. However if he is the only one who feels cold, I would check his condition because he might be sick. After that, I would share it with my co-workers.

> 승객의 기분을 편안하고 행복하게 만드는 일은 제 임무라고 생각하므로 먼저 사과드리겠습니다. 그리고 다른 승객들을 확인해 보겠습니다. 그래서 모두가 춥다고 느끼면, 선배의 허락하에 기내 온도를 높이겠습니다. 하지만 그 승객만 춥다고 한다면, 아픈 것일 수도 있으므로 건강 상태를 확인하겠습니다. 후에 동료들과 이 사실을 공유할 것입니다.

 **예시답안 2** 따뜻한 음료와 담요 제공

I would apologize to the passenger immediately not to offer a comfortable flight. Because the passenger could feel released simply with my apology. Then I would offer the passenger a cup of hot tea. Also I would offer the passenger an extra blanket. After that, I would keep an eye on him through the flight to check what he needs.

> 편안한 비행을 제공하지 못한 데 대해 그 승객에게 즉시 사과드리겠습니다. 승객은 단순히 제 사과로도 기분이 풀릴 수 있기 때문입니다. 그리고 승객에게 따뜻한 차 한 잔을 드리겠습니다. 또한 여분의 담요도 드리겠습니다. 그 후에 승객이 무엇을 필요로 하는지 살펴볼 수 있도록 비행하는 동안 그 승객을 계속해 지켜보겠습니다.

If Question 유형 2

05 If a drunken passenger kept asking you to bring more alcohol, what would you do?

06 If an economy class passenger asked for the first class meal, what would you do?

07 If a baby kept crying in the cabin, how would you handle it?

유형2에서는 선뜻 응하기 힘든 승객의 곤란한 요구나 난처한 상황에서의 대응을 묻는 질문들을 살펴본다. 유형1과 대처 방식이 유사하나, 승무원의 과실로 발생한 문제나 승객이 불만을 제기한 상황은 아니므로 사과 단계는 필요하지 않다. 자주 나오는 유형이므로 반드시 연습해 둔다.

기 | 출 | 문 | 제

If there was a passenger who was spitting in the cabin and he didn't speak English, what would you do?
기내에서 승객이 침을 뱉고 영어도 못한다면, 어떻게 하겠습니까?

If there was a vegetarian and no meal for her in the cabin, what would you do?
기내에 채식주의자가 있는데 채식주의자를 위한 식사가 없다면, 어떻게 하겠습니까?

If a passenger couldn't eat any food at all for 13 hours flight, what would you do?
13시간 동안 비행하는데 승객이 음식을 전혀 먹지 못한다면, 어떻게 하겠습니까?

If a passenger wanted to take some goods on board, what would you do?
승객이 기내물품을 가져가길 원하면, 어떻게 하겠습니까?

If a disabled passenger in economy class asked for the first class seat, what would you do?
이코노미석의 장애가 있는 승객이 일등석의 좌석을 요구하면 어떻게 하겠습니까?

 문제 해결을 위해 노력하겠다고 한다

'If Question' 유형 2의 질문은 대답하기 곤란한 것들이 대부분이다. 확실하지 않은 사실을 근거로 '규칙에 어긋나기 때문에(Because it's against regulations)', '할 수 없기 때문에(Because I can't make it)' 라고 대답하는 일은 피한다.
승객의 곤란한 요구나 난처한 상황을 거부하고 피하겠다는 대답보다는, 요구의 원인과 이유를 파악하겠다고 하거나 '규칙에 어긋난다면(If it's against regulations)' 혹은 '할 수 없다면(If I can't make it)' 등의 표현을 덧붙이도록 한다.

 승객에게 사후 서비스를 제공하거나 등료들과 이 사실을 공유하겠다고 대답한다

I would keep an eye on the passenger through the flight to check what he needs.

그 손님이 무엇을 필요로 하는지 살펴볼 수 있도록 비행하는 동안 그 손님을 계속해 지켜보겠습니다.

I would share it with my co-workers.

동료들과 이 사실을 공유할 것입니다.

 05 If a drunken passenger kept asking you to bring more alcohol, what would you do?

취한 승객이 계속해 술을 요구한다면, 어떻게 하겠습니까?

합격비법 1 문제 해결을 위해 노력하겠다고 한다

I would dilute the drink. So I'd mix it up with ice, coke or water. It could lower the percentage of alcohol.

술을 희석할 것입니다. 얼음, 콜라 혹은 물과 섞도록 하겠습니다. 알코올 도수를 낮출 수 있을 것입니다.

I would try to make a conversation with the passenger to delay his request. I think it helps him to become sober.

요구에 응하는 시간을 벌 수 있도록 승객과 대화하도록 노력하겠습니다. 그 승객으로 하여금 술을 깨게 하는 데 이것이 도움이 되리라 생각합니다.

I would stop him drinking assertively but politely. Instead, I would offer him a piece of candy or a non-alcoholic drink.

저는 단호하나 정중하게 술을 마시지 못하게 하겠습니다. 대신, 사탕이나 무알콜 음료를 제공하겠습니다.

합격비법 2 승객에게 사후 서비스를 제공하거나 동료들과 이 사실을 공유하겠다고 대답한다

I would check what I can do for him.

그 승객을 위해 할 수 있는 일을 찾겠습니다.

I would keep an eye on him through the flight to check what he needs.

그 승객이 무엇을 필요로 하는지 파악하기 위해 비행하는 동안 계속해서 그 승객을 지켜보겠습니다.

I would share it with my co-workers.

동료들과 이 사실을 공유할 것입니다.

예시답안 1 희석한 술 제공

I would dilute the drink. So I'd mix it up with ice, coke or water. It could lower the percentage of alcohol. If it didn't work, I would stop him drinking assertively but politely. Instead I would offer him a piece of candy or a non-alcoholic drink. After that, I would share it with my co-workers.

술을 희석하겠습니다. 얼음, 콜라 또는 물과 섞는 것입니다. 이렇게 하면 알코올 도수를 낮추게 될 수 있습니다. 효과가 없다면, 저는 단호하지만 정중하게 술을 마시지 못하게 하겠습니다. 대신 사탕이나 무알콜 음료를 제공하겠습니다. 이후 동료들과 이 사실을 공유할 것입니다.

예시답안 2 승객과 대화하며 시간을 끈다

I would try to make a conversation with the passenger to delay his request. I think it helps him to become sober. After that, I would keep an eye on him through the flight to check what he needs. Also I would share it with my co-workers.

승객의 요구에 응하는 시간을 벌고자 승객과 대화하도록 해 보겠습니다. 저는 이것이 그 승객으로 하여금 술을 깨게 하는 데 도움이 되리라 생각합니다. 그 후, 그 승객이 무엇을 필요로 하는지 살펴볼 수 있도록 비행하는 동안 그 승객을 쭉 지켜보겠습니다. 또한 동료들과 이 사실을 공유할 것입니다.

If an economy class passenger asked for the first class meal, what would you do?

이코노미 클래스 승객이 일등석 식사를 요구하면, 어떻게 하겠습니까?

합격비법 1 문제 해결을 위해 노력하겠다고 한다

I would ask the passenger the reason first. Because maybe he couldn't take certain food from the economy class.

그 승객에게 먼저 이유부터 묻겠습니다. 어쩌면 그 손님은 이코노미 클래스 메뉴의 특정 음식을 못 먹는 것일 수도 있기 때문입니다.

I would check the company's regulations. So if I can't offer the passenger the first class meal, I would apologize to him immediately, and explain the situation kindly.

회사의 규정을 확인하겠습니다. 일등석 식사를 제공할 수 없다면, 저는 그 손님에게 즉시 사과하고 정중히 이유를 설명하겠습니다.

I would find alternative food from the economy class such as dessert, snack or salad and so on.

디저트, 스낵 혹은 샐러드 등과 같이 이코노미 클래스에서 대체 가능한 음식을 찾겠습니다.

합격비법 2 승객에게 사후 서비스를 제공하거나 동료들과 이 사실을 공유하겠다고 대답한다

I would check what I can do for him.

그 승객을 위해 할 수 있는 일을 찾겠습니다.

I would keep an eye on him through the flight to check what he needs.

그 승객이 무엇을 필요로 하는지 파악하기 위해 비행하는 동안 계속해서 그 승객을 지켜보겠습니다.

I would share it with my co-workers.

동료들과 이 사실을 공유할 것입니다.

예시답안 1 · 사과하고 이유를 설명한다

I would ask the passenger the reason first, because maybe he couldn't take certain food from the economy class. Also I would check the company's regulations. If I can't offer the passenger the first class meal, I would apologize to him immediately, and explain the situation kindly. After that, I would share it with my co-workers.

그 승객에게 이유를 먼저 묻겠습니다. 어쩌면 그 승객은 이코노미 클래스 메뉴의 특정 음식을 못 먹는 것일 수도 있기 때문입니다. 또한 회사의 규정을 확인하겠습니다. 만약 일등석 식사를 제공할 수 없다면, 저는 그 승객에게 즉시 사과하고 정중하게 이유를 설명드리겠습니다. 후에 동료들과 이 사실을 공유할 것입니다.

예시답안 2 · 대체할 만한 음식을 찾는다

I would check the company's regulation. So if I can't offer the passenger the first class meal, I would apologize to him immediately, and explain the situation kindly. Also I would find alternative food from the economy class such as dessert, snack or salad and so on. After that, I would keep an eye on him through the flight to check what he needs.

회사의 규정을 확인하겠습니다. 만약 일등석 식사를 제공할 수 없다면, 저는 그 승객에게 즉시 사과하고 정중하게 이유를 설명드리겠습니다. 또한 디저트, 스낵이나 샐러드 등 이코노미 클래스에서 대체할 수 있는 음식을 찾겠습니다. 그 후에 그 승객이 무엇을 필요로 하는지 살필 수 있도록 비행하는 내내 그 승객을 계속해 지켜보겠습니다.

If a baby kept crying in the cabin, how would you handle it?

기내에 울음을 그치지 않는 아기가 있다면, 어떻게 하겠습니까?

합격비법 1 문제 해결을 위해 노력하겠다고 한다

I would ask the baby's mother if she needs anything, and offer an earplug, a baby's nappy, a baby's meal, or a soft toy if available.

아이 어머니께 필요한 것을 물어보고, 가능하다면 귀마개, 기저귀, 베이비밀 혹은 장난감을 제공하겠습니다.

I would check the baby's condition and offer medicine if necessary.

아기의 상태를 확인하고 필요하다면 약을 제공하겠습니다.

I would ask the baby's mother to come to the galley. So I can offer her a bigger space to handle the baby, and also I can minimize complaints from other passengers near the baby.

아기 어머니께 갤리로 와 주실 것을 부탁하겠습니다. 아기를 달랠 수 있는 넓은 공간을 제공할 수 있고, 주변 승객들의 불평도 최소화할 수 있습니다.

합격비법 2 승객에게 사후 서비스를 제공하거나 동료들과 이 사실을 공유하겠다고 대답한다

I would check what I can do for them.

그들을 위해 할 수 있는 일을 찾겠습니다.

I would keep an eye on them through the flight to check what he needs.

그들이 무엇을 필요로 하는지 파악하기 위해 비행하는 동안 계속해서 그 승객을 지켜보겠습니다.

I would share it with my co-workers.

동료들과 이 사실을 공유할 것입니다.

예시답안 1 *아기용품을 제공한다*

I would ask the baby's mother if she needs anything, and offer earplugs, baby's nappies, a baby's meal, or a soft toy if available. Also I would check the baby's condition and offer medicine if necessary. After that, I would share it with my co-workers.

> 아기 어머니께 필요한 것을 묻고, 가능하다면 귀마개, 기저귀, 베이비밀이나 장난감을 제공하겠습니다. 또한 아기의 상태를 확인해 필요한 경우 약을 제공하겠습니다. 후에 동료들과 이 사실을 공유할 것입니다.

예시답안 2 *아기 어머니께 더 넓은 공간을 제공한다*

I would ask the baby's mother to come to the galley. So I can offer her a bigger space to handle the baby, and also I can minimize complaints from other passengers near the baby. After that, I would keep an eye on them through the flight to check what they need.

> 아기 어머니께 갤리로 와 주실 것을 부탁하겠습니다. 그러면 아기를 달랠 더 넓은 공간을 제공할 수 있고 주변 승객들의 불평도 최소화할 수 있습니다. 추후 그들이 무엇을 필요로 하는지 살필 수 있도록 비행하는 동안 계속해 지켜보겠습니다.

08 If there is a passenger who smokes in the lavatory, what would you do?

09 If there was a fire in the cabin, how would you handle the situation?

10 If a passenger tried to touch your butt, what would you do?

11 If a passenger asked you to have a date, what would you do?

유형3에서는 서비스 제공 시 발생 가능한 상황을 제외한, 기내 안전과 보안을 위협하는 상황이나 승객과 승무원 사이에서 발생 가능한 난처한 상황을 가정한 질문을 살펴본다.

기 | 출 | 문 | 제

If a baby was vomiting in the cabin, and it looked serious, what would you do?
기내에 구토를 하는 아기가 있고, 심각해 보입니다. 어떻게 하겠습니까?

If a passenger was on the phone in flight, what would you do?
승객이 비행 중 휴대전화를 사용한다면, 어떻게 하겠습니까?

If there was a seat belt sign on and one passenger asked for duty free goods, would you sell the goods?
안전벨트 착용 신호가 들어왔는데 승객이 면세품을 사겠다고 하면 물품을 판매하겠습니까?

If a pregnant passenger was about to deliver the baby during flight, what would you do?
임신한 승객이 비행 중 아기를 출산하려 하면, 어떻게 하겠습니까?

If you saw your ex-boyfriend with his wife on board, what would you do?
기내에서 전 남자친구와 그의 아내를 보게 된다면, 어떻게 하겠습니까?

 먼저 솔직한 감정을 표현한다

I would feel a bit _________, but I would try to calm down.
다소 _____ 하겠지만, 침착하려고 애쓸 것입니다.

I would be very _________, but I would try to think logically.
매우 _____ 하겠지만, 논리적으로 생각하려 노력하겠습니다.

감정을 표현하는 단어들

confused	혼란스러운	happy	행복한
embarrassed	당황한	scared	무서운
excited	설레는	shocked	충격받은
frightened	깜짝 놀란	shy	부끄러운
frustrated	답답한	surprised	놀란

 문제 해결을 위해 노력하겠다고 한다

 승객에게 사후 서비스를 제공하거나 동료들과 이 사실을 공유하겠다고 대답한다

I would keep an eye on the passenger through the flight to check what he needs.
그 손님이 무엇을 필요로 하는지 살펴볼 수 있도록 비행하는 동안 계속해서 지켜보겠습니다.

I would share it with my co-workers.
동료들과 이 사실을 공유하겠습니다.

If there is a passenger who smokes in the lavatory, what would you do?

화장실에서 담배를 피는 승객이 있다면, 어떻게 하겠습니까?

합격비법 1 먼저 솔직한 감정을 표현한다

I would feel a bit frightened, but I would try to calm down.
다소간 놀라겠지만, 침착하려고 애쓸 것입니다.

I would be very embarrassed, but I would try to think logically.
매우 당황하겠지만, 논리적으로 생각하려고 노력하겠습니다.

합격비법 2 문제 해결을 위해 노력하겠다고 한다

I would immediately go there and tell the passenger not to smoke assertively but politely, also explain him how dangerous it is.
즉시 단호하지만 정중하게 담배를 피지 말 것을 말씀드리고, 그것이 얼마나 위험한 행동인지도 설명하겠습니다.

I would offer the passenger a piece of candy or a drink. It might help him to forget about smoking.
승객에게 사탕이나 음료를 제공하겠습니다. 승객이 흡연에 대해 잊는 데 도움을 줄 수 있을 것입니다.

I would offer the passenger something to read to distract him.
그 승객의 주의를 흐트러뜨리기 위해 읽을 것을 제공하겠습니다.

I would stay near the lavatory for a while, or check it very often not to make the passenger smoke there.
한동안 화장실 근처를 지키거나 자주 확인해 그 승객이 흡연을 할 수 없도록 하겠습니다.

합격비법 3 승객에게 사후 서비스를 제공하거나 동료들과 이 사실을 공유하겠다고 대답한다

예시답안 1 ***사탕이나 음료 제공***

I would feel a bit frightened, but I would try to calm down. I would immediately go there and tell the passenger not to smoke assertively but politely, and explain him how dangerous it is. Also I would offer him a piece of candy or a drink. It might help him to forget about smoking. After that, I would share it with my co-workers.

다소간 놀라겠지만 진정하도록 애쓰겠습니다. 즉시 승객에게 가서 담배를 피지 말 것을 단호하지만 정중하게 말씀드리고 그것이 얼마나 위험한 행동인지도 설명하겠습니다. 또한 사탕이나 음료를 제공하겠습니다. 이것은 어느 정도 흡연을 잊게 하는 데 도움이 될 것입니다. 후에 동료들과 이 사실을 공유하겠습니다.

예시답안 2 ***읽을 것 제공***

I would be very embarrassed, but I would try to think logically. I would offer the passenger something to read to distract him. Also I would stay near the lavatory for a while, or check it very often not to make him smoke there. After that, I would keep an eye on him through the flight to check what he needs.

매우 당황하겠지만, 논리적으로 생각하려고 노력하겠습니다. 그 승객의 주의를 흐트러뜨리기 위해 읽을 것을 제공하겠습니다. 또한 한동안 화장실 근처에 있거나 자주 확인해, 그 승객이 흡연을 할 수 없도록 하겠습니다. 추후 그 승객이 무엇을 필요로 하는지 살펴볼 수 있도록 비행하는 동안 계속해서 지켜보겠습니다.

If there was a fire in the cabin, how would you handle the situation?

기내에 불이 나면, 어떻게 대처하겠습니까?

합격비법 1 먼저 솔직한 감정을 표현한다

I would feel a bit scared, but I would try to calm down.
조금 무섭겠지만 진정하려고 노력하겠습니다.

I would be very shocked, but I would try to think logically.
매우 충격을 받겠지만 논리적으로 생각하려고 애쓰겠습니다.

I would get confused, but I would try to find what I have to do first.
혼란스럽겠지만, 먼저 제가 할 수 있는 일부터 찾으려 노력하겠습니다.

합격비법 2 문제 해결을 위해 노력하겠다고 한다

I would take a fire extinguisher promptly to put it out.
진화를 위해 신속히 소화기를 찾겠습니다.

I would ask for help to my co-workers.
동료들에게 도움을 요청하겠습니다.

I would try to control passengers to make them feel safe.
승객들이 안전함을 느낄 수 있도록 관리하겠습니다.

I would offer passengers a wet towel to cover their nose and mouth.
승객들이 코와 입을 가릴 수 있도록 젖은 수건을 제공하겠습니다.

합격비법 3 승객에게 사후 서비스를 제공하겠다고 대답한다 (여기에서는 동료와의 커뮤니케이션은 생략한다. 화재 발생 시 혼자 불을 끄고 후에 알리기보다는 다 함께 빠르게 진화하는 일이 우선이기 때문이다)

 **예시답안 1** 소화기를 찾고 동료에게 도움을 요청한다

I would feel a bit scared, but I would try to calm down. I would take a fire extinguisher promptly to put it out. Also I would ask for help to my co-workers. After that, I would keep an eye on the cabin through the flight to check if anything happened.

> 조금 무섭겠지만 진정하려고 노력하겠습니다. 신속히 소화기를 찾겠습니다. 동료들에게도 도움을 요청하겠습니다. 추후 기내에 무슨 일이 생기지는 않는지 살필 수 있도록 비행 내내 기내를 주시하겠습니다.

 **예시답안 2** 소화기를 찾고 승객들을 진정시킨다

I would be very shocked, but I would try to think logically. I would take a fire extinguisher promptly to put it out. Also I would try to control passengers to make them feel safe. So I would offer passengers a wet towel to cover their nose and mouth.

> 매우 충격을 받겠지만 논리적으로 생각하려고 애쓰겠습니다. 진화를 위해 신속하게 소화기를 찾겠습니다. 또한 승객들이 안전함을 느낄 수 있도록 관리하겠습니다. 그래서 승객들이 코와 입을 막을 수 있도록 젖은 수건을 제공하겠습니다.

If a passenger tried to touch your butt, what would you do?

승객이 당신의 엉덩이를 만지려 한다면, 어떻게 대응하겠습니까?

합격비법 1 먼저 솔직한 감정을 말한다

I would be very embarrassed, but I would try to think logically.
매우 당황스러울 것이나 논리적으로 생각하려고 하겠습니다.

I would feel a bit confused, but I would try to calm down.
조금 혼란스럽겠지만 진정하려고 노력하겠습니다.

I would get upset, but I would try to show no sign of anger.
화가 나겠지만, 내색하지 않으려 노력하겠습니다.

합격비법 2 문제 해결을 위해 노력하겠다고 한다

I would try not to take it badly. Because it could be a way to call someone in the passenger's culture.
저는 나쁘게 받아들이지 않도록 노력하겠습니다. 그 승객의 문화권에서 누군가를 부르는 한 방법일 수도 있기 때문입니다.

I would ask the passenger whether he needs anything or not. Because he might need something.
필요한 것은 없는지 물어보겠습니다. 뭔가 필요한 것이 있을 수도 있기 때문입니다.

I would explain the passenger how to use a call button, so he can use it next time. Because maybe he doesn't know about the call button. Also I would bring what he needs.
그 승객에게 호출 버튼 사용법을 설명하고 다음부터 그 버튼을 사용할 수 있게 하겠습니다. 그 승객은 호출 버튼에 대해 모를 수도 있기 때문입니다. 또한 저는 그 승객이 필요로 하는 것을 가져다 드리겠습니다.

합격비법 3 승객에게 사후 서비스를 제공하거나 동료들과 이 사실을 공유하겠다고 대답한다

문화 차이로 간주

I would be very embarrassed, but I would try to think logically. I would try not to take it badly, because it could be a way to call someone in the passenger's culture. Also I would ask him if he needs anything, because he might need something. After that, I would keep an eye on him through the flight to check what he needs.

> 매우 당황스러울 것이나 논리적으로 생각하려고 하겠습니다. 저는 나쁘게 받아들이지 않으려 노력하겠습니다. 왜냐하면 그 승객의 문화권에서는 그것이 누군가를 부르는 한 방법일 수도 있기 때문입니다. 또한 필요한 것은 없는지 물어보겠습니다. 뭔가 필요한 것이 있을 수도 있기 때문입니다. 후에 그 승객이 무엇을 필요로 하는지 파악할 수 있도록 비행하는 동안 그를 계속해서 지켜보겠습니다.

호출 버튼 사용법 안내

I would feel a bit confused, but I would try to calm down. I would explain the passenger how to use a call button, so he can use it next time. Because maybe he doesn't know about the call button. Also I would bring what he needs. After that, I would share it with my co-workers.

> 조금 혼란스럽겠지만 진정하려고 노력하겠습니다. 그 승객에게 호출 버튼 사용법을 일러주고 다음부터는 호출 버튼을 사용할 수 있게 하겠습니다. 어쩌면 그 승객은 그 버튼에 대해 모를 수도 있기 때문입니다. 또한 그 승객에게 필요한 것을 가져다 드리겠습니다. 이후 동료들과 이 사실을 공유할 것입니다.

If a passenger asked you to have a date, what would you do?

승객이 데이트를 신청하면, 어떻게 하겠습니까?

합격비법 1 먼저 솔직한 감정을 표현한다

I would be quite happy about it.
기분이 좋을 것 같습니다.

I would be a bit embarrassed.
조금 당황할 것 같습니다.

I would feel little bit shy.
조금 부끄러울 것 같습니다.

합격비법 2 문제 해결을 위해 노력하겠다고 한다

I would politely decline his asking. Because I don't think it's a professional attitude as a flight attendant to take his asking.
정중하게 그분의 요구를 거절하겠습니다. 데이트 신청을 받아들이는 것은 승무원으로서 프로다운 태도가 아니라고 생각하기 때문입니다.

I wouldn't accept it. Because flight attendants represent the company. So flight attendants should be careful of their behaviour.
저는 데이트 신청을 받아들이지 않을 것입니다. 왜냐하면 승무원은 그 회사를 대표하므로 자신의 행동에 신중해져야 하기 때문입니다.

I don't think it's a good idea to go out with him. Because he is a ○○ air's customer. I would like to treat him as a customer with my service mind.
그분과 데이트를 하는 것은 좋은 생각이 아니라고 생각합니다. 왜냐하면 ○○ 항공의 고객이기 때문입니다. 저는 그분을 저의 서비스 마인드로 고객으로서 응대하고 싶습니다.

합격비법 3 승객에게 사후 서비스를 제공하겠다고 말한다

예시답안 1 프로답게 대처하겠다

I would be quite happy about it specially if he is my ideal type. However, I would politely decline his asking. Because I don't think it's a professional attitude as a flight attendant. After that, I would keep an eye on the passenger through the flight to check what he needs.

> 특히나 그분이 제 이상형이라면 기분이 좋을 것입니다. 하지만 저는 정중하게 신청을 거절하겠습니다. 그것은 승무원으로서 프로다운 태도가 아니라고 생각하기 때문입니다. 이후 그 손님이 무엇을 필요로 하는지 파악할 수 있도록 비행하는 동안 그 손님을 계속해서 지켜보겠습니다.

예시답안 2 승무원은 회사를 대표하므로 거절하겠다

I would be a bit embarrassed if it happened in front of many people, but I would try to calm down. Also I wouldn't accept it. Because flight attendants represent the company. So flight attendants should be careful of their behaviour. After that, I would keep an eye on the passenger through the flight to check what he needs.

> 그 일이 많은 사람들 앞에서 일어난다면 조금 당황할 것 같습니다. 하지만 침착해지려 노력할 것입니다. 또한 저는 데이트 신청을 받아들이지 않을 것입니다. 왜냐하면 승무원은 그 회사를 대표하기 때문입니다. 따라서 승무원은 자신의 행동에 신중해져야 합니다. 그 후에 그 손님이 무엇을 필요로 하는지 살펴보기 위해 비행하는 동안 그 손님을 계속해서 지켜보겠습니다.

12 **If your co-worker was in a stressful situation, how can you help her?**

13 **If one of your co-workers was so lazy, what would you do?**

14 **If there was a big argument between your co-worker and a passenger in the cabin, what would you do?**

동료(co-worker, colleague), 선배(senior), 후배(junior) 등의 단어가 들어 있는 질문으로, 이들 틈에서 발생하는 문제에 대처하는 방식을 묻는다. 이런 유형의 질문에 모범답안은 없다. 단 사람들 사이의 문제이므로 언제나 해결책을 의사소통에서 찾아야 하는 점을 염두에 두자.

기 | 출 | 문 | 제

If there was a tension between you and your senior on duty, how would you handle it?
업무 도중 당신과 선배 사이에 긴장감이 흐른다면, 어떻게 해결하겠습니까?

If your senior kept giving you a hard time through the flight, what would you do?
선배가 계속해서 당신을 힘들게 한다면, 어떻게 하겠습니까?

If your co-worker looked sick during flight, what would you do?
동료가 비행 중 아파 보인다면, 어떻게 하겠습니까?

If your junior crew kept being rude at you, what would you do?
후배가 당신에게 계속해서 무례하게 굴면, 어떻게 하겠습니까?

If you didn't like your co-worker's way to work, would you tell her?
동료의 일하는 방식이 마음에 들지 않는다면, 그녀에게 말하겠습니까?

12 If your co-worker was in a stressful situation, how can you help her?

동료가 스트레스를 받는 상황이라면, 어떻게 돕겠습니까?

예시답안 1 동료가 대화 할 준비가 될 때까지 기다린다

I think there must be a reason, so I would try to talk to her. However I wouldn't push her to talk, instead I would wait till she is ready to talk. Then she would feel more comfortable, and I would try to show my sympathy while talking. I think it would be helpful.

반드시 어떤 이유가 있다고 생각합니다. 그러므로 그녀와 대화를 하려고 노력하겠습니다. 하지만 털어놓으라고 강요하지는 않겠습니다. 대신 그녀가 대화할 준비가 될 때까지 기다리겠습니다. 그러면 그녀는 좀 더 편안함을 느낄 것입니다. 저는 대화하는 동안 공감을 표현하고자 할 것입니다. 이것은 도움이 되리라 생각합니다.

예시답안 2 이유를 묻고 돕겠다

I would ask her the reason why she got stressed, and I would try to help her if I can. If it didn't work, I would ask her to take a break for while, and I would cover her duty for her. I think there must be a way to help her feel better.

왜 그녀가 스트레스를 받는지 이유를 물어보겠습니다. 그리고 제가 할 수 있다면 돕겠습니다. 그것이 효과가 없다면 저는 그녀에게 잠시 쉴 것을 권하고 제가 대신 그녀의 일을 하겠습니다. 그녀의 기분이 나아지는 데 도울 방법이 분명 있을 것이라 생각합니다.

 **예시답안 1** *대화로 해결하겠다*

I wouldn't judge her a lazy person easily, because maybe she could be a just slow worker. So I would try to communicate with her. If I find out she is not willing to work at all, I would persuade her to participate more, and I would ask her to help me whenever I need a help. Then she could feel she is an important person in the team.

> 저는 그녀가 게으른 사람이라고 쉽게 평가하지 않겠습니다. 그녀가 단지 일을 늦게 하는 것일 수도 있기 때문입니다. 따라서 그녀와 대화해 보려고 하겠습니다. 그녀에게 일하려는 의지가 전혀 없다면 저는 더 참여하라고 설득할 것이고 제가 도움이 필요할 때마다 그녀에게 요청하겠습니다. 이렇게 하면 그녀는 자신이 팀에서 중요한 사람이라고 느끼게 될 것입니다.

 **예시답안 2** *단호하지만 친절하게 조언하겠다*

I hope I can find a good way to help her change. First of all, I would try to talk to her, because she might have a reason. So if I can do something for her, I would help her willingly. However if she kept being lazy, I'd regard her as a selfish person who doesn't think about the team. So I would advise her to be more responsible of her duty assertively but kindly.

> 그녀가 변하는 데 도움이 될 만한 좋은 방법을 제가 찾을 수 있으면 좋겠습니다. 일단 그녀에게 어떤 이유가 있을 수도 있으므로 대화를 하려고 노력할 것입니다. 그래서 그녀를 위해 제가 할 수 있는 일이 있다면 기꺼이 돕겠습니다. 하지만 게으른 태도가 지속된다면, 저는 그녀가 팀을 생각하지 않는 이기적인 사람이라고 간주할 것입니다. 저는 그녀에게 단호하지만 친절하게 자신의 일에 좀 더 책임감을 가지라고 조언하겠습니다.

14 If there was a big argument between your co-worker and a passenger in the cabin, what would you do?

기내에서 동료와 승객 사이에 큰 언쟁이 벌어지면, 어떻게 하겠습니까?

예시답안 1  언쟁을 중단시키고 승객에게 사과한다

I think it wouldn't be happened. So I would try to mediate the dispute immediately. First of all I would apologize to the passenger to make him feel released, and try to solve the problem. After that, I would talk to my co-worker to make him feel better.

그런 일은 일어나서는 안 된다고 생각합니다. 따라서 저는 즉시 언쟁을 중재시키려 할 것입니다. 우선 저는 승객의 기분을 풀기 위해 사과부터 하고 문제를 해결하고자 노력하겠습니다. 그다음 저는 동료의 기분이 나아지도록 대화를 하겠습니다.

예시답안 2  일단 승객과 동료를 떼어 놓고 문제를 해결한다

I would separate the twos promptly to stop the argument. And I'd try to listen to what the passenger says and to find a way to solve it. After that, I would go back to my co-worker to comfort. I would ask him to take a break or offer him a drink to feel refreshed.

저는 언쟁을 멈추도록 즉시 그 둘을 떨어뜨려 놓겠습니다. 그리고 그 승객이 하는 말을 듣고 해결할 방법을 찾기 위해 노력할 것입니다. 그다음 저는 동료에게 돌아가 위로해 주겠습니다. 저는 기분 전환을 위해 그에게 휴식이나 음료수를 권하겠습니다.

인터뷰 핵심 노트 _ If Question 답변에 유용한 표현

If Question은 아직 승무원이 아닌 지원자에게 어디까지나 가정을 하고 물어보는 것이므로, 정확한 규칙이나 완벽한 해결책을 제시하려 애쓸 필요는 없다. 물론 기존의 답변과 다른 신선한 답을 하는 것도 좋지만, 그보다 승객과 동료를 배려하는 태도와 표현을 전달하는 것이 더 좋은 점수를 받을 수 있다.

① 승객에게 무엇인가 제공하거나, 승객의 요구를 들어준다고 답할 때 유용한 표현

If possible 가능하다면, If necessary 필요하다면

If available 이용할 수 있다면, If it's not against the rules 규칙에 어긋나지 않다면

Under senior's permission 선배의 허락하에

② 승객에게 설명한다고 답할 때 유용한 표현

Kindly and politely 친절하고 예의 바르게

I would like to tell the passenger kindly and politely.

저는 친절하고 예의 바르게 그 승객에게 말씀드리겠습니다.

③ 승객의 행동을 제한할 때 사용하는 유용한 표현 (승객이 안전에 위협이 되는 행동을 할 때)

Assertively but nicely 단호하지만 정중하게

I would like to stop the passenger assertively but nicely.

저는 단호하지만 정중하게 그 승객을 제지하겠습니다.

④ 승객에게 사과할 때 사용하는 유용한 표현

Immediately, Promptly 즉시

I would apologize to the passenger immediately not to offer a comfortable flight.

저는 편안한 비행을 제공하지 못한 것에 대해 즉시 사과하겠습니다.

⑤ 난처한 상황에서 요령 있게 대처한다고 답할 때 유용한 표현

Diplomatically 요령 있게

I would try to persuade the passenger diplomatically.

저는 그 승객을 요령 있게 설득하도록 노력하겠습니다.

평소 생각과 가치관

 # Why do you think it is important to keep the regulation?

규칙을 준수하는 일이 어째서 중요하다고 생각합니까?

→ **Do you think it's important to keep the regulations?**
→ **What do you think of following the rules?**

규칙 준수가 중요한 것은 분명한 사실이다. 더구나 승무원이라면 규칙 준수에 엄격해야 한다. 또한 규칙을 지키는 것이 왜 중요한지에 대해서도 설명할 수 있어야 할 것이다. 규칙을 지키는 것이 중요한 이유를 알아보고 이를 기초로 답변을 만드는 연습을 하자.

합격비법 1 규칙을 지켜야 함을 언급한다

I think when we keep the regulations, we can work more smoothly.

저는 규칙을 지킬 때 좀 더 원활하게 일할 수 있다고 믿습니다.

There are many reasons to stick to the regulations.

규칙을 지켜야 하는 데는 많은 이유가 있습니다.

I think it's important to keep the regulations.

저는 규칙을 지키는 것은 중요하다고 생각합니다.

I think we need to keep the regulations.

저는 규칙을 지킬 필요가 있다고 생각합니다.

합격비법 2 규칙을 지켜야 하는 이유를 2~3개 정도 든다

1. **Safety and security reason :** 안전과 보안상의 이유

   Because it could be related to safety and security of the company.

   왜냐하면 그것은 회사의 안전과 보안 문제로 이어질 수 있기 때문입니다.

2. **Hygienic reason :** 위생상의 이유

   Because it could be for a hygienic reason specially in restaurants, hotels, and so on.

   왜냐하면 특히 레스토랑이나 호텔 등과 같은 곳에서 위생 문제와 상관이 있을 수 있기 때문입니다.

3. Make co-workers feel fair : 동료들이 평등함을 느끼도록 만든다

Because when everyone has the same rules to keep, they feel fair.

왜냐하면 모두가 동일한 규칙을 따라야 할 때, 그들은 평등하다고 느끼기 때문입니다.

4. Work faster and more effectively : 더 빨리 그리고 더 효과적으로 일한다

Because we can work faster and more effectively. So we can predict what to do next according to the regulations.

더 빨리, 더 효과적으로 일할 수 있기 때문입니다. 그 결과 규칙에 따라 다음 할 일을 예측할 수 있습니다.

5. Service consistency : 서비스의 일관성

Because when we follow the rules all the time, we can have the consistent customer service and minimize the customer's complaint specially in the service field. Also it looks professional.

특히 서비스 분야에서는 항상 규칙을 따라야, 서비스의 일관성이 유지되며 고객의 불평을 최소화할 수 있습니다. 또한 전문성을 갖춘 것으로 보입니다.

6. For the reputation of the company : 회사의 명성을 위해서

Because if a company applies same standards and regulations to its customers, they can trust the company and it goes to the company's good reputation.

회사가 고객에게 동일한 기준과 규칙을 적용하면, 고객은 회사를 신뢰하게 되며 이는 회사에 대한 좋은 평판으로 이어질 것입니다.

합격비법 3　마무리한다

That's why
그렇기 때문에

I think it's important to keep the regulations.
저는 규칙을 지키는 것은 중요하다고 생각합니다.

I think we should try to follow the regulations.
우리가 규칙을 지키려고 노력해야 한다고 생각합니다.

I always try to stick to the regulations.
저는 언제나 규칙을 지키려 노력합니다.

there are rules, and people who follow the rules.
규칙이 존재하며, 규칙을 지키는 사람들이 있는 것입니다.

예시답안 1 위생상의 이유와 서비스의 일관성 유지

There are many reasons to stick to the regulations. Because it could be for a hygienic reason specially in restaurants, hotels, and so on. Also when we follow the rules all the time, we can have the consistent customer service and minimize the customer's complaint specially in the service field. Also it looks professional. Lastly it could be related to safety and security of the company. That's why I think it's important to keep the regulations.

규칙을 지켜야 하는 데는 많은 이유가 있습니다. 특히 레스토랑이나 호텔 등의 장소에서는 위생상의 이유 때문일 수 있습니다. 또 특히 서비스 업종에서는 규칙을 따라야 서비스의 일관성을 유지하고 고객의 불평을 최소화할 수 있습니다. 그것은 전문성을 보여 줍니다. 마지막으로 회사의 안전 및 보안 문제와도 연결지을 수 있습니다. 이것이 제가 규칙 준수를 중요하게 생각하는 이유입니다.

예시답안 2 효율성과 회사의 신뢰도 유지

I think it's important to keep the regulations, because we can work faster and more effectively. So we can predict what to do next according to the regulations. Also if a company applies same standards and regulations to its customers, they can trust the company and it goes to the company's good reputation. Lastly when everyone has the same rules to keep, they feel fair. That's why I think we should try to follow the regulations.

규칙을 지키는 것은 중요하다고 생각합니다. 왜냐하면 우리는 더 빠르고 더 효과적으로 일할 수 있기 때문입니다. 그러면 그 규칙에 따라 다음 할 일을 예측할 수 있습니다. 또한 회사가 동일한 기준과 규칙을 고객에게 적용하면, 그들은 회사를 신뢰할 수 있으며, 이는 곧 회사에 대한 좋은 평판으로 이어지게 됩니다. 마지막으로 모두가 동일한 규칙을 지켜야 하는 상황에서 사람들은 평등하다고 느끼는 점을 들겠습니다. 우리가 규칙을 지키려고 노력해야 하는 이유는 이러합니다.

안전과 보안상의 필요 및 효율성

I think we need to keep the regulations, because it could be related to safety and security of the company. Also when everyone has the same rules to keep, they feel fair. And we can work faster and more effectively. So we can predict what to do next according to the regulations. That's why I think it's important to keep the regulations.

> 저는 우리가 규칙을 지킬 필요가 있다고 생각합니다. 왜냐하면 그것은 회사의 안전과 보안에 연관이 있을 수 있기 때문입니다. 또한 모두가 준수해야 할 동일한 규칙이 있을 때 사람들은 평등하다고 느낍니다. 그리고 우리는 더 빨리, 더 효과적으로 일할 수 있습니다. 따라서 그 규칙에 따라 다음에 무슨 일을 해야 할지 예측할 수 있습니다. 그렇기 때문에 저는 규칙을 지키는 것은 중요하다고 생각합니다.

합격비법 1 상황에 따라 다를 수 있다는 대답으로 시작한다

It's up to the situation.
그것은 상황에 따라 다릅니다.

It depends on the situation.
그것은 상황에 달려 있습니다.

It's case by case.
그것은 경우에 따라 다릅니다.

합격비법 2 하지만 규칙을 지키는 편이라고 말한다

However   **I'm quite strict to the regulations.**
하지만   저는 규칙에 꽤 엄격한 편입니다.

I try to stick to the regulations.
저는 규칙을 고수하려 노력하는 편입니다.

I tend to keep the regulations.
저는 규칙을 지키려는 경향이 있습니다.

합격비법 3 규칙을 지켜야 하는 이유를 2개 정도 제시한다 (p.244 합격비법2 참조)

That's why I always try to keep the regulations.

그 때문에 저는 언제나 규칙을 지키려고 노력합니다.

I think it is very important to follow the rules.

저는 규칙을 지키는 것은 매우 중요하다고 생각합니다.

예시답안 **1**　규칙 준수에 엄격하다

It's up to the situation. However I'm quite strict to regulations, because it could be related to safety and security of the company. Also if a company applies same standards and regulations to its customers, they can trust the company and it goes to the company's good reputation. That's why I always try to keep the regulations.

> 상황에 따라 다르지만 저는 규칙에 꽤 엄격한 편입니다. 왜냐하면 회사의 안전과 보안 문제로 이어질 수 있기 때문입니다. 또한 회사가 같은 기준과 규칙을 고객에게 적용하면, 그들은 회사를 신뢰할 수 있고 그것은 회사의 좋은 평판으로 이어질 것입니다. 그 때문에 저는 언제나 규칙을 지키려고 노력합니다.

예시답안 **2**　규칙을 고수하려 노력한다

It depends on the situation. However I try to stick to the regulations, because when everyone has the same rules to keep, they feel fair. Also we can work faster and more effectively. So we can predict what to do next according to the regulations. That's why I always try to keep the regulations.

> 그것은 상황에 달려 있습니다. 하지만 저는 규칙을 고수하려 노력하는 편입니다. 모두가 같은 규칙하에 있을 때 사람들은 평등하다고 느끼기 때문입니다. 또한 더 빨리 더 효과적으로 일할 수 있습니다. 그래서 그 규칙에 따라 다음에 무슨 일을 해야 할지 예측할 수 있습니다. 그렇기 때문에 저는 언제나 규칙을 지키려고 노력합니다.

03 What is your own definition of service?

서비스에 대한 당신만의 정의는 무엇입니까?

→ **What is service to you?**

→ **Tell me about 'good service' you think.**

정의를 묻는 질문은 서비스 외 친구, 승무원, 미소, 팀워크 등에도 해당될 수 있다. 아래의 합격 비법은 서비스 관련 질문에만 국한되지 않는다. 언급한 친구, 승무원, 미소, 팀워크 등에 대해서도 다음의 비법을 좇아 답변을 만들어 보도록 하자.

합격비법 1 비유를 들어 정의를 내린다

I think service is like __________ .

저는 서비스란 ______ 와 같다고 생각합니다.

합격비법 2 정의 내린 것을 구체화한다

My service mind is __________.

저의 서비스 마인드는 ______ 입니다. (p.130 합격비법1 참조)

So if I offer the service to customers with my service mind, they would be __________ as they __________.

그래서 제 서비스 마인드로 고객들에게 서비스한다면 그들은 마치 그들이 ______ 할 때처럼 ______ 할 것입니다.

합격비법 3 마무리한다

That's why I think service is like __________.

그렇기 때문에 제게 있어 서비스란 ______ 입니다.

예시답안 1 ― 깜짝 선물에 비유

I think service is like a surprise gift. My service mind is not only to satisfy customers but also to touch them. So if I offer the service to customers with my service mind, they would be touched as they get a surprise gift. That's why I think service is like a surprise gift.

저는 서비스란 깜짝 선물과도 같다고 생각합니다. 저의 서비스 마인드는 단지 고객을 만족시키는 것뿐만 아니라 그들을 감동시키는 데 맞춰져 있습니다. 따라서 이런 마음가짐으로 서비스를 제공한다면 고객들은 깜짝 선물을 받을 때처럼 감동할 것입니다. 이 때문에 저는 서비스가 깜짝 선물과 같다고 생각합니다.

예시답안 2 ― 코미디 영화에 비유

I think service is like a comedy movie. My service mind is to provide service more than it's supposed to be. So if I offer the service to customers with my service mind, they would be quite frisky and happy as they watch a comedy movie. That's why I think service is like a comedy movie.

저는 서비스란 코미디 영화와 같다고 생각합니다. 저의 서비스 마인드는 해야 하는 것 이상의 서비스를 제공하는 것입니다. 그래서 이런 자세로 고객들에게 서비스를 제공하면 그들은 마치 코미디 영화를 보는 것처럼 유쾌해지고 행복해질 것입니다. 그렇기 때문에 저는 서비스를 코미디 영화에 비유합니다.

Which is more important, safety or good service?

안전과 좋은 서비스 중 더 중요한 것은 무엇입니까?

→ **What would you choose between safety and good service?**
→ **Do you believe safety always comes first?**

합격비법 **1** 안전이 언제나 우선이라고 말한다

I think safety always comes first.
저는 언제나 안전이 우선이라고 생각합니다.

Both of them are very important in this field, but I would like to say safety is more important.
두 가지 모두 이 업종에서 매우 중요하지만, 저는 안전이 보다 더 중요하다고 말하고 싶습니다.

Of course, safety is more important.
물론 안전이 더 중요합니다.

합격비법 **2** 안전이 더 중요한 이유에 대해 설명한다

Because,
왜냐하면,

nothing is more important than human beings.
그 어떤 것도 사람의 목숨보다 중요하지 않기 **때문입니다.**

there wouldn't be 'good service' without 'safety'.
'안전' 없는 '좋은 서비스'란 존재하지 않기 **때문입니다.**

passengers wouldn't expect good service without safety, but they always expect that they would be secured on board even if there was no good service.
승객들은 안전 없는 좋은 서비스를 기대하지 않지만, 좋은 서비스가 없다 해도 기내의 안전만큼은 언제나 원하기 **때문입니다.**

passengers would be upset if they got bad service, but they could lose their lives without safety.
나쁜 서비스를 받는다면 승객들은 화를 내겠지만, 안전이 없다면 그들은 목숨을 잃을 수도 있기 **때문입니다.**

That is why I think safety always comes first.

그렇기에 저는 안전이 언제나 먼저라고 생각합니다.

So I believe safety is the first priority to keep.

그래서 저는 안전을 우선순위 중 첫 번째로 간주합니다.

I think safe airlines can offer the best service, because they know what is important.

저는 안전한 항공사가 최고의 서비스를 제공할 수 있다고 생각합니다. 왜냐하면 그들은 무엇이 중요한지 알기 때문입니다.

사람의 목숨보다 더 중요한 것은 없으므로

I think safety always comes first, because nothing is more important than human beings. Also passengers wouldn't expect good service without safety, but they always expect that they would be secured on board even if there was no good service. So I believe safety is the first priority to keep.

저는 안전이 언제나 우선이라고 생각합니다. 왜냐하면 그 어떤 것도 사람의 목숨보다 중요하지 않기 때문입니다. 또한 승객들은 안전이 없는 좋은 서비스를 기대하지 않지만, 좋은 서비스가 없다 해도 기내의 안전만큼은 언제나 원합니다. 그래서 저는 안전이 첫째로 지켜져야 한다고 믿습니다.

안전 없는 좋은 서비스란 불가능하므로

Both of them are very important in this field, but I would like to say safety is more important. Because, there wouldn't be 'good service' without 'safety'. Also passengers would be upset if they got bad service, but they could lose their lives without safety. I think safe airlines can offer the best service, because they know what is important.

두 가지 모두 이 업종에서 매우 중요하지만, 저는 안전이 보다 중요하다고 말하고 싶습니다. 왜냐하면 '안전' 없는 '좋은 서비스'란 존재하지 않기 때문입니다. 또 승객들은 나쁜 서비스를 받는다면 화를 내겠지만, 안전이 없다면 그들은 목숨을 잃을 수도 있습니다. 저는 안전한 항공사가 최고의 서비스를 제공할 수 있다고 생각합니다. 왜냐하면 그들은 무엇이 중요한지 알기 때문입니다.

05 What is leadership?

리더십이란 무엇입니까?

→ **What is your own definition of leadership?**
→ **Who is a good leader?**

합격비법 1 본인이 생각하는 리더십에 대해 말한다

I think leadership is __________.
저는 리더십이란 ______이라고 생각합니다.

My own definition of leadership is __________.
리더십에 대한 저만의 정의는 ______입니다.

To me, leadership means __________.
저에게 리더십이란 ______을 의미합니다.

합격비법 2 그 이유를 간략히 설명한다

합격비법 3 마무리한다

That is why I think leadership is __________.
그렇기에 저는 리더십은 ______라고 생각합니다.

I hope I could be a good leader in ○○ air.
저는 ○○ 항공사에서 좋은 리더가 될 수 있기를 바랍니다.

I believe flight attendant should have her own leadership to work professionally.
저는 승무원은 전문적으로 일을 하기 위해 자신만의 리더십이 있어야 한다고 믿습니다.

예시답안 1 — 개개인의 성취에 자신감을 불어넣어 주는 능력

I think leadership is the ability to inspire individual achievement with confidence.
Because, team members have a common goal. When everyone completes their job,
the goal can be achieved. So leader is responsible to motivate each member in a team.
That is why I think leadership is the ability to inspire individual achievement.

리더십은 개개인의 성취에 자신감을 불어넣어 주는 능력이라고 생각합니다. 왜냐하면, 팀원들은 공통의 목표가 있기 때문입니다. 모두가 그들의 일을 완벽히 끝냈을 때, 그 목표는 성취될 수 있습니다. 그래서 리더는 팀 내에서 팀원 각각의 사기를 올려 주어야 할 책임이 있습니다. 그렇기에 저는 리더십은 개개인의 성취에 자신감을 불어넣어 주는 능력이라고 생각합니다.

예시답안 2 — 구성원들과 공감하는 것

To me, leadership means to win the sympathy and to feel sympathy from members.
Because, I believe when everyone fully understands and interacts with each other, the
team can make the best result. I think flight attendant should have good leadership
because everything happened in flight is in their hands. I hope I could be a good leader
in ○○ air.

저에게 리더십이란 구성원들로부터 공감을 얻고 그들에게 공감을 느끼는 것을 의미합니다. 왜냐하면 모두가 완벽히 서로를 이해하고 교류할 때, 그 팀은 최고의 결과물을 만들어 낸다고 믿기 때문입니다. 비행 중 발생하는 모든 일이 승무원의 손에 달려 있기에 그들은 뛰어난 리더십을 갖추어야 한다고 생각합니다. 저는 ○○ 항공에서 좋은 리더가 될 수 있기를 희망합니다.

06 # Do you think the first impression is important?

첫인상이 중요하다고 생각합니까?

→ **Why do you think the first impression is important?**
→ **Tell me the importance of the first impression.**

승무원에게 첫인상은 중요하다. 따라서 답변은 첫인상이 전부는 아니나 좋은 인상을 주기 위해 노력한다는 쪽으로 방향을 잡을 필요가 있다. 첫인상의 중요성을 고민해 본 적 없는 승무원 지원자는 승객을 대할 때 예의를 갖추지 않고 몸단장을 하지 않아도 된다고 답하는 것과 다르지 않다.

합격비법 **1** Do 동사가 사용된 질문에는 Yes나 No로 먼저 답한다

Yes, I think the first impression is important.
네, 저는 첫인상이 중요하다고 생각합니다.

Yes, we need to think about it when we meet people.
네, 우리는 사람을 만날 때는 첫인상에 대해 생각할 필요가 있다고 봅니다.

Yes, it's important to give an agreeable impression to people.
네, 사람들에게 호감을 주는 것은 중요합니다.

합격비법 **2** 첫인상이 중요한 이유를 2~3가지 든다

Because   **the first impression lasts.**
첫인상은 지속되기 **때문입니다.**

the first impression is hard to forget.
첫인상은 쉽게 잊혀지지 않기 **때문입니다.**

there are more chances to build up good relationships with people when I have a good first impression of myself.
좋은 첫인상을 남길 때, 사람들과 좋은 관계를 쌓아 갈 더 많은 기회를 갖게 되기 **때문입니다.**

when I give a good impression of myself to people, their attitude toward me becomes more positive.
사람들에게 좋은 인상을 주면 저를 향한 그들의 태도는 보다 긍정적으로 바뀌기 **때문입니다.**

sometimes people judge me according to the first impression, even though it's not everything.

첫인상이 전부는 아님에도 사람들은 종종 첫인상으로 저를 판단하는 경우가 있기 **때문입니다.**

합격비법 3　마무리한다

That's why I think the first impression is important.

그렇기 때문에 저는 첫인상이 중요하다고 생각합니다.

That's why we need to try to give a good impression to people.

그렇기 때문에 사람들에게 좋은 인상을 주기 위해 노력할 필요가 있다고 봅니다.

So, I think we should try to give a good first impression to people.

그래서 저는 사람들에게 좋은 첫인상을 주기 위해 노력해야 한다고 생각합니다.

첫인상은 지속되고 바꾸기 힘들기에

Yes, I think the first impression is important, because the first impression lasts and I might not have the second chance to change it. Also I believe when I give a good impression of myself to people, their attitude becomes more positive, so I can work more smoothly with them. That's why I think the first impression is important.

네, 첫인상은 지속되며 이를 바꿀 두 번째 기회는 없을 수도 있기 때문에 중요하다고 생각합니다. 또한 사람들에게 좋은 인상을 줄 때, 저를 향한 그들의 태도도 보다 긍정적이게 된다고 믿습니다. 그러면 그들과 보다 원활한 작업을 할 수 있습니다. 그렇기에 저는 첫인상을 중요하게 생각합니다.

첫인상은 쉽게 잊혀지지 않고 인간관계에 영향을 끼치기에

Yes, it's important to give an agreeable impression to people. Because the first impression is hard to forget. Also there are more chances to build up good relationships with people when I have a good first impression of myself. So, I think we should try to give a good first impression to people.

네, 사람들에게 호감을 주는 것은 중요합니다. 첫인상은 쉽게 잊혀지지 않기 때문입니다. 또한 제가 좋은 첫인상을 남길 때, 사람들과 좋은 관계를 쌓아갈 더 많은 기회가 생깁니다. 그래서 저는 사람들에게 좋은 첫인상을 주기 위해 노력해야 한다고 생각합니다.

07 If I told you the evaluation of your interview was so bad, what would you say?

당신의 인터뷰 평가가 나쁘다고 한다면 뭐라고 말하겠습니까?

→ If you fail this time, would you try again?
→ How would you improve yourself if you failed this time?

합격비법 1 솔직한 감정을 말한다

I wouldn't feel good(happy) about it.
기분이 좋을 것 같진 않습니다.

I would be a bit sad.
조금 슬플 듯합니다.

It would be a bit disappointing.
다소 실망스러울 것입니다.

I would feel a bit confused.
조금 혼란스러울 것 같습니다.

I would get embarrassed.
당황할 것 같습니다.

합격비법 2 그 이유를 설명한다

Because **I put all my efforts on this interview.**
저는 이 인터뷰에 모든 노력을 기울였기 **때문입니다.**

this is what I really want.
이것은 제가 진정으로 원하는 일이기 **때문입니다.**

I really want to work for ○○ air through this chance.
저는 이 기회를 통해 ○○ 항공에서 일하게 되기를 원하기 **때문입니다.**

I believe it meets my aptitude, and ○○ air is just perfect to me.
저는 이 일이 제 적성에 맞고 ○○ 항공이 제게는 완벽한 곳이라 믿기 **때문입니다.**

However I think there must be a reason. So I'd try to find my problems for my next interview.

하지만 점수가 좋지 않다면 반드시 이유가 있을 것이라고 생각합니다. 따라서 다음 인터뷰를 위해 그 문제를 파악하도록 노력하겠습니다.

I would ask you to give any feedback about this interview if possible. So I can improve myself next time.

가능하다면 면접관님께 이 인터뷰에 대한 평가를 부탁드리겠습니다. 그러면 다음 기회에는 향상시킬 수 있을 것입니다.

예시답안 1 자신의 문제점을 파악한다

I wouldn't feel good about it, because I put all my efforts on this interview. However I think there must be a reason. So I'd try to find out what my problem is for my next interview.

기분이 좋을 것 같진 않습니다. 왜냐하면 저는 이 인터뷰에 모든 노력을 기울였기 때문입니다. 하지만 점수가 좋지 않다면 반드시 이유가 있을 것이라고 생각합니다. 따라서 저의 문제가 무엇인지 다음 인터뷰를 위해 파악하도록 노력하겠습니다.

예시답안 2 면접관에게 피드백을 받는다

I would be a bit sad, because this is what I really want. So I would ask you to give any feedback about this interview if possible. Then I can improve myself next time.

조금 슬플 듯합니다. 왜냐하면 이것은 제가 진정 원하는 일이기 때문입니다. 그래서 저는 면접관님께 가능하다면 이 인터뷰에 대한 평가를 해 주십사 부탁드리고자 합니다. 그러면 다음번에는 향상된 모습으로 임할 수 있을 것입니다.

08 What do you expect from your future?

앞으로의 계획은 무엇입니까?

→ **What are your long term goal and short term goal?**
→ **What is your plan after being a flight attendant?**

합격비법 1 승무원으로서 다짐 혹은 각오를 말한다

I would like to be a _________ flight attendant for passengers and co-workers.
저는 승객과 동료들에게 _____한 승무원이 되고 싶습니다.

I would like to be a good model for junior crew as a _________ flight attendant.
저는 _____한 승무원으로서 후배들에게 귀감이 되고 싶습니다.

I would like to contribute to ○○ air as a _________ flight attendant.
저는 _____한 승무원으로 ○○ 항공에 기여하고 싶습니다.

합격비법 2 이후 계획을 말한다

After that, I would like to build up my career related with this position. So I would like to work as a training instructor for ○○ air.
이후 저는 이 직업과 연관된 경력을 이어 나가고 싶습니다. 그래서 저는 ○○ 항공의 훈련교관으로 일하고 싶습니다.

I would like to write an essay based on my working experiences as a flight attendant.
저는 승무원 경력을 바탕으로 에세이를 쓰고 싶습니다.

After I resign, I would like to have a voluntary job for people having financial problems. I don't know what I can do specifically, but I have thought about it for a long time.
퇴사 후에는 경제적인 문제로 힘들어하는 사람들을 위해 봉사활동을 하고 싶습니다. 무슨 일을 할 수 있을지 구체적으로는 모르겠습니다만, 오랫동안 생각해 온 일입니다.

After that, I would like to study more about this field. If possible, I want to rejoin ○○ air as an office worker.

훗날 저는 이 분야에 대해 좀 더 공부하고 싶습니다. 가능하다면 사무직으로 ○○ 항공에 다시 입사하고 싶습니다.

I would like to be an interviewer of ○○ air like you. I'm sure that working experiences as a flight attendant should be helpful to have right eyes to find qualified people.

면접관님처럼 ○○ 항공의 면접관이 되고 싶습니다. 승무원 경력이 자질 있는 사람들을 찾는 안목을 갖추는 데 도움이 될 것이라 확신합니다.

항공사의 훈련교관

I would like to be a warm-hearted and considerate flight attendant for passengers and co-workers. After that, I would like to build up my career related with this position. So I would like to work as a training instructor for ○○ air.

저는 승객과 동료들에게 정 많고 사려 깊은 승무원이 되고 싶습니다. 추후 저는 이 일과 연관된 경력을 이어 나가고 싶습니다. 그래서 저는 ○○ 항공의 훈련교관으로 일하고 싶습니다.

봉사활동

I would like to be a good model for junior crew as an excellent flight attendant. After I resign, I would like to have a voluntary job for people having financial problems. I don't know what I can do specifically, but I have thought about it for a long time.

저는 뛰어난 승무원으로서 후배들에게 귀감이 되고 싶습니다. 퇴사 후에는 경제적인 문제로 힘들어하는 사람들을 위해 봉사활동을 하고 싶습니다. 구체적으로 제가 어떤 일을 할 수 있을지 잘 모르겠지만 오랫동안 생각해 온 일입니다.

한국인이기에 갖게 되는 장점에는 무엇이 있을까요?

→ **What could be the merits of Korean?**
→ **What would you say about Korean flight attendant's strength?**

합격비법 1 한국인에게는 장점이 많다는 내용으로 시작한다

I think there are many strong points of Korean.
저는 한국인의 장점은 많다고 생각합니다.

First of all, __________.
무엇보다 먼저 ______ 합니다.

Korean has many good points.
한국인에게는 많은 장점이 있습니다.

The strength as Korean is __________.
한국인의 장점은 ______ 입니다.

합격비법 2 한국인의 장점을 열거한다

They work fast, so they can raise up the efficiency of the job.
일을 빨리 하므로, 작업 능률을 높일 수 있습니다.

They are polite, so they can respect their co-workers.
예의가 바르기 때문에 동료를 존중할 수 있습니다.

They are outgoing, so there is no problem to adapt to a new environment.
외향적이라 새로운 환경에 적응하는 데 별 문제가 없습니다.

They are considerate, so there are not many problems with various co-workers.
사려가 깊어 여러 동료와 어울리는 데 큰 문제가 없습니다.

They have a sense of humor, so they can have a good working atmosphere.
유머감각이 있어 좋은 작업 환경을 만들 수 있습니다.

They are responsible. So whatever they do, they try to finish the job in time with a strong sense of responsibility.

책임감이 있습니다. 따라서 무슨 일을 하든 한국인은 강한 책임감으로 주어진 시간 내에 끝내고자 합니다.

예시답안 1 일처리가 빠르고 예의 바르다

I think there are many strong points of Korean. First of all, they work fast, so they can raise up the efficiency of the job. Also they are polite, so they can respect their co-workers. Lastly they are outgoing, so there is no problem to adapt to a new environment.

한국인에게는 장점이 많다고 생각합니다. 무엇보다 일을 빨리 하므로, 작업 능률을 높일 수 있습니다. 또한 예의가 바르기 때문에 동료를 존중할 수 있습니다. 마지막으로 한국인은 외향적이라 새로운 환경에 적응하는 데 별 문제가 없습니다.

예시답안 2 유머감각과 더불어 책임감이 강하다

I think there are many strong points of Korean. They are considerate, so there are not many problems with various co-workers. Secondly they have a sense of humor, so they can have a good working atmosphere. Also they are responsible. So whatever they do, they try to finish the job in time with a strong sense of responsibility.

한국인의 장점은 많다고 생각합니다. 사려 깊은 한국인은 여러 동료와 어울리는 데 큰 문제가 없습니다. 둘째, 유머감각이 있어 작업 환경을 좋게 만들 수 있습니다. 또한 그들은 책임을 다합니다. 그래서 무슨 일을 하든 강한 책임감으로 주어진 시간 안에 끝내려고 노력합니다.

인터뷰 핵심 노트_ 인터뷰 답변 Tip

이번 장까지 공부를 마친 지원자라면, 모든 답변에는 일정한 규칙이 존재한다는 사실을 파악했을 것이다. 물론 인터뷰에 능숙한 지원자라면 규칙과 상관없이 자신만의 스타일로 답변을 구성해 면접관에게 개성을 어필할 수 있을 테다. 하지만 그렇지 않은 지원자라면, 다음에 설명하는 흐름을 숙지해 어떠한 질문에도 막힘없이 답할 수 있도록 꾸준히 연습해 둘 필요가 있다.

① 핵심 문장을 먼저 말한다

면접관은 하루에도 수많은 지원자들에게 질문을 하고 그들의 대답을 듣는다. 면접관을 지루하게 만들거나, 내 답변의 결론을 기다리게 만들어서는 안 된다. 답변을 할 때는 면접관이 가장 듣고 싶어하는 핵심 내용부터 먼저 간략하게 밝힌다.

② 부연설명을 한다

핵심 문장 하나로 자신의 모든 생각을 보여 주기란 불가능하다. 핵심 문장에 이어 간단한 부연 설명을 더해 면접관의 이해를 돕도록 한다.

③ 마무리한다

맺음말 없이 답변을 멈추게 되면, 면접관은 지원자의 답변이 끝났는지, 생각을 하는 중인지 어리둥절해진다. 답변의 내용을 아우르는 문장이나 지원자의 다짐, 각오, 바람 등으로 답변을 마치는 게 바람직하다.

예 Do you think you are a very lucky person?

[Yes, I think I'm a lucky person because the most important thing of my life is to be dreaming.]→ 핵심 문장 [I think dreams make people shiny. I want to be a flight attendant, and this is my dream and my goal. I also try hard to be a well qualified flight attendant.]→ 부연 설명 [That's why I think I am a lucky person.]→ 마무리

* 물론 모든 질문에 대한 답변이 이런 방식을 따라야 한다는 것은 아니다. 질문하는 내용, 답변 할 시간에 맞추어 융통성을 발휘할 필요가 있겠다.

인터뷰 마무리 질문

01 **What are you going to do after this interview?**

02 **Would you like to say anything?**

# 01 What are you going to do after this interview?

인터뷰가 끝나면 무엇을 할 예정입니까?

→ **Do you have an appointment after this interview?**
→ **What would you like to do after this interview?**

합격비법 1 누군가와 무엇인가 하겠다는 대답이 좋다

I'm going to ________ after this interview.

저는 인터뷰 후 _____을/를 할 생각입니다.

예시답안 1 친구들과 저녁식사

I'm going to see my friends after this interview. They are so curious about my interview. I want to have dinner with them in my favorite French restaurant, and to talk about this interview.

저는 인터뷰를 마치고 친구들을 만날 계획입니다. 그들은 이 인터뷰에 대해 매우 궁금해 합니다. 저는 친구들과 제가 가장 좋아하는 프랑스 식당에서 저녁을 먹고, 인터뷰 이야기를 하고 싶습니다.

예시답안 2 휴식을 취하고파

I'm going to take a rest after this interview. Honestly, I'm excited but a bit tensed. I have an appointment with my friends. So I want to go to a quiet place to talk with them.

저는 이 인터뷰가 끝나면 쉴 생각입니다. 사실 설레기도 하지만 저는 다소 긴장한 상태입니다. 친구들과 약속이 있는데, 그들과 이야기할 수 있는 조용한 장소에 가고 싶습니다.

02 Would you like to say anything?

더 하고 싶은 말이 있습니까?

→ **Do you have anything to say for the last?**
→ **What would you like to say?**

합격비법 1 국내항공사 지원자라면 포부나 지원 동기, 각오 등을 밝힌다

예시답안 1 *다짐과 포부를 밝힌다*

Today, I'm here to be the finest cabin crew for ○○ air. I'm ready to be and I will be. I believe I'm a well qualified person for ○○ air and I have the potentiality to grow. I hope you can give me a chance for it. Thank you.

> 오늘 저는 ○○ 항공 최고의 승무원이 되고자 이 자리에 왔습니다. 저는 준비가 되어 있고 그렇게 될 것입니다. 저는 제가 ○○ 항공에서 일할 자질이 충분한 사람이며, 또 성장 잠재력을 갖추었다고 믿습니다. 면접관님께서 저에게 기회를 주시기를 희망합니다. 감사합니다.

예시답안 2 *면접관에게 감사 인사*

Well…. Not much to say. I think you should be very tired to have a lot of interviewee today. I hope you can take a good rest. Thank you.

> 별로 많지 않습니다. 오늘 지원자들이 많아 면접관님이 매우 피곤하실 것 같습니다. 충분히 쉬셨으면 합니다. 감사합니다.

나만의 비밀 노트

비밀노트 **2**

항공사별 **맞춤** 인터뷰

이번 장에서는 각 항공사별 맞춤 인터뷰 정보를 제공하고자 한다.
국내에는 대한항공과 아시아나항공, 두 메이저 항공사와 더불어 국내 노선 위주로 시작해 중국과 일본 등 인접 국가로의 노선을 확장 중인 제주항공, 진에어, 이스타항공, 에어부산, 티웨이항공 등이 있다.
국내항공사 지원 자격은 공통 사항이 많다.

학　　력	2년제 이상 대학 졸업자 및 4년제 이상 대학에서 2년 과정을 마친 자. 전공 제한 없음.
신　　장	162cm 이상
시　　력	나안시력 0.2 이상, 교정시력 1.0 이상이면 지원 가능. 라식 등의 시력 교정 수술을 받았다면 수술 후 3개월 이상 경과한 뒤라야 지원이 가능하다.
영　　어	국제선 전문 승무원에 지원하는 경우 TOEIC 550점 이상, G-TELP 3급 63%, 2급 45% 이상 등의 영어 어학 능력을 공식적으로 입증할 수 있는 증명서를 제출해야 한다.
채용절차	서류전형, 실무자 면접, 임원면접, 신체검사 등의 순으로 진행된다.
근무조건	대한항공 국제선, 에어부산, 진에어는 2년간 인턴 근무 후 소정의 심사를 거쳐 정규직 전환이 가능하며, 대한항공 국내선, 아시아나항공, 제주항공, 이스타항공은 1년간 인턴 근무 후 소정의 심사를 거쳐 정규직으로 전환된다.

※ 항공사별 채용정보는 변경될 수 있으므로 지원 항공사 홈페이지를 주기적으로 체크해 확인하도록 한다.

Unit 01

대한항공

창립일 : 1969년 3월 1일

CEO : 조양호 회장

거점지 : 서울

항공기 보유대수 : 147대(2012년 4월 기준)

운항노선 : 국내선 13개 도시, 국제선 39개국 106개 도시, 총 40개국
119개 도시

면접주안점 : 성실하고 진취적 성향, 서비스 정신, 올바른 예절,
국제적인 감각을 지닌 자

홈페이지 : http://kr.koreanair.com

01 What is your impression of Korean Air?

대한항공의 인상은 어떻습니까?

이 같은 질문에 단순히 '너무 좋다', '완벽하다' 등의 추상적인 답변을 하는 지원자가 많은데, 먼저 '어떤 인상'인지 말하고 뒤에 부연 설명을 구체적으로 덧붙이는 게 바람직하다. 물론 본인이 생각하는 해당 항공사의 단점이나 안 좋은 인상 등을 구태여 거론하는 우는 범하지 않아야 하겠다.

합격비법 1 대한항공의 인상을 구체적으로 설명한다

My impression of Korean Air is _________.
대한항공의 인상은 ______입니다.

Korean Air is _________.
대한항공은 ______합니다.

Korean Air is like _________.
대한항공은 저에게 ______와 같습니다.

합격비법 2 부연 설명을 한다

합격비법 3 마무리한다

I would be really happy if I became a member of Korean Air.
대한항공의 일원이 된다면 저는 매우 행복할 것입니다.

That is why I feel Korean Air is _________.
그렇기 때문에 저는 대한항공이 ______라 느낍니다.

I really want to be a part of Korean Air.
저는 진심으로 대한항공의 일원이 되고 싶습니다.

전문성과 깔끔함이 돋보임

My impression of Korean Air is 'Professional' and 'Smart'. Whenever I travel by air, I always fly with Korean Air. People in Korean Air including flight attendants and ground staff always look professional and set things in order. That was really impressive. I would be really happy if I became a member of Korean Air.

> 대한항공의 인상은 '전문적'이고 '깔끔하다'는 것입니다. 항공 여행을 할 때마다, 저는 대한항공을 이용합니다. 승무원과 지상직 근무자들을 포함하여 대한항공 사람들은 언제나 전문적으로 보이고 모든 것을 질서에 맞게 정리합니다. 그것은 정말 인상적이었습니다. 대한항공의 일원이 된다면 저는 매우 행복할 것입니다.

따뜻함과 냉철함의 공존

Korean Air is warm-hearted and cool-headed at the same time. Korean Air contributes to public welfare in many ways and the flight attendants are always warm and friendly no matter how many passengers are on board. However when it comes to the safety issue, they handle everything thoroughly. That is why I feel Korean Air is warm and cool at the same time.

> 대한항공은 따뜻하면서 동시에 냉철합니다. 대한항공은 다양한 방식으로 사회에 공헌하고 있으며, 승무원들은 얼마나 많은 승객이 타고 있는지와 상관없이 언제나 따뜻하고 친근합니다. 하지만 안전에 관한 문제라면 그들은 언제나 모든 것에 철저해집니다. 그렇기 때문에 저는 대한항공에서 따뜻함과 차가움을 동시에 느끼는 것입니다.

'크리스마스' 이미지

Korean Air is like Christmas to me. Because it is always warm, interesting and exciting, so it is touching. Korean Air is never negligent in finding a new pleasure for passengers. They keep trying and trying. Korean Air leads the aviation industry of Korea with this promising spirit. I really want to be a part of Korean Air.

> 대한항공은 저에게 크리스마스와 같습니다. 왜냐하면 언제나 따뜻하고 흥미롭고 설레고, 또 그래서 감동적이기 때문입니다. 대한항공은 승객을 위한 새로운 기쁨을 찾는 일에 결코 태만하지 않습니다. 그들은 늘 시도하고 또 시도합니다. 대한항공은 이런 진취적인 태도로 한국 항공업계를 이끌고 있습니다. 저는 진심으로 이런 대한항공의 일원이 되고 싶습니다.

What do you know about recent news of Korean Air?

대한항공의 최신 뉴스에 대해 무엇을 알고 있습니까?

합격비법 1 지원자가 아는 대한항공의 최신 뉴스에 대해 말한다

대한항공 영문홈페이지(www.koreanair.com)의 About us → Press releases에 들어가면 다양한 최신 뉴스가 업데이트 되어 있으므로 면접 전 반드시 참조하여 자신의 언어로 만들어 둔다.

Korean Air offered aid to flood victims in Thailand.

대한항공은 태국의 홍수 피해자들에게 도움을 제공했습니다.

A300-600 of Korean Air's operational performance was proven to be the world best.

대한항공 에어버스 기종 300-600의 운영 성과가 세계 최고임이 증명되었습니다.

Korean Air decided to fly for starvation in Africa.

대한항공은 아프리카 기아 해소를 위해 비행하기로 결정하였습니다.

Korean Air was awarded 'The best Airlines in Asia'.

대한항공은 '최고의 아시아 항공사 상' 을 수상했습니다.

Korean Air released the new commercial film.

대한항공은 새로운 광고를 했습니다.

Korean Air received leading first class Airline award at the world travel award.

대한항공은 세계 여행 시상식에서 최고의 항공사 상을 받았습니다.

합격비법 2 최신 뉴스에 대한 간략한 부연 설명을 더한다

합격비법 3 최신 뉴스에 대한 개인적인 소감으로 마무리한다

아프리카 기아 해소를 도움

Korean Air decided to fly for starvation in Africa recently. Korean Air supports transport for relief food from UN World Food Program. It is the first time that Airlines in Korea takes a charge of it. I think this is 'Global Sharing Management'. I hope children in Africa feel no more hunger with Korean Air.

> 대한항공은 최근 아프리카 기아 해소를 위해 비행하기로 결정했습니다. 대한항공은 유엔 식량계획으로부터 구호식량을 수송 지원합니다. 한국 항공사로서는 처음 있는 일입니다. 저는 이것이 '글로벌 나눔 경영' 이라 생각합니다. 아프리카의 어린아이들이 대한항공의 도움으로 더 이상 배고픔을 느끼지 않았으면 좋겠습니다.

최고의 아시아 항공사 상 수상

In September 2011, Korean Air was awarded 'The best Airlines in Asia' from ⟨Voyage Travel Annual Award⟩. Korean Air operates many destinations between Korea and China, offers convenient schedule and excellent cabin service. Also Korean Air has many voluntary works in China. So I think Korean Air deserves it. I would like to share the happiness with Korean Air as a kalman next time.

> 2011년 9월, 대한항공은 ⟨Voyage Travel Annual Award⟩로부터 '최고의 아시아 항공사 상' 을 수상했습니다. 대한항공은 한국과 중국 간 많은 노선을 운영하고, 편리한 스케줄과 훌륭한 기내 서비스를 제공하고 있습니다. 또한 중국에서 많은 봉사활동을 하기도 합니다. 그렇기에 저는 대한항공은 그 상을 누릴 자격이 있다고 생각합니다. 다음번엔 저도 칼맨으로서 그 행복을 대한항공과 함께 누리고 싶습니다.

신선한 컨셉의 새로운 광고 방송

Korean Air released the new commercial film, which is called 'The country which only belongs to us'. This commercial introduces viewers many beautiful places in Korea. So it can inbreathe the cultural pride into Koreans, and also it can spread the beauty of Korea all over the world. I hope there are more people coming to Korea with the commercial.

> 대한항공은 '우리에게만 있는 나라' 라는 컨셉으로 새로운 광고를 했습니다. 이 광고는 시청자들에게 한국의 많은 아름다운 장소들을 소개합니다. 이는 한국인에게는 문화적 자긍심을 고취시키고, 더불어 전 세계에 한국의 아름다움을 알릴 수도 있습니다. 저는 이 광고로 더 많은 사람들이 한국을 찾길 기대합니다.

03 Do you believe you are a right person for Korean Air?

자신이 대한항공에 맞는 사람이라 확신합니까?

합격비법 1 지원자가 대한항공에 맞는 사람임을 말한다

Yes, I am very sure that I am a right person who you are looking for.
네, 저는 면접관님이 찾는 사람이 바로 저임을 확신합니다.

Of course I am very suitable for Korean Air.
물론 저는 대한항공에 매우 잘 맞는 사람입니다.

Definitely I am.
분명히 그렇습니다.

합격비법 2 이유를 설명한다

자기 소개(p.20)와 자질(p.162) 항목을 참조해 자신의 장점을 들어 어필하도록 한다.

합격비법 3 마무리한다

I would like to grow with Korean Air.
대한항공과 함께 성장하고 싶습니다.

I am sure I will be an important asset for Korean Air.
저는 제가 대한항공의 중요한 자산이 될 것이라 확신합니다.

Please watch me grow with Korean Air.
대한항공과 함께 성장할 저를 지켜봐 주십시오.

인간중심적인 성격과 언어능력 갖춤

Yes, I am very sure that I am a right person who you are looking for. The kalmanship is 'Human is important resource of company'. I am also very people-oriented. So I know how to treat people. I would respect my co-workers and treat customers as I want to be treated. In addition, I can speak 2 languages besides Korean, which are English and Japanese. I would like to grow with Korean Air.

네, 저는 면접관님이 찾는 사람이 바로 저임을 확신합니다. 대한항공의 인사철학은 '사람은 회사의 중요한 자원이다' 입니다. 저 역시 매우 인간중심적입니다. 그래서 사람들을 대하는 방법을 알고 있습니다. 저는 제 동료들을 존중할 것이며 제가 대접받고 싶은 대로 고객들을 대접할 것입니다. 게다가 저는 한국어를 제외하고 2개 언어, 영어와 일본어를 할 줄 압니다. 대한항공과 함께 성장하고 싶습니다.

국제감각과 책임감 겸비

Of course I am very suitable for Korean Air. First of all, I have many foreign experiences so I have a global mindset. Secondly, I am very faithful. I keep working until whatever it is completed with my strong sense of responsibility. Lastly, I am co-operated so I would be good in team. I am sure I will be an important asset for Korean Air.

물론 저는 대한항공에 매우 잘 맞습니다. 먼저, 저는 많은 해외 경험이 있기에 국제적인 감각을 갖고 있습니다. 두 번째로, 저는 성실합니다. 무슨 일이든지 그 일이 끝날 때까지 강한 책임감으로 일합니다. 마지막으로 저는 협조적인 성격으로 팀 안에서 일을 잘합니다. 저는 제가 대한항공의 중요한 자산이 될 것이라 확신합니다.

애사심과 서비스 중심적인 성향

Definitely I am. I love Korean Air. I think it is really important for employee to have the company loyalty. Because person with company loyalty can work happier and harder. Of course I am well qualified to be a flight attendant. I am service-oriented and warm-hearted. I am ready to fly. Please watch me grow with Korean Air.

분명히 그렇습니다. 저는 대한항공을 사랑합니다. 직원이 회사에 애사심을 갖는 것은 매우 중요하다고 생각합니다. 왜냐하면 애사심을 가진 사람이 더 행복하고 더 열심히 일할 수 있기 때문입니다. 물론 저는 승무원이 될 자질이 충분합니다. 서비스 중심적이며 마음이 따뜻합니다. 저는 비행할 준비가 되었습니다. 대한항공과 함께 성장할 저를 지켜봐 주십시오.

If you liken Korean Air to color, what color would Korean Air be?

색깔에 비유한다면 대한항공은 무슨 색에 해당할까요?

합격비법 1 대한항공을 적절한 색에 비유한다

I would like to liken Korean Air to __________.

저는 대한항공을 _____ 색에 비유하고 싶습니다.

I think __________ is very suitable for Korean Air.

저는 _____ 색이 대한항공에 매우 잘 어울린다고 생각합니다.

I think the color __________ is for Korean Air.

저는 _____색이 대한항공에 잘 맞는다고 생각합니다.

합격비법 2 이유를 대한항공의 장점과 함께 설명한다

합격비법 3 마무리한다

So I think Korean Air is like __________.

그래서 저는 대한항공은 _____색과 같다고 생각합니다.

So I think Korean Air is good with __________.

그래서 저는 대한항공이 _____과 잘 어울린다고 생각합니다.

 무지개색

I would like to liken Korean Air to Rainbow colors. Because Korean Air has a lot of interesting aspects. Korean Air is a leading company in the field, but never treat customers by neglect. I feel warm when I see they participate in society, but at the same time I feel coldness when I see what they have done about safety. So I think Korean Air is like rainbow colors.

> 저는 대한항공을 무지개색에 비유하고 싶습니다. 왜냐하면 대한항공은 많은 흥미로운 면을 지니고 있기 때문입니다. 대한항공은 업계를 이끄는 대표항공사이지만 결코 고객을 아무렇게나 대하지 않습니다. 저는 그들이 사회에 공헌하는 모습을 볼 때면 따뜻함을 느끼지만 동시에 안전과 관련한 문제에 있어 해 온 일을 볼 때면 냉철함을 느낍니다. 그래서 대한항공이 무지개 색과 같다고 생각합니다.

 빨간색

I think 'Red' is very suitable for Korean Air. The color red represents 'Passion'. Korean Air is very passionate. They always seek for a better environment for passengers in many ways. Also red symbolizes love and happiness. Flight attendants in Korean Air give passengers affection and happiness with their service. So I think Korean Air is like 'Passionate Love' Like the color red.

> 저는 '빨간색' 이 대한항공과 매우 잘 어울린다고 생각합니다. 빨간색은 '열정' 을 나타냅니다. 대한항공은 매우 열정적입니다. 언제나 승객을 위해 여러 가지로 더 나은 환경을 추구합니다. 또한 빨간색은 사랑과 행복을 상징하기도 합니다. 대한항공 승무원들은 그들의 서비스로 승객들에게 애정과 행복을 전달합니다. 그래서 저는 대한항공이 빨간색처럼 '열정적인 사랑' 과 같다고 생각합니다.

 흰색

I think the color white is for Korean Air. White means safety, purity and cleanliness. As opposed to black, white usually has a positive connotation. Also white can represent a successful beginning. The decisive reason that I chose white for Korean Air is the color white is considered to be the color of perfection. Lastly, white is my favorite color. So I think Korean Air is good with white.

> 저는 흰색이 대한항공에 잘 맞는다고 생각합니다. 흰색은 안전, 순수, 청결을 의미합니다. 검은색과는 반대로, 흰색은 긍정적인 함의를 담고 있습니다. 또한 흰색은 성공적인 시작을 나타내기도 합니다. 대한항공에 잘 맞는 색으로 흰색을 선택한 결정적인 이유는 흰색은 완벽한 색으로 간주되기 때문입니다. 마지막으로 흰색은 제가 가장 좋아하는 색이기도 합니다. 그래서 저는 대한항공이 흰색과 잘 어울린다고 생각합니다.

대한항공 채용 절차

온라인 입사지원 → 서류전형 → 1차 실무자 면접 → 2차 임원면접(영어면접, 기내방송문 읽기, 롤플레잉/임원면접) → 3차 최종면접 → KALSAT(인성직무능력 검사), 건강진단, 체력/수영 테스트 → 최종합격

1) 서류전형
온라인으로 입사지원서를 작성하며, 지원동기와 입사 후 포부를 각 500자 이내로 기재한다.

2) 1차 실무자 면접
지원자 8명이 한 조가 되어 2~3명의 면접관에게 면접을 치른다. 이때의 평가 항목은 항공사 승무원으로서 이미지가 적합한지 여부이다. 말투, 억양, 질문에 대한 적절한 대답, 걸음걸이 등을 통해 대한항공 승무원에 적합한지가 평가된다.

3) 2차 임원면접
면접에 앞서 대한항공에서 제공하는 유니폼으로 갈아입는다. 2명의 면접관이 있는 방에 1명씩 들어가 롤플레잉, 영어면접, 기내방송문 읽기를 한다. 이후 5명의 지원자가 한 조가 돼 임원면접을 치른다.

4) 3차 최종면접
2011년 하반기 채용 때부터 신설된 면접이다. 1·2차 면접과는 달리 심층압박면접으로 합격자를 가려낸다.

5) KALSAT(인성직무능력 검사)
성격적 특성을 분석하는 인성 검사와 언어능력, 수리능력, 추리력, 공간지각력 등 업무 수행에 필요한 종합 능력을 평가하는 단계다. 지원자의 인성을 파악하기 위한 것으로, 지원자는 솔직하게, 시간을 안배해 문제를 풀되, 미처 못 푼 문제는 놔두는 편이 좋다.

■ 신체 검사
시력, 간염, 빈혈, 척추, 청각, 색맹 및 기타 질병 여부를 검사한다.

■ 체력 검사
신장, 체중 및 체지방, 악력, 사이드스텝, 제자리 높이뛰기, 눈감고 외발서기, 윗몸일으키기, 유연성 및 민첩성 측정, 자전거 타기 등을 실시한다.

■ 수영 테스트
배영을 제외한 영법(자유형, 접영, 평영)으로 35초 이내로 25미터를 완주해야 한다.

아시아나항공

창립일 : 1988년 2월 17일

CEO : 윤영두 대표이사

거점지 : 서울

항공기 보유대수 : 72대(2012년 6월 기준)

운항노선 : 국내선 12개 도시, 13개 노선/국제선 22개국 68개 도시, 87개 노선

면접주안점 : 승무원으로서 기본적으로 갖추어야 할 이미지, 태도, 말투 등의
자질 평가 및 적극적이고 부지런하며 자기 발전에 매진하는 자

홈페이지 : http://www.flyasiana.com

Why do you think Asiana Airlines is the best airline?

왜 아시아나항공이 최고의 항공사라고 생각합니까?

합격비법 1 최고의 항공사로 간주하는 이유를 말한다

Because Asiana Airlines obtained universal recognition.
왜냐하면 아시아나항공은 세계적으로 인정받은 항공사이기 때문입니다.

I think Asiana Airlines is the best airline because _________.
아시아나항공은 _____ 하기에 최고의 항공사라 생각합니다.

Asiana Airlines was awarded _________.
아시아나항공은 _____ 상을 수상했습니다.

There are a lot of reasons which make Asiana Airlines the best.
아시아나항공을 최고로 만들어 주는 정말 많은 이유들이 있습니다.

합격비법 2 부연 설명을 한다

합격비법 3 마무리한다

That is why I think Asiana Airlines is the best airline.
그렇기 때문에 저는 아시아나항공이 최고의 항공사라 생각합니다.

The airline which offers the best service and safety is the best airline like what Asiana Airlines does.
아시아나항공이 그렇듯 최고의 서비스와 안전을 제공하는 항공사가 최고의 항공사입니다.

I believe this attitude makes the company the best.
저는 이런 태도가 회사를 최고로 만든다고 생각합니다.

세계적으로 인정받는 항공사이므로

Because Asiana Airlines obtained universal recognition. Asiana Airlines was awarded 'Best Onboard Service and Flight attendants', 'Best Airline in North Asia' and 'Best Trans-Pacific Airline' in January 2011. Asiana Airlines was the relative new comer in this field, but it outstripped all competitors in a short period. I think it is because Asiana Airlines has something special, which is 'Passion' and 'Sincere Heart'. That is why I think Asiana Airlines is the best airline.

왜냐하면 아시아나항공은 세계적으로 인정받은 항공사이기 때문입니다. 아시아나항공은 2011년 1월 '최고 기내서비스 및 승무원', '동북아시아 최고 항공사', '환태평양 최고 항공사' 상을 수상한 바 있습니다. 아시아나항공은 상대적으로 업계 후발주자였지만 단시간 내 모든 경쟁자들을 앞질렀습니다. 저는 그것이 아시아나항공이 지닌 무언가 특별한 것, 즉 '열정'과 '진심 어린 마음' 때문이라고 생각합니다. 그렇기 때문에 저는 아시아나항공이 최고의 항공사라 생각하는 것입니다.

가장 빠르고, 안전하며 쾌적한 비행을 하기에

I think Asiana Airlines is the best airline because I believe Asiana Airlines has 'The fastest, The safest and The most comfortable flight'. Flight attendants in Asiana Airlines offer the service from the bottom of their hearts with the latest aircraft. The airline which offers the best service and safety is the best airline like what Asiana Airlines does.

아시아나항공은 '가장 빠르고, 가장 안전하고, 가장 쾌적한 비행'을 하기에 최고의 항공사라 생각합니다. 아시아나항공 승무원은 최신 기종 비행기에서 진심을 담아 서비스를 제공합니다. 아시아나항공이 그렇듯 최고의 서비스와 안전을 제공하는 항공사가 최고의 항공사입니다.

최고를 유지하기 위해 끊임없이 노력하는 태도 때문에

Asiana Airlines was awarded 'Airlines of this year' from Air Transport World in February 2011. I think it is because of the best flight, reliability of its maintenance, high quality of service and investment for facilities upgrade in cabin. Asiana Airlines always makes efforts day and night to keep the best. I believe this attitude makes the company the best.

아시아나항공은 2011년 2월 ATW(Air Transport World)로부터 '올해의 항공사' 상을 수상했습니다. 이것은 최고의 운항, 정비의 신뢰성, 높은 수준의 서비스와 기내 시설 업그레이드를 위한 투자 때문이라고 생각합니다. 아시아나항공은 최고를 유지하기 위해 언제나 끊임없이 노력하고 있습니다. 저는 이런 태도가 회사를 최고로 만든다고 생각합니다.

What is service motto in Asiana Airlines?

아시아나항공의 서비스 모토는 무엇입니까?

합격비법 1 아시아나항공의 서비스 모토를 말한다

The service motto in Asiana Airlines is 'Novel service, Devoted service, Friendly service and High-end service'.

아시아나항공의 서비스 모토는 '참신한 서비스, 정성스러운 서비스, 상냥한 서비스, 고급스러운 서비스' 입니다.

합격비법 2 부연 설명을 한다

합격비법 3 마무리한다

I would like to share my friendly and devoted service with passengers in Asiana Airlines.

저는 아시아나항공에서 저의 친근하고 정성스러운 서비스를 승객들과 나누고 싶습니다.

Asiana Airlines is a touching company to passengers.

아시아나항공은 승객들에게 감동을 주는 회사입니다.

I would like to be a flight attendant who works with the service motto of Asiana Airlines.

저는 아시아나항공의 서비스 모토처럼 일하는 승무원이 되고 싶습니다.

 4가지 서비스 모토 중 정성스런 서비스 강조

The service motto is 'Novel service, Devoted service, Friendly service and High-end service'. I think this motto explains Asiana Airlines well. Asiana Airlines pays attention to detail and offers the elegant service with a bright smile. I would like to share my friendly and devoted service with passengers in Asiana Airlines.

> '참신한 서비스, 정성스러운 서비스, 상냥한 서비스, 고급스러운 서비스' 입니다. 저는 이 모토가 아시아나항공을 잘 설명해 준다고 생각합니다. 아시아나항공은 작은 일도 세심하게 살피며 밝은 미소로 우아한 서비스를 제공합니다. 저는 아시아나항공에서 저의 친근하고 정성스러운 서비스를 승객들과 나누고 싶습니다.

 서비스 모토와 더불어 개인적인 경험 공유

The service motto in Asiana Airlines is 'Novel service, Devoted service, Friendly service and High-end service'. I found out Asiana Airlines is stuck in it when I flew with Asiana Airlines. It was a long haul flight so everyone got tired. I guessed flight attendants got tired even more than passengers. However they kept smiling, anticipated what passengers needed. It was amazing and everyone in the cabin was touched. Asiana Airlines is a touching company to passengers.

> 아시아나항공의 서비스 모토는 '참신한 서비스, 정성스러운 서비스, 상냥한 서비스, 고급스러운 서비스' 입니다. 아시아나항공을 탔을 때, 저는 아시아나항공이 정말 이 모토대로 실천한다는 것을 알았습니다. 장거리 비행에 모두가 피곤했습니다. 아마 승무원들은 승객들보다 더 피곤했으리라 생각됩니다. 하지만 승무원들은 미소를 유지했고, 승객들이 필요한 것을 미리 알아차렸습니다. 정말 놀라웠고 기내의 모두가 감동받았습니다. 아시아나항공은 승객들에게 감동을 주는 회사입니다.

 서비스 모토 중 고급스러운 서비스 강조

The service motto of Asiana Airlines is 'Novel service, Devoted service, Friendly service and High-end service'. Asiana Airlines keeps the latest aircraft in order to provide a safe flight to passengers and even small facilities in cabin were so classy. So passengers even in economy class can feel treated as seating in first class. I would like to be a flight attendant who works with the service motto of Asiana Airlines.

> 아시아나항공의 서비스 모토는 '참신한 서비스, 정성스러운 서비스, 상냥한 서비스, 고급스러운 서비스' 입니다. 아시아나항공은 승객들에게 안전한 비행을 제공하기 위해 최신 기종 비행기를 사용하며, 기내의 작은 시설도 매우 품격 있습니다. 그래서 이코노미석 승객들은 마치 일등석에 있는 것 같은 대접을 받을 수 있습니다. 저는 아시아나항공의 서비스 모토처럼 일하는 승무원이 되고 싶습니다.

03 What do you know 'Beautiful People' in Asiana Airlines?

아시아나항공의 '아름다운 사람들'에 대해 무엇을 알고 있습니까?

합격비법 1 '아름다운 사람들'에 대해 아는 것을 말한다

인터뷰 전, 미리 아시아나항공 홈페이지에서 '아름다운 사람들'에 대해 검색하고 가길 바란다.

'Beautiful People' is ________.

'아름다운 사람들'은 _____입니다.

합격비법 2 부연 설명한다

합격비법 3 마무리한다

I think Asiana Airlines is really 'People-oriented'.

아시아나항공은 정말 '사람 중심적인' 회사라고 생각합니다.

I also want to be a member of 'Beautiful People' in Asiana Airlines.

저 역시 아시아나항공에서 '아름다운 사람들'의 일원이 되고 싶습니다.

Asiana Airlines is a warm and considerate company.

아시아나항공은 따뜻하고 사려 깊은 기업입니다.

 ## 사회 공헌 활동을 하는 조직

'Beautiful People' is the organization of social-minded activities in Asiana Airlines. Asiana Airlines wants to make beautiful world with beautiful people. So their motto is 'to be beautiful people who give warm affection and bright hope to our neighbors'. I know they have a lot of social activities worldwide. I think Asiana Airlines is really 'People-oriented'.

> '아름다운 사람들' 은 아시아나항공에서 사회 공헌 활동을 하는 조직입니다. 아시아나항공은 아름다운 사람들과 아름다운 세상을 만들길 원합니다. 그래서 그들의 모토는 '이웃에게 따뜻한 애정과 밝은 희망을 주는 아름다운 사람들이 되자' 입니다. 저는 그들이 세계적으로 많은 사회 활동을 하는 것을 알고 있습니다. 아시아나항공은 정말 '사람 중심적인' 회사라고 생각합니다.

 ## 다양한 사회 활동

'Beautiful People' is participating a lot in society. They conduct a fund-raising campaign in cabin with UNICEF and hold a charity bazaar every spring. Also they don't hesitate to volunteer activities to rural communities. The most impressive thing to me was to expand employment for the disabled. It was touching. I also want to be a member of 'Beautiful People' in Asiana Airlines.

> '아름다운 사람들' 은 많은 사회 활동을 합니다. 그들은 유니세프와 함께 기내 모금운동을 벌이고 있고, 매년 봄 자선바자회를 엽니다. 또한 농촌에서의 봉사활동도 주저하지 않습니다. 가장 인상 깊었던 활동은 장애인을 위한 고용 확대였습니다. 정말 감동스러웠습니다. 저 역시 아시아나항공에서 '아름다운 사람들' 의 일원이 되고 싶습니다.

 ## 한국봉사대상 수상에 기여

Asiana Airlines was awarded 'Korea Volunteer Grand Prize' in 2010. I think it was through the efforts of 'Beautiful People'. 'Beautiful people' are always with a neglected class of people who are starving and painful. Asiana Airlines does a lot of things for the better world, such as social welfare, environmental protection, sports promotion and so on. Asiana Airlines is a warm and considerate company.

> 아시아나항공은 2010년 '한국봉사대상' 을 수상했습니다. 이는 '아름다운 사람들' 의 노력 덕분이라고 생각합니다. '아름다운 사람들' 은 굶주리고 고통받는 사회의 소외계층과 늘 함께 합니다. 아시아나항공은 더 나은 세상을 위해 사회복지, 환경보존, 체육진흥 등의 많은 일들을 합니다. 아시아나항공은 따뜻하고 사려 깊은 기업입니다.

Which destinations in Asiana Airlines would you like to visit if you got hired?

아시아나항공 승무원이 된다면 당사 취항지 중 어느 곳을 방문하고 싶습니까?

합격비법 1 방문하고 싶은 취항지를 말한다

(If possible,) I would like to visit __________.

(가능하다면) 저는 _____을 방문하고 싶습니다.

That is a really happy question! If I got hired, I would like to visit __________.

정말 행복한 질문입니다! 만약 채용된다면 저는 _____을 방문하고 싶습니다.

합격비법 2 이유를 설명한다

합격비법 3 마무리한다

I am looking forward to the day!

그날이 정말 기다려집니다!

__________ is the city which I really want to visit after I'm hired.

_____는 제가 채용된 후 정말 방문하고 싶은 도시입니다.

I would feel really great and fantastic.

정말 기분 좋고 환상적일 것입니다.

 뉴욕

I would like to visit New York in US. I had stayed there for 1 year to study English. So I still have many friends living in New York. I promised them to visit there if I became a flight attendant. So I want to keep my promise, and to let them know how happy I am as a flight attendant in Asiana Airlines. I am looking forward to the day!

저는 뉴욕을 방문하고 싶습니다. 저는 영어를 공부하기 위해 그곳에 1년간 있었습니다. 그래서 여전히 뉴욕에 살고 있는 친구들이 많습니다. 제가 승무원이 되면 그곳을 다시 방문하기로 그들과 약속했습니다. 그래서 약속을 지키고 싶고 그들에게 아시아나항공 승무원이 된 제가 얼마나 행복한지 알려주고 싶습니다. 그날이 정말 기다려집니다!

예시답변 **2** 제주도

Asiana Airlines flies 12 cities in Korea. I have been all of them except Jeju. So if possible, I would like to visit Jeju. Jeju is a rising tourist attraction in the world. I would be happy if I could fly with foreign tourists who want to feel the beauty of Jeju Island. So Jeju is the city which I really want to visit after I'm hired.

아시아나항공은 국내 12개 도시로 비행합니다. 저는 제주만 빼고 모든 곳을 가 봤습니다. 그래서 가능하다면 저는 제주를 방문하고 싶습니다. 제주는 세계적으로 떠오르는 관광지입니다. 제주도의 아름다움을 느끼길 원하는 외국인 관광객들을 모시고 비행을 한다면 행복할 것입니다. 그래서 제주는 제가 채용된 후 정말 방문하고 싶은 도시입니다.

예시답변 **3** 코타키나발루

That is a really happy question! If I got hired, I would like to visit Kota Kinabalu in Malaysia. Kota Kinabalu is my favorite place. It was designated as a UNESCO World Natural Heritage site in 2000. I have been there 2 times with Asiana Airlines. If I could go there again as a flight attendant of Asiana Airlines, I would feel really great and fantastic.

정말 행복한 질문입니다! 만약 채용된다면 저는 말레이시아의 코타키나발루를 방문하고 싶습니다. 코타키나발루는 제가 가장 좋아하는 곳입니다. 그곳은 2000년 유네스코 세계자연유산으로 등록되었습니다. 저는 아시아나항공을 타고 그곳을 두 차례 방문했습니다. 제가 아시아나항공의 승무원으로 다시 방문하게 된다면 정말 기분 좋고 환상적일 것입니다.

아시아나항공 채용 절차

온라인 입사지원 → 서류전형 → 1차 실무자 면접 → 2차 임원면접, 영어구술, 인성 검사 → 건강검진, 체력 측정 → 최종합격

1) 서류전형
온라인으로 입사지원서와 자기소개서를 제출한다. 타 항공사와 달리 자기소개서 항목을 매 채용 시마다 변경하며, 서류 심사에 까다로운 편이다.

2) 1차 실무자 면접
면접에 앞서 키, 체중, 암리치(Arm reach : 까치발을 하고 손을 위로 쭉 뻗었을 때의 높이)를 측정한다. 지원자 8명이 한 조가 되어 면접장 바닥에 테이프로 표시된 ㄷ자를 따라 워킹한 다음 면접이 시작된다. 지원자 모두에게 공통 질문이 주어지고 이후 몇 사람에게 개별 질문이 나간 다음, 손과 팔의 흉터 여부를 검사한다. 앞머리가 있는 지원자에게는 이마가 보이게 앞머리를 들어 볼 것을 주문하며, 지원자들의 미소와 다리를 붙이고 서 있는 것을 중시한다.

3) 2차 임원면접
사장을 포함한 5명의 임원으로 면접관이 구성되며, 지원자는 8명씩 한 조가 돼 의자에 앉아 면접을 치른다. 개인 이력과 자기소개서에 기반한 질문을 받게 된다. 임원면접이 끝나면 4명씩 전신사진을 찍은 다음 영어면접을 치른다. TOEIC Speaking 5급 이상, GST 구술시험 · OPIc INTERMEDI-ATE 등급 이상 소지자인 경우 영어면접이 면제된다.

4) 신체 검사
시력, 간염, 빈혈, 척추, 청각, 색맹 및 기타 질병 여부를 검사한다.

■체력 검사
신장, 체중 및 체지방, 악력, 사이드스텝, 제자리 높이뛰기, 눈감고 외발서기, 윗몸일으키기, 유연성 및 민첩성 측정, 자전거 타기, 배근력 테스트 등을 실시한다. 배근력 테스트는 아시아나항공에서만 실시하는 것으로, 지원자에게 줄 손잡이를 잡아당기게 해 그 힘을 디지털 점수화하는 검사다.

■수영 테스트
배영을 제외한 영법(자유형, 접영, 평영)으로 25미터를 완주해야 한다.

제주항공

창립일 : 2005년 1월 25일

CEO : 조재열 대표이사

거점지 : 제주

항공기 보유대수 : 10대(2012년 3월 기준)

운항노선 : 국내선 4개 도시, 3개 노선/국제선 5개국 8개 도시, 13개 노선

면접주안점 : 신선함과 즐거운 서비스를 할 수 있는 진실된 마음을 가진 자

홈페이지 : http://www.jejuair.net

Tell me about good points of Jeju Air.

제주항공의 장점을 말해 보십시오.

합격비법 1 제주항공의 장점을 말한다

There are many merits in Jeju Air. Above all, I would like to highlight _________.
제주항공은 많은 장점을 지니고 있습니다. 무엇보다 저는 ____을 강조하고 싶습니다.

Jeju Air has/is _________.
제주항공은 ____이 있습니다/입니다.

I think the good point of Jeju Air is _________.
제주항공의 장점은 ____이라 생각합니다.

합격비법 2 장점에 대해 부연 설명을 한다

합격비법 3 마무리한다

That is the biggest merit in Jeju Air.
그것이 제주항공의 가장 큰 장점입니다.

That is why I think _________ is the best point of Jeju Air.
그것이 제가 ____이 제주항공의 가장 좋은 점이라 생각하는 이유입니다.

I hope I can have a chance to grow with such a great company.
저는 그런 대단한 회사와 함께 성장할 기회를 갖고 싶습니다.

There are many merits in Jeju Air. Above all, I would like to highlight 'The safety of flight'. Many passengers feel unsecured flying with low-cost airlines, and it makes low-cost airlines in a vulnerable position. However, Jeju Air keeps checking a safety inspection frequently so they can prevent unexpected accidents. That is the biggest merit in Jeju Air.

> 제주항공은 많은 장점을 지니고 있습니다. 무엇보다 저는 '비행의 안전성'에 대해 강조하고 싶습니다. 많은 승객들은 저비용 항공사 이용에 불안함을 느끼고 있고 그로 인해 저비용 항공사가 취약한 입장에 놓였습니다. 하지만 제주항공은 계속해 안전 검사를 하고 있어, 돌발 사고를 막을 수 있습니다. 그것이 제주항공의 가장 큰 장점입니다.

Jeju Air has competitive price. Jeju Air tries to cut down on expenses in many ways. They operate only one type of airplane which is boeing737, so they can reduce the cost of flight. Jeju Air has become the benchmark for competing airlines and even received attention from Japan thesedays. That is why I think 'competitive price' is the best point of Jeju Air.

> 제주항공은 가격 경쟁력이 있습니다. 제주항공은 다양한 방법으로 경비를 절감하기 위해 노력합니다. 제주항공은 보잉737 단일 기종으로 운영하고 있고, 따라서 운항 비용을 절감할 수 있습니다. 제주항공은 경쟁사로부터의 벤치마킹 대상이 되고 있으며, 최근 일본의 주목도 받고 있습니다. 이것이 제가 '가격 경쟁력'이 제주항공의 가장 좋은 점이라고 생각하는 이유입니다.

I think the good point of Jeju Air is that it is a really fast-growing company. It was founded in 2005, and it has been 7 years now. However Jeju Air makes eye-opening progress. Now Jeju Air expands its operations overseas specially in China, Japan and Southeast area. I hope I can have a chance to grow with such a great company.

> 제주항공의 장점은 회사가 정말 빠르게 성장하고 있는 점이라고 생각합니다. 회사는 2005년 설립되어 이제 7년이 됐습니다. 하지만 제주항공은 괄목할 만한 성장을 보여 주고 있습니다. 현재 제주항공은 해외로, 특히 중국, 일본, 동남아 지역으로 사업을 확장하고 있습니다. 저는 그런 대단한 회사와 함께 성장할 기회를 갖고 싶습니다.

Compare to major airlines, Jeju Air pays low salaries. Do you still want to work for Jeju Air?

메이저 항공사와 비교할 때, 제주항공의 급여는 낮은 편입니다. 그래도 제주항공에서 비행하기를 원합니까?

합격비법 1 제주항공에서 일할 것이라 답한다

Of course, I would like to work for Jeju Air even if the salary is not that high.
물론입니다. 높은 급여가 아니더라도 제주항공에서 일하고 싶습니다.

Yes, I still want to work for Jeju Air.
네, 여전히 제주항공에서 일하기를 원합니다.

Definitely, I would.
당연히 그럴 것입니다.

합격비법 2 급여에 연연하지 않는다는 식의 진부한 대답이 아닌, 제주항공의 다른 장점이나 자신의 소신을 들어 이유를 설명한다

합격비법 3 굳은 다짐과 함께 마무리한다

If I have a chance to work for Jeju Air, I would work impassionedly regardless of salary.
제주항공에서 일할 기회가 주어진다면, 급여와 상관없이 열정적으로 일할 것입니다.

I still want to work for Jeju Air with great pride.
저는 여전히 커다란 자부심으로 제주항공에서 일하기를 원합니다.

I am sure I can contribute to Jeju Air which has the endless possibilities.
제가 무한한 가능성을 지닌 귀사에 기여할 수 있으리라 확신합니다.

 나와 꼭 맞는 회사이기에

Of course, I would like to work for Jeju Air even if the salary is not that high. I want a job that fits me. Salary is important, but not the first priority to seek for a job. I am sure I am a right person for Jeju Air, and I think I am ready to fly as a flight attendant in Jeju Air. If I have a chance to work for Jeju Air, I would work impassionedly regardless of salary.

> 물론입니다. 급여가 그렇게 높지 않다 하더라도 제주항공에서 일하고 싶습니다. 저는 제게 꼭 맞는 일을 하고 싶습니다. 급여는 중요하지만 직업을 찾는 데 있어 최우선 사항은 아닙니다. 저는 제가 제주항공에 꼭 맞는 사람이라 확신하고, 제주항공에서 승무원으로 비행할 준비가 되어 있다고 생각합니다. 제주항공에서 일할 기회가 주어진다면, 급여와 상관없이 열정적으로 일할 것입니다.

 제주항공에는 다른 많은 장점이 있으므로

Yes, I still want to work for Jeju Air. Every company has the pros and cons to work. I am the person who always focuses on the positive aspects rather than the negative. Jeju Air has a lot of good points, and most of them are very attractive to me. That is why I am here today. So even though the salary is low compared to major airlines, I still want to work for Jeju Air with great pride.

> 네, 여전히 제주항공에서 일하기를 원합니다. 모든 회사는 일하는 데 장단점이 있다고 생각합니다. 저는 언제나 부정적인 면보다 긍정적인 면에 집중하는 사람입니다. 제주항공에는 많은 장점이 있고, 그것은 대부분 저에게 굉장히 매력적입니다. 그렇기에 제가 오늘 이 자리에 온 것입니다. 그래서 메이저 항공사에 비해 급여 수준이 낮더라도 저는 여전히 커다란 자부심으로 제주항공에서 일하기를 원합니다.

 제주항공의 성장 잠재력을 믿기에

Definitely, I would. I know Jeju Air is a new-born company, so can't have the same salary with major airlines which everything is already settled. However I can see Jeju Air has the high growth potential. I love to pioneer a new way. I am sure I can contribute to Jeju Air which has the endless possibilities, then maybe I can get a pay raise.

> 당연히 그럴 것입니다. 저는 제주항공이 신생 항공사이기에 이미 모든 것이 안정된 메이저 항공사와 급여 수준이 같을 수 없다는 것을 알고 있습니다. 하지만 저는 제주항공이 높은 성장 잠재력을 지녔다 보고 있습니다. 저는 새로운 길을 개척하는 것을 좋아합니다. 제가 무한한 가능성을 가진 귀사에 기여할 수 있으리라 확신하며, 그러면 아마 제 급여도 오를 수 있을 것입니다.

제주항공 채용 절차

온라인 입사지원 → 서류전형 → 1차 실무자 면접 → 2차 임원면접 → 신체검사 → 최종합격

1) 1차 실무자 면접

지원자 각자가 출력한 수험표에 사진을 부착해 면접 당일 왼쪽 가슴에 패용한다. 면접에 앞서 신장 측정이 이루어지며, 5명씩 한 조가 되어 면접장에 들어간다. 이력서 기재 사항에 근거한 공통 질문 및 개별 질문을 받게 된다.

2) 2차 임원면접

이력서 내용 위주의 압박 질문이 주어진다. 과거 1차 면접 합격자에게 임원면접 단계에서 보여 줄 장기자랑을 준비할 것을 주문하기도 했으나, 현재의 임원면접 분위기는 그렇지 않다. 그래도 타 지원자와의 차별성을 위해 장기 하나 정도는 준비해 가도 좋을 것이다.

■ 기본적인 영어 구사 능력은 필수이며, 토익 600점 이상의 어학점수를 요구한다. 장기유학자 및 해외거주자(영어권), 경력직 승무원의 경우 성적표를 제출하지 않아도 된다. (단, 영어로 의사소통이 가능한 지원자에 한함)

진에어

창립일 : 2008년 1월 23일

CEO : 김재건 대표이사

거점지 : 서울

항공기 보유대수 : 8대(2012년 4월 기준)

운항노선 : 국내선 2개 도시, 1개 노선 / 국제선 6개국 10개 도시, 10개 노선

면접주안점 : 젊은 생각, 창조적 열정을 지닌 자

홈페이지 : http://www.jinair.com

합격비법 1 유니폼에 대한 긍정적인 느낌을 말한다

The first word that came up to my mind is __________.

처음으로 떠오른 단어는 _____ 입니다.

I think Jin Air's uniform is __________.

진에어의 유니폼은 _____라고 생각합니다.

I can feel __________ from Jin Air's uniform.

저는 진에어의 유니폼에서 _____을 느낄 수 있습니다.

합격비법 2 이유를 설명한다

합격비법 3 마무리한다

I would like to make (합격비법 1번에서 말한 느낌) **flight in Jin Air.**

저는 진에어에서 _____한 비행을 하고 싶습니다.

I believe it is perfect for Jin Air.

저는 그것이 진에어에 완벽하다고 믿습니다.

I would like to be a member of Jin Air with passion and comfort.

열정과 편안함으로 진에어의 일원이 되고 싶습니다.

The first word that came up to my mind is 'Innovation'. No one didn't think jean could be a uniform before Jin Air started. Also it has a distinct characteristic, so it should impress passengers. I really like Jin Air's uniform, because I think it represnts Jin Air's vision, 'A Premium Short Haul Carrier.' I would like to make 'Innovative and Distinctive flight' in Jin Air.

처음으로 떠오른 단어는 '혁신' 입니다. 진에어가 시작하기 전에는 그 누구도 청바지가 유니폼이 될 수 있다고 생각하지 않았습니다. 또한 매우 특색 있어서 승객들에게 강한 인상을 줄 것입니다. 저는 진에어의 유니폼이 참 좋습니다. 왜냐하면 유니폼이 진에어의 비전, 즉 '프리미엄 실용 중단거리 항공사' 를 표현해 준다고 생각하기 때문입니다. 저는 진에어에서 '혁신적이고 특색 있는 비행' 을 하고 싶습니다.

I think Jin Air's uniform is very neat and stylish. Specially I like jean with yellow green shirt. Most of all, the best point of Jin Air's uniform is its practicality. Flight attendant is not a doll which just sit and watching passengers. They move and work! So I believe practical uniform with stylish design is perfect for Jin Air which aims at rationality and practicality.

진에어 유니폼은 매우 깔끔하고 세련되다고 생각합니다. 특히 저는 청바지에 연두색 티셔츠가 좋습니다. 무엇보다 진에어 유니폼의 가장 좋은 점은 그 실용성입니다. 승무원은 그냥 앉아서 승객들을 구경하는 인형이 아닙니다. 그들은 움직이고 일을 합니다! 그래서 저는 세련된 디자인의 실용적인 유니폼은 합리와 실용을 지향하는 진에어에 완벽하게 어울린다고 믿습니다.

I can feel 'Youthfulness' and 'Familiarity' from Jin Air's uniform. I think the uniform have a good influence on Jin Air's success. The bright coloured shirt makes flight attendants vivid and beautiful. Also the uniform makes them more friendly, so they can easily approach passengers first. I think it is just suitable for Jin Air. I would like to be a member of Jin Air with passion and comfort.

저는 진에어의 유니폼에서 '젊음' 과 '친근함' 을 느낄 수 있습니다. 저는 유니폼이 진에어의 성공에 좋은 영향을 끼쳤다고 생각합니다. 밝은 색깔 셔츠는 승무원들을 생기 있고 화사하게 보이게 합니다. 또한 유니폼으로 승무원들이 좀 더 친근해 보이기 때문에, 그들은 승객들에게 먼저 쉽게 다가갈 수 있습니다. 저는 그 유니폼이 진에어에 딱 맞는다고 생각합니다. 열정과 편안함으로 진에어의 일원이 되고 싶습니다.

If Korean Air, Asiana Airlines and Jin Air hired you at the same time, which company would you like to work for?

만약 대한항공, 아시아나항공 그리고 진에어에 동시에 합격한다면 어떤 회사에서 일하고 싶습니까?

합격비법 1 진에어를 선택할 것이라 말한다

Of course, I would work for Jin Air.
물론 진에어에서 일할 것입니다.

That is not an easy question because those 3 companies are all excellent. However I like to work for Jin Air.
세 회사 모두 훌륭하기에 쉬운 질문은 아니네요. 하지만 저는 진에어에서 일하고 싶습니다.

First of all, I would be really happy if it happened. If I can, I would definitely choose Jin Air.
무엇보다 그런 일이 생긴다면 매우 행복할 것 같습니다. 할 수 있다면, 저는 당연히 진에어를 선택할 것입니다.

합격비법 2 진에어의 장점을 들고 그 이유를 설명한다

합격비법 3 마무리한다

So I would like to choose Jin Air if I can.
그래서 그럴 수 있다면, 저는 진에어를 선택할 것입니다.

So I would be really proud of myself if I can work for Jin Air.
그래서 진에어에서 일을 할 수 있다면 제 자신이 무척 자랑스러울 것입니다.

That is why I would choose Jin Air, not other airlines.
그렇기에 다른 항공사가 아닌 진에어를 선택할 것입니다.

진에어, 발전 가능성과 비전을 중시하기에

Of course, I would work for Jin Air. Jin Air is a fast-growing company and I believe there are a lot of potential and vision in Jin Air. I am a very challenging and passionate person. I want to put my heart and soul into working at Jin Air. I believe both of myself and Jin Air can grow together. So I would like to choose Jin Air if I can.

물론 진에어에서 일할 것입니다. 진에어는 빠르게 성장하는 회사이며, 또한 많은 발전 가능성과 비전을 지녔다 믿습니다. 저는 매우 도전적이고 열정이 많은 사람입니다. 저의 모든 열정을 다 쏟아 진에어에서 일하기를 원합니다. 저와 진에어가 함께 성장할 수 있다고 믿습니다. 그래서 그럴 수 있다면, 저는 진에어를 선택할 것입니다.

진에어, 개성적인 운영 방식을 중시하기에

That is not an easy question because those 3 companies are all excellent. However I would like to work for Jin Air because of its individual management style, such as 100% internet booking system which was attempted domestically for the first time, early-bird fare system and so on. I believe Jin Air will be the first company in the field. So I would be really proud of myself if I can work for Jin Air.

세 회사 모두 훌륭하기에 쉬운 질문은 아니네요. 하지만 저는 진에어의 개성적인 운영방식 때문에 진에어에서 일을 하고 싶습니다. 가령 국내 최초로 100퍼센트 인터넷을 기반으로 하는 예매 시스템이나 얼리버드 운임제 등이 있습니다. 저는 진에어가 이 분야 제일의 회사가 될 것이라고 믿습니다. 그래서 진에어에서 일할 수 있다면 제 자신이 무척 자랑스러울 것입니다.

진에어, 창조적인 발상과 열정적인 승무원을 원하므로

First of all, I would be really happy if it happened, because it means I am a really suitable person as a flight attendant. If I can, I would definitely choose Jin Air. Jin Air requires flight attendants who have creative thinking and passion, and I know I am such a person. I want to work where I am needed. That is why I would choose Jin Air, not other airlines.

무엇보다 그런 일이 생긴다면 매우 행복할 듯합니다. 왜냐하면 그것은 제가 승무원으로 정말 적합한 사람이라는 의미이기 때문입니다. 할 수 있다면 저는 당연히 진에어를 선택할 것입니다. 진에어는 창조적인 생각과 열정을 지닌 승무원을 필요로 하고, 저는 제가 그러한 사람임을 잘 알고 있습니다. 저는 저를 필요로 하는 곳에서 일하기를 원합니다. 그렇기에 다른 항공사가 아닌 진에어를 선택할 것입니다.

진에어 채용 절차

온라인 입사지원 → 서류전형 → 1차 면접 → 2차 면접 → 신체/체력 검사 → 최종합격

1) 1차 면접
면접은 청바지 차림으로 진행된다. 상의는 자신에게 잘 어울리는 색상의 라운드티셔츠나 피케셔츠가 무난하며, 신발은 대개 컨버스 운동화를 착용한다. 면접 시 신발을 벗어 볼 것을 요구하기도 하므로 키높이 깔창 사용은 피하는 것이 좋다. 면접 복장에 어울리는 포니테일, 양 갈래 머리 등 발랄하고 경쾌한 느낌의 헤어스타일로 마무리한다.

2) 2차 면접
면접 시작 30분 전 영어면접을 실시한다. 지원자 5명이 2명의 면접관과 면접을 치른다. 지원자 모두 의자에 앉은 상태로 진행되며, 지원자 각각은 3개 정도의 간단한 질문을 받는다. 이후 영문 기내방송문을 읽는다. 영어면접을 마친 5명의 지원자는 면접관 4명과 임원면접을 치른다.

■ 진에어 유니폼은 청바지에 형광노란색 티, 노란 모자, 자줏빛 운동화이기 때문에 청바지가 잘 어울리는 지원자를 선호한다.

Unit 05

이스타항공

창립일 : 2007년 10월 26일

CEO : 이상직 회장

거점지 : 새만금(군산)

항공기 보유대수 : 7대(2012년 3월 기준)

운항노선 : 국내선 4개 도시, 3개 노선 / 국제선 4개국 5개 도시, 5개 노선

면접주안점 : 꿈과 비전을 중시

홈페이지 : http://www. eastarjet.co.kr

Tell me about good points of low-cost airline.

저비용 항공사의 장점에 대해 말해 보십시오.

합격비법 1 저비용 항공사의 장점을 말한다

There are a lot of good points in low-cost airline. When all is said and done, _________ is the biggest merit.

저비용 항공사에 많은 장점이 있습니다. 뭐니뭐니 해도, _____이 가장 큰 장점일 것입니다.

I think the good points of low-cost airline are _________ and _________.

저비용 항공사의 장점은 _____과 _____입니다.

The great part about low-cost airline is to _________.

저비용 항공사의 장점은 _____하다는 것입니다.

합격비법 2 부연 설명을 한다

합격비법 3 마무리한다

I think Eastarjet will keep growing rapidly with _________.

이스타항공은 _____과 더불어 빠르게 계속해서 성장할 것이라고 생각합니다.

I think these fascinate passengers.

저는 이런 것들이 승객들을 매료시킨다고 생각합니다.

I think that is the main cause of the success for low-cost airlines.

저는 그것이 저비용 항공사의 주요 성공 요인이라고 생각합니다.

There are a lot of good points in low-cost airline. When all is said and done, a competitive price is the biggest merit. Especially thesedays, people become more economical because of the global slowdown and high oil prices. Eastarjet also has the sensational price marketing and it was a big issue. I think Eastarjet will keep growing rapidly with a competitive price.

> 저비용 항공사에는 많은 장점이 있습니다. 뭐니뭐니 해도 경쟁력 있는 가격이 가장 큰 장점일 것입니다. 특히 요즘 세계적인 경기 침체와 고유가로 인해 사람들은 전보다 절약하고 있습니다. 이스타항공 역시 파격적인 가격 마케팅을 하고 있으며, 이는 큰 화제였습니다. 이스타항공은 가격 경쟁력과 더불어 빠르게 계속해 성장할 것이라고 생각합니다.

예시답변 2 참신한 서비스와 실험정신

I think the good points of low-cost airline are 'fresh service' and 'experimental mind'. Most of low-cost airlines in Korea are newly born, so they have a young image. They don't afraid of trying something new. Eastarjet has a differentiated service which offers various events such as on-board propose and photo taking. I think these fascinate passengers.

> 저비용 항공사의 장점은 '참신한 서비스'와 '실험정신'이라고 생각합니다. 대부분의 한국 저비용 항공사들은 생긴 지 얼마 되지 않았고, 따라서 젊은 이미지를 지니고 있습니다. 그들은 새로운 시도를 두려워하지 않습니다. 이스타항공은 기내 프러포즈나 사진 촬영과 같은 다양한 이벤트를 제공하는 차별화된 서비스를 갖고 있습니다. 저는 이런 것들이 승객들을 매료시킨다고 생각합니다.

예시답변 3 합리적인 가격에 수준 높은 서비스와 안전성

The great part about low-cost airline is to offer the excellent quality of service and safety with an inexpensive price. For example, Eastarjet gives passengers early booking benefits, and at the same time they have 3 steps of high-tech maintain system which was the first try in Korea. I think that is the main cause of the success for low-cost airline.

> 저비용 항공사의 장점은 비싸지 않은 가격으로 우수한 수준의 서비스와 안전성을 제공한다는 것입니다. 예를 들어, 이스타항공은 승객들에게 조기 예약 혜택을 주는 동시에 국내에서 처음으로 시도되는 3단계 정비 시스템을 갖고 있습니다. 저는 그것이 저비용 항공사의 주요 성공 요인이라고 생각합니다.

합격비법 1 그렇다고 대답하고 비전을 말한다

Yes, I do. The vision is 'More Safety, More Exciting and More Economic'.
네, 알고 있습니다. 비전은 '비행 안전, 짜릿함, 저비용' 입니다.

Yes. ________.
네. _____입니다.

Of course, I do. It is ________.
물론 알고 있습니다. 그것은 _____입니다.

합격비법 2 비전에 대해 간략히 설명한다

합격비법 3 마무리한다

I think that is just awesome!
그것은 정말 대단하다고 생각합니다!

I am sure I can fully enjoy my job and be more passionate in Eastarjet.
이스타항공에서 저는 제 일을 충분히 즐기고 좀 더 열정적이 될 수 있다고 확신합니다.

I would like to improve myself with Eastarjet.
이스타항공과 함께 성장하고 싶습니다.

Yes, I do. The vision is 'More Safety, More Exciting and More Economic'. Specially I would like to focus on 'More Safety'. Eastarjet is the airline which considers safety is the best value. Eastarjet owns the latest boeing737 and the best veteran pilots. Also Eastarjet keeps real-time maintenance for 24hrs. I think that is just awesome!

> 네, 알고 있습니다. 비전은 '비행 안전, 짜릿함, 저비용' 입니다. 특히 저는 '비행 안전' 에 포커스를 맞추고 싶습니다. 이스타항공은 안전을 최고의 가치로 여기는 항공사입니다. 이스타항공은 최신 기종의 보잉737과 최고의 베테랑 조종사들을 보유하고 있습니다. 또한 이스타항공은 24시간 실시간 정비를 유지하고 있습니다. 그것은 정말 대단하다고 생각합니다.

예시답변 **2** 비전 중 '짜릿함' 강조

Yes. 'More Safety, More Exciting and More Economic'. I know Eastarjet is a young airline which makes customers excited. Eastarjet offers the lowest price to passengers and leads popularizing air passage. Also Eastarjet has a lot of brilliant ideas for events on board. I am sure I can fully enjoy my job and be more passionate in Eastarjet.

> 네. '비행 안전, 짜릿함, 저비용' 입니다. 저는 이스타항공이 고객들에게 짜릿함을 주는 젊은 항공사라고 알고 있습니다. 이스타항공은 승객들에게 가장 저렴한 가격을 제공하며 항공 여행 대중화를 이끌고 있습니다. 또한 기내 이벤트를 위한 뛰어난 아이디어가 많습니다. 이스타항공에서 저는 제 일을 충분히 즐기고 보다 열정적이 될 수 있다고 확신합니다.

예시답변 **3** 비전 중 '저비용' 강조

Of course, I do. It is 'More Safety, More Exciting and More Economic'. I believe Eastarjet is the best airline in Asia for low cost tickets. Along with that, Eastarjet is in partnership with smaller enterprises. I think Easterjet will make people all around the world visit Korea soon or later. I would like to improve myself with Eastarjet.

> 물론 알고 있습니다. 그것은 '비행 안전, 짜릿함, 저비용' 입니다. 저는 이스타항공이 아시아에서 저렴한 티켓을 제공하는 최고의 항공사라 믿고 있습니다. 더불어 이스타항공은 중소기업 비즈니스 파트너이기도 합니다. 저는 이스타항공이 곧 전 세계인들로 하여금 한국을 찾게 하리라 생각합니다. 이스타항공과 함께 성장하고 싶습니다.

이스타항공 채용 절차

입사지원서 방문 접수 → 서류전형 → 1차 실무자 면접 → 2차 임원면접 → 건강검진 → 최종합격

1) 서류전형

이스타항공 채용사이트(http://recruit.eastarjet.com)에서 입사지원서 다운로드 후 이를 작성해 1부를 출력, 지원자 본인이 서울 사옥 및 제주지점을 직접 방문 접수한다. 방문 접수는 당사 입사에 대한 열정과 성의를 가진 지원자를 채용하려는 목적으로 2012년 4월부터 도입되었다.

2) 1차 실무자 면접

면접장 입실 전 수험표를 받고 신장을 측정한다. 지원자 10명이 한 조가 되어 3~4명의 면접관과 면접을 치른다. 인사 후 자리에 앉아 1명씩 차례로 간단히 자기소개를 한 다음, 면접관의 공통 질문에 손을 들어 답하는 방식으로 진행된다. 선착순 3명 정도에게 대답할 기회가 주어진다. 영어로 된 질문일 때도 있다. 합격 여부는 개별 연락으로 통지한다.

3) 2차 임원면접

5명의 지원자가 한 조를 이루어 3명의 면접관과 면접을 치른다. 인사 후 자리에 앉아 자기소개를 하며, 이력서와 자기소개서 기재 내용 위주로 개별 질문을 받게 된다. 일본어나 중국어 가능자에게는 해당 언어로 대답하라고 요구할 수도 있다.

■ 이스타항공은 별도의 영어면접을 치르지 않지만, 1차 · 2차 면접 시 자기소개, 지원동기, 이스타항공 소개 등을 영어로 말해 볼 것을 요구하기도 하므로 기본적인 영어면접 준비는 해 두어야 한다.

에어부산

창립일 : 2007년 8월 31일

CEO : 김수천 대표이사

거점지 : 부산

항공기 보유대수 : 8대(2012년 3월 기준)

운항노선 : 국내선 2개 도시, 1개 노선 / 국제선 4개국 8개 도시, 7개 노선

면접주안점 : 친근하고 밝은 인상, 서비스 마인드, 도전과 창의 정신으로 서로 협동하며 고객을 위해 열과 성의를 다하는 자

홈페이지 : http://www.airbusan.com

합격비법 1 신생 항공사에 갖는 긍정적인 인상을 말한다

I feel _________ from fledgling airlines.

저는 신생 항공사에 _____을 느낍니다.

I think they are _________ and _________.

저는 그들이 _____이고 _____하다고 생각합니다.

합격비법 2 부연 설명한다

합격비법 3 마무리한다

That is why I feel _________ from fledgling airlines.

그렇기에 저는 신생 항공사에 _____을 느끼는 것입니다.

I really want to be a member of Airbusan.

저는 정말 에어부산의 일원이 되고 싶습니다.

I would like to say Airbusan is like _________ to me.

저는 에어부산이 _____와 같다고 말하고 싶습니다.

예시답변 1 *신선함*

I feel 'Fresh' from fledgling airlines. Because it is something new basically, and they normally have differentiation strategy. Specially, Airbusan has young and refreshing image for me. Even the blue uniform looks new and lively. The fledgling arilines have a lot of promotions and events, and most of them are the first try in the field. That is why I feel 'Fresh' from fledgling airlines.

저는 신생 항공사에서 '신선함'을 느낍니다. 왜냐하면 기본적으로 새로운 것이기 때문이며, 그들은 대개 차별화 전략을 사용하기 때문입니다. 특히 에어부산은 제게 젊고 싱그러운 이미지입니다. 파란색 유니폼도 새롭고 생기 있게 보입니다. 신생 항공사는 많은 판촉 활동과 이벤트를 하며, 이는 대부분 업계에서 처음 시도되는 것들입니다. 그렇기에 저는 신생 항공사에서 '신선함'을 느끼는 것입니다.

예시답변 2 *도전적이며 창의적*

Many airlines were launched recently including Airbusan. I think they are very challenging and creative. Specially I felt really impressed with Airbusan's service when I flew to Jeju. I was able to notice the flight attendants worked from the heart and also it was really enjoyable to see their magic show. I really want to be a member of Airbusan, so I can also make happy and creative flight.

최근 에어부산을 포함해 많은 항공사가 생겼습니다. 저는 그들이 매우 도전적이고 창의적이라고 생각합니다. 특히 제주도에 갈 때, 에어부산의 서비스에 굉장히 깊은 인상을 받았습니다. 승무원들이 진심으로 일하고 있다는 것을 알아차릴 수 있었고, 그들의 마술쇼는 굉장히 유쾌했습니다. 저 역시 에어부산의 일원이 되어 행복하고 창조적인 비행을 만들어 나가고 싶습니다.

예시답변 3 *합리적이며 대중적*

Most of new airlines are low-cost airlines in Korea, so they are rational and popular. I want to say they are friendly, because new airlines don't hesitate to actively approach customers. So customers can travel by air without burdens and enjoy various events. Specially, Airbusan participates in society in many ways. So I would like to say Airbusan is like 'warm friend' to me.

한국의 신생 항공사 대부분은 저비용 항공사입니다. 그래서 그들은 합리적이고 대중적입니다. 저는 그들이 친근하다고 말하고 싶습니다. 왜냐하면 신생 항공사는 고객들에게 적극적으로 다가가는 것을 주저하지 않기 때문입니다. 그래서 고객은 부담 없이 항공 여행을 할 수 있고 다양한 이벤트를 즐길 수 있습니다. 특히 에어부산은 다양한 방식으로 사회에 공헌하고 있고, 그래서 저는 에어부산을 '따뜻한 친구'와 같다고 말하고 싶습니다.

합격비법 1 에어부산에 대해 알고 있는 점을 말한다

면접 전 에어부산 홈페이지(www.airbusan.com)를 통해 최신 뉴스를 체크하고 준비하는 것은 필수다.

합격비법 2 부연 설명한다

합격비법 3 마무리한다

I think Airbusan is a people-oriented company.

저는 에어부산이 사람을 우선시하는 회사라고 생각합니다.

What I know about Airbusan is that Airbusan will keep growing and become No.1 company in the field.

제가 에어부산에 대해 아는 것은, 에어부산은 계속해 성장할 것이며 곧 업계 1위 항공사가 되리라는 점입니다.

I know Airbusan tries to maximize customer satisfaction.

저는 에어부산이 고객 만족을 극대화하려 노력하고 있다는 것을 알고 있습니다.

 서비스 지향적인 항공사

Airbusan takes care of passengers sincerely. They really pay attention to details and they are service-oriented. Airbusan takes customer satisfaction survey at least once a year, which means, they are willing to listen to what customers say. Also Airbusan has the voluntary team called 'Blue Angel'. They do a lot of voluntary works. I think Airbusan is a people-oriented company.

> 에어부산은 진심으로 승객들을 보살핍니다. 그들은 사소한 것에도 신경을 쓰고 서비스 지향적입니다. 에어부산은 적어도 1년에 한 번 이상 고객 만족도를 조사하는데, 그것은 에어부산이 고객이 하는 소리를 듣고자 하는 의지로 여겨집니다. 또한 에어부산에는 '블루 엔젤' 이라 불리는 봉사팀이 있습니다. 그들은 많은 봉사활동을 합니다. 저는 에어부산이 사람을 우선시하는 회사라고 생각합니다.

 창조적인 항공사

I think Airbusan is a creative company. Airbusan keeps trying something new, and they satisfy customers and touch their hearts. Recently, Airbusan organized 'Flying Magic' team, so passengers can enjoy magic show on board. Also they had a lot of events for Korean Thanksgiving. What I know about Airbusan is that Airbusan will keep growing and become No.1 company in the field.

> 에어부산은 창조적인 회사라고 생각합니다. 에어부산은 계속해 새로운 것을 시도하고 고객들은 그것에 만족하고 감동합니다. 최근 에어부산은 'Flying Magic' 팀을 만들고 승객들이 기내에서 마술쇼를 즐길 수 있게 했습니다. 또한 에어부산은 추석에 많은 이벤트를 진행했습니다. 제가 에어부산에 대해 아는 것은 에어부산은 계속해 성장할 것이며 곧 업계 1위 항공사가 되리라는 점입니다.

 고객 만족을 극대화하는 항공사

Airbusan was established in 2007, so it has been only 5 years. However Airbusan has remarkable achievements. Last year(2011), over 5 milion people flew with Airbusan. In 2009, Airbusan was awarded for service innovation. I know Airbusan tries to maximize customer satisfaction from customer-oriented service and perfect safe flight.

> 2007년 설립된 에어부산은 고작 5살밖에 되지 않았습니다. 하지만 에어부산은 괄목할 만한 성과를 거두었습니다. 지난해에는 탑승객 500만 명을 넘어섰습니다. 2009년에는 서비스 혁신 부문 상을 받았습니다. 저는 에어부산이 고객 중심적인 서비스와 완벽한 안전 운항으로 고객 만족을 극대화하려 노력하고 있다는 것을 알고 있습니다.

에어부산 채용 절차

온라인 입사지원 → 서류전형 → 1차 실무자 면접 → 2차 팀장면접 → 인/적성 검사 및 체력 검사 → 3차 임원면접 → 건강검진 → 최종합격

1) 1차 실무자 면접

1차 면접은 서울이나 인천의 한 호텔에서 진행되며, 지원자는 10명씩 한 조를 이루어 2명의 면접관과 면접을 치른다. 지원자는 공통 및 개별질문을 받으며, 영어기내문 읽기는 옆 지원자가 읽은 다음을 바로 이어받는 방식으로 진행된다. 따라서 자신의 옆에 앉은 지원자가 읽는 부분이 어디인지 정확히 알고 있어야 한다. 진행 시간에 따라 면접관이 영어기내문 읽기를 요구하지 않을 수도 있다.

2) 2차 팀장면접

2011년 7월부터 추가된 단계로, 이때부터는 부산에서 면접이 치러진다. 2차 면접 대상자는 입사지원서에 기재한 주소지(서울, 경기, 대전, 강원, 제주 지역 거주자)에 한해 75% 할인된 항공권을 제공받는다.

3) 3차 임원면접

지원자 8명이 한 조를 이루어 3명의 면접관과 치르게 된다. 먼저 워킹을 한 다음 앉아서 진행하는 방식이다. 입사지원서 기재 사항에 근거한 개별 질문 및 롤플레잉, 회사에 대한 질문을 받게 된다.

티웨이항공

창립일 : 2004년 8월 31일(한성항공)

CEO : 함철호 대표이사

거점지 : 서울

항공기 보유대수 : 4대(2011년 8월 기준)

운항노선 : 국내선 2개 도시, 1개 노선 / 국제선 3개국 3개 도시, 3개 노선

면접주안점 : 고객을 진정으로 섬기고, 고객과 마음을 열고 소통하며
세련된 서비스 정신을 지닌 자

홈페이지 : http://www.twayair.com

합격비법 1 그렇다고 답하고 자신이 생각하는 좋은 전략을 말한다

Yes, I do.

네, 있습니다.

합격비법 2 부연 설명한다

합격비법 3 마무리한다

I think that could be one of the good ways for low-cost airlines.

그것이 저비용 항공사를 위한 좋은 방법 중 하나가 될 수 있다고 생각합니다.

I would like to be helpful for Twayair.

저는 티웨이항공에 기꺼이 도움이 되고 싶습니다.

 어르신을 위한 단순한 인터넷 예약 절차

Yes, I do. Low-cost airlines sales tickets from internet, so customers can buy a ticket with a cheaper price. However, the elderly might feel hard to buy a ticket through internet. I always help my parents to buy a ticket. If the company simplifies the procedure for the elderly, buying rate from internet will be higher. I think that could be one of the good ways for low-cost airlines.

> 네, 있습니다. 저비용 항공사는 인터넷을 통해 티켓을 판매하고 그래서 고객들은 더 저렴한 가격에 티켓을 구입할 수 있습니다. 하지만 나이 드신 분들은 인터넷을 통한 티켓 구매를 힘들어할 수 있습니다. 저는 부모님이 티켓을 구매할 때 언제나 도와드립니다. 만약 회사가 어르신을 위해 구매 절차를 단순화한다면 인터넷 구매율은 높아질 것입니다. 그것이 저비용 항공사를 위한 마케팅 전략 중 하나가 될 수 있다고 생각합니다.

예시답변 **2** 흥미롭고 색다른 이벤트

Yes, these days, flight is not only for transportation. It should be a pleasure as it is. I know Twayair has many interesting events. If Twayair keeps trying to find something different and new, for example, having group games on board, decorating the cabin according to the season or making fun PA, customers feel happy to fly with Twayair. I would like to be helpful for Twayair.

> 네, 요즘 비행은 더 이상 이동수단에 그치지 않습니다. 그 자체로 기쁨이 되어야 합니다. 티웨이항공은 많은 흥미로운 이벤트를 하고 있습니다. 티웨이항공이, 예를 들어 기내에서 단체게임을 한다든가, 기내를 계절에 맞게 꾸민다거나 혹은 재미있는 기내방송을 만든다거나 하는, 뭔가 색다르고 새로운 것을 발견해 나간다면 고객들은 티웨이항공을 이용하는 것을 즐거워할 것입니다. 저는 티웨이항공에 기꺼이 도움이 되고 싶습니다.

예시답변 **3** 안전함을 강조하는 광고 촬영

Yes. Customers love to buy a ticket with a reasonable price. However it is true that they feel more unsecured flying with low-cost airlines compared to major airlines. I am sure low-cost airline doesn't mean 'not safe' or 'less safe'. So if low-cost airlines make commercial film about how safe it is, customer's appetite to spend will be much higher.

> 네. 고객들은 합리적인 가격에 티켓을 구매하는 것을 좋아합니다. 하지만 주요 항공사와 비교할 때 저비용 항공사 이용을 좀 더 불안해 하는 것은 사실입니다. 저비용 항공사가 '안전하지 않다'거나 '덜 안전하다'를 의미하진 않는다고 생각합니다. 그래서 저비용 항공사가 얼마나 안전한지에 대한 광고를 만든다면, 고객의 구매욕을 보다 높일 수 있을 것입니다.

Why do you want to work for Twayair?

우리 항공사에서 일하려는 이유는 무엇입니까?

합격비법 1 지원 동기를 말한다 (p.154 참조)

합격비법 2 각오와 다짐을 말한다

I hope I can have a chance to prove it.
그것을 증명할 기회를 갖고 싶습니다.

I want to work for Twayair because I want to be a loved flight attendant, not the best one.
티웨이항공에서 일하길 원하는 이유는, 저는 최고의 승무원이 아닌 사랑받는 승무원이 되고 싶기 때문입니다.

I would like to contribute to Twayair as a flight attendant.
티웨이항공에 승무원으로서 공헌하고 싶습니다.

 고객 중심적인 항공사 성격과 잘 맞기에

My goal is not to be a flight attendant, it is to be a member of Twayair as a flight attendant. I love Twayair's slogan, 'It's yours', because it means 'customer-oriented mind' and 'sharing'. I am very service-oriented. I have a lot of service experiences. So I know service is like sharing my heart with customers. I applied to Twayair because I am confident of working in Twayair. I hope I can have a chance to prove it.

> 제 목표는 승무원이 되는 것이 아닌, 승무원으로 티웨이항공의 일원이 되는 것입니다. 저는 티웨이항공의 슬로건 'It's yours'를 좋아합니다. 그것은 '고객 중심적인 마인드'와 '나눔'을 의미하기 때문입니다. 저는 매우 서비스 중심적인 사람입니다. 서비스 관련 경험이 무척 많습니다. 그래서 서비스란 저의 마음을 고객들과 나누는 것임을 알고 있습니다. 티웨이항공에서 일하는 것이 자신 있기에 지원했습니다. 이를 증명할 기회를 갖고 싶습니다.

 사랑받고 싶은 티웨이항공처럼 사랑받는 승무원이 되기 위해

Twayair says, 'Twayair doesn't want to be the best, we want to be loved by customers'. Twayair is well-known for inexpensive price and sophisticated service. All this, as well as various events on board. I am very warm-hearted and considerate. So I am sure we can satisfy each other. I want to work for Twayair because I want to be a loved flight attendant, not the best one.

> 티웨이항공은 '티웨이항공은 최고가 아닌 고객에게 사랑받는 항공사가 되길 원한다'고 말합니다. 티웨이항공은 저렴한 가격과 세련된 서비스로 잘 알려져 있습니다. 뿐만 아니라 다양한 기내 이벤트 역시 유명합니다. 저는 매우 따뜻하고 타인을 배려하는 사람입니다. 그래서 회사와 제가 서로에게 만족할 수 있다고 자신합니다. 티웨이항공에서 일하기 원하는 이유라면, 저는 최고의 승무원이 아닌 사랑받는 승무원이 되고 싶기 때문입니다.

 열정적이며 빠르게 성장한다는 공통점이 있기에

Because I want to be where I am needed, not to be where someone else can do it better. Twayair had 1 million passengers in the shortest period possible among low-cost airlines in Korea. Twayair is really growing fast. I am very passionate and learning things fast. So I can adapt myself quickly to any circumstances. I woud like to contribute to Twayair as a flight attendant.

> 왜냐하면 저는 다른 사람이라면 더 잘할 수 있는 곳이 아닌 저를 진정 필요로 하는 곳에 있길 원하기 때문입니다. 티웨이항공은 한국의 저비용 항공사 중 최단 기간에 백만 승객을 돌파한 회사입니다. 티웨이항공은 정말 빠르게 성장하고 있습니다. 저는 매우 열정적이며, 새로운 것을 빨리 배웁니다. 그래서 어떠한 환경에도 빠르게 적용할 수 있습니다. 티웨이항공에서 승무원으로 공헌하고 싶습니다.

티웨이항공 채용 절차

온라인 입사지원 → 서류전형 → 1차 면접 → 2차 면접 → 신체검사 → 최종합격

1) 1차 면접

졸업/성적 증명서, 어학 성적증명서, 자격증 사본 등의 서류 제출 후 이름표를 받아 대기한다.
면접은 8명씩 한 조로 치러진다. 4명이 기내방송문 읽기 테스트를 받는 동안, 다른 4명은 장소를 이동해 악력 및 유연성 테스트를 받는다. 한국어와 영어 기내방송문 읽기는 공통이며, 중국어와 일본어 방송문은 가능자에게 읽게 한다.
이후 8명이 함께 면접을 치른다. 면접관은 4명이며, 간단한 공통 질문에 이어 이력서와 자기소개서 내용에 근거한 개별 질문을 받게 된다. 면접은 30분 정도 소요된다.

2) 2차 면접

8인 1조로 이루어진 지원자들이 5명의 면접관과 면접을 치른다. 공통 질문 및 개별 질문을 받게 되며, 제2외국어 능통자라면 본인의 능력을 드러낼 기회가 많으니 준비를 해 두는 것이 좋다.

■ 티웨이항공 U'STORY 서비스와 관련해 휴대 가능한 악기 연주 가능 여부를 묻기도 한다.

기내 방송문

면접에서 기내방송문을 읽어 보게 하는 항공사들이 있다. 특히 국내 및 아시아 항공사들이 그렇다. 하지만 기내방송문 유형은 거의 비슷한 편이므로 하나의 샘플을 정해 꾸준히 연습하면 실제 면접에서 무리 없이 읽을 수 있다고 본다. 입사 후 기내방송문을 읽는 훈련을 하므로, 면접관은 완벽하게 읽어 내는 지원자를 찾는 것이 아니다. 기내방송문 읽는 연습을 하는 지원자는 아래의 팁에 유의하기 바란다. 그러면 실제 면접에서 별 어려움 없이 방송문을 읽을 수 있을 것이다.

1 평소보다 목소리를 한 톤 올려 읽는 연습을 한다. 좀 더 맑은 소리가 나온다.

2 기내방송문 위에 펜으로 강세와 억양을 체크해 두고 읽는 연습을 한다. 그러면 발음이 훨씬 좋아진다.

3 자신 있는 목소리로 차분하게 읽는다. 면접관이 요구하는 모습이다.

4 항공사 이름, 편명, 시간, 목적지 등과 같은 중요 정보를 담고 있는 부분은 다른 부분보다 반 박자 느리게 읽는다. 보다 정확하게 들린다.

| 국내항공사 영어 이름 |

대한항공 Korean Air, 아시아나항공 Asiana Airlines, 진에어 Jin Air, 에어부산 Air Busan, 제주항공 Jeju Air, 이스타항공 Eastar jet, 티웨이항공 t'way air

| 편명 읽는 법 |

- **한국어** : 숫자를 한 자리 단위로 끊어 읽으며, '0' 은 '공' 으로 읽는다.
  - 예 105편 : 일공오편(O), 백오편(X)
- **영어** : 숫자를 한 자리 단위로 끊어 읽으며 '0' 은 'ZERO' 로 읽는다. 단, 0이 숫자 중간에 있는 경우 0을 [OU]로 읽어도 된다.
  - 예 902편 : NINE ZERO TWO(O), NINE O TWO(O), NINE HUNDRED TWO(X), NINE TWO(X)

| 날짜 읽는 법 |

■ 요일 → 달 → 일 → 연도 순으로, 날짜는 서수로 읽는다.

■ 1일부터 3일까지는 First, Second, Third로 읽으며 4일부터는 기수에 th를 붙인다.

5th → fifth, 9th → ninth, 17th → seventeenth

예 2012년 3월 1일 목요일 : Thursday, March 1st, 2012

| 시간 읽는 법 |

■ 시 → 분 순서대로 기수로 읽는다.

예 7시 20분 : Seven Twenty

■ 정각은 o'clock을 붙여도 좋다.

예 11시 : Eleven o' clock

■ 시간 뒤에 오전은 AM, in the moring을, 오후는 PM, in the afternoon, 혹은 in the evening(6시 이후)을 붙이도록 한다.

예 오전 7시 : Seven AM 혹은 Seven in the morning

오후 5시 : Five PM 혹은 Five in the afternoon

오후 7시 : Seven PM 혹은 Seven in the evening

⑤ 어색하게 발음을 굴리거나 전문가 흉내를 내지 않는다. 오히려 감점 요인이 될 수 있다.

⑥ 모든 단어를 또박또박 읽기보다 연음에 유의해 읽는 연습을 하고, 몇 단어씩 끊어 읽는 연습을 하면 더욱 유창하게 들린다.

강세와 억양은 지원자 본인에게 편한 방법으로 한다. 여기에서는 적절한 강세와 억양의 예를 보여 주는 것이므로, 절대적인 기준이 아님을 유념하기 바란다. 파란색 빗금, 쉼표, 마침표 다음은 잠시 쉰 다음 읽는다.

1. 대한항공

● Welcome 환영

Good morning (afternoon/evening), ladies and gentlemen(and boys&girls).
Captain Lee/and all of our crew members/are pleased/to welcome you/onboard/Korean Air, a member of Sky Team alliance.
This is flight KE 〇〇, bound for/_________. (직항이 아닌 경유지가 있는 경우, via 경유지)
Our flight time today/will be _________ hour(s)/and _________ minute(s).
During the flight, our cabin crew/will be happy/to serve you/in any way we can.
We wish you/an enjoyable flight. And please direct your attention/for a few minutes/to the video screens /(cabin crew) for safety information.
Thank you.

손님 여러분, 안녕하십니까.
이 기장님과 모든 승무원들은 스카이팀 회원사인 저희 대한항공에 탑승하신 여러분을 진심으로 환영합니다.
이 비행기는 ______까지 가는 대한항공 〇〇편입니다.
목적지인 _____까지 예정된 비행시간은 _____시간 _____분입니다.
오늘 비행하는 동안 저희 승무원들은 여러분을 ______까지 정성껏 모시겠습니다.
여러분의 즐거운 비행을 바라며 기내 안전을 위해 잠시 화면(승무원을) 주목해 주시기 바랍니다.
감사합니다.

● Farewell 작별인사

Ladies and gentlemen, welcome to ______,
We have landed/at ______ (international) airport.
The local time is/now (______:______) am/pm (month) (date), and the temperature is ______
degrees Celsius/or ______ degrees Fahrenheit.
Thank you/for being our guests today. We hope/that if future plans/call for air travel, you will consider
Korean Air, a member of Sky Team alliance, for all your travel needs.
Have a nice day.

손님 여러분, ______에 오신 걸 환영합니다.
우리 비행기는 막 ______ 공항에 도착했습니다.
지금 이곳은 ______ 월 ______ 일 오전/오후 ______ 시 ______ 분이며 기온은 섭씨 ______ 도입니다.
오늘도 여러분의 소중한 여행을 대한항공과 함께 해 주셔서 대단히 감사합니다. 손님 여러분께 추후 비행하실 계
획이 있다면, 스카이팀 회원사인 저희 대한항공을 이용해 주시기를 바랍니다.
좋은 하루 되십시오.

2. 아시아나항공

● Welcome 환영

Good morning, ladies and gentlemen.
On behalf of Captain Kim/and the entire crew, welcome aboard/Asiana airlines/flight OZ ○○○/bound
for ______. Our flight time will be/___ hours and ___ minutes.
Please/make sure/that your seatbelt/is fastened/and return your seat back and tray/to the upright
position. All electronic devices/must be turned off/during take-off and landing. Please/remember/
that smoking in the cabin/and lavatories/is not permitted/at any time/throughout the flight.
We hope/you enjoy your flight/with us. Thank you/for flying Asiana airlines, a Star Alliance member.

손님 여러분, 안녕하십니까?

김 기장님과 전 승무원을 대표해 _______으로 가는 아시아나항공 OOO편의 탑승을 환영합니다. 비행시간은 _____ 시간 ____분이 걸릴 것으로 예상됩니다.

안전을 위해 좌석벨트를 매 주시고, 좌석 등받이와 테이블은 똑바로 해 주시기 바랍니다. 항공법에 따라 이륙과 착륙 시에는 모든 전자제품의 전원을 꺼 두셔야 합니다. 화장실을 포함한 기내 전체에서는 금연입니다.

저희와 함께 즐거운 비행 되시길 바랍니다. 스타얼라이언스 회원사인 저희 아시아나항공을 이용해 주셔서 감사합니다.

● **Farewell 작별인사**

Ladies and gentlemen, welcome to _________________ international airport. The local time is __:__ pm on _______ / the ____ of ___________

For your safety, please keep your seatbelt fastened until the captain turns off the seatbelt sign.

Please also refrain from using your mobile phone until you deplane.

On behalf of the entire crew, we would like to express our sincere thanks to all of you for flying Asiana Airlines, a Star Alliance member.

We hope to see you soon.

손님 여러분, _____________ 국제공항에 도착했습니다. 이곳의 현재 시각은 __월 __일 __요일 오후 __시 __분입니다.

안전을 위해 좌석벨트를 계속 매고 계시고, 휴대전화는 비행기에서 내리실 때까지 사용을 자제해 주시기 바랍니다.

전 승무원을 대신해 스타얼라이언스 회원사인 아시아나항공을 이용해 주신 손님 여러분께 진심으로 감사드립니다.

다시 뵙길 희망합니다.

3. 공통

● Baggage Securing 수하물 보관

Ladies and gentlemen,

This is ___ air/flight ○○/bound for ___.

For your comfort/and safety, please put your carry on baggage/in the overhead bin/or under the seat/ in front of you. When you open/the overhead bins, please be careful/as the contents/may fall out.

Thank you.

승객 여러분, 이 비행기는 ___까지 가는 ___항공 ○○ 편입니다.

안전을 위해 가지고 계신 짐은 앞 좌석 밑이나 선반 속에 보관해 주시고, 선반을 여실 때는 먼저 넣은 물건이 떨어지지 않도록 조심해 주십시오.

감사합니다.

● Seatbelt Sign Off 좌석벨트 표시등

Ladies and gentlemen,

Although the seatbelt sign/has been turned off, in case of sudden turbulence, please/keep your seatbelt fastened/at all times/during the flight.

We would like to remind you/that smoking is prohibited/in the cabin/and lavatories.

Your cooperation/is much appreciated.

Thank you.

승객 여러분, 좌석벨트 착용 표시등이 꺼졌습니다만 예상치 못한 기류 변화로 인해 비행기가 갑자기 흔들릴 수 있으므로 비행하는 동안 좌석벨트를 매 주십시오.

그리고 화장실과 기내에서는 금연해 주시기 바랍니다.

많은 협조 부탁드립니다.

감사합니다.

● Turbulence 비행 동요

Ladies and gentlemen,

We are experiencing some turbulence.

Please fasten your seatbelt and keep it fastened until the captain turns off seatbelt sign.

Also, passengers with children, please make sure their seatbelts are securely fastened.

Thank you.

승객 여러분, 불안정한 기류로 인해 비행기가 흔들리고 있습니다.

좌석벨트 착용 표시등이 꺼질 때까지 좌석벨트를 몸에 맞게 매 주십시오.

어린이를 동반하신 손님께서는 어린이의 좌석벨트 착용 상태도 확인해 주십시오.

감사합니다.

● Documentation 서류 작성

Ladies and gentlemen,

For entering into Korea, please have your passport and other documents are ready.

All nationalities are required to fill out the arrival card and customs form.

Passengers who have baggage arriving on another aircraft or by ship must fill out two customs forms.

For more details, please contact a flight attendant.

Thank you.

승객 여러분, 대한민국 입국에 필요한 여권과 서류를 준비해 주시기 바랍니다.

모든 분께서는 입국 신고서와 세관 신고서를 작성하셔야 합니다.

짐을 다른 비행기나 배로 부치신 분께서는 세관 신고서 2장을 작성하시기 바랍니다.

서류에 관해 문의하실 사항이 있으면 저희 승무원에게 말씀해 주십시오.

감사합니다.

● Landing 착륙

Ladies and gentlemen, as we start our descent, please make sure/your seat backs/and tray tables/ are in their full upright position. Make sure/your seat belt is/securely fastened/and all carry-on luggage/is stowed underneath the seat/in front of you/or in the overhead bins. Please/turn off/all electronic devices/until we are safely parked/at the gate. Thank you.

승객 여러분, 우리 비행기가 하강하기 시작했습니다. 의자와 트레이 테이블을 제자리로 놓으시고 안전벨트를 조이고 모든 작은 짐들을 앞 좌석 밑이나 선반에 넣으십시오. 우리가 안전하게 공항에 도착할 때까지 모든 전자기기들을 꺼 주시기 바랍니다. 감사합니다.

● After landing 착륙 후

Ladies and gentlemen, welcome to _____ airport.
Local time is/_____/and the temperature is/_____.
For your safety and comfort, we ask/that you please/remain seated/with your seatbelt/fastened/until the Captain/turns off the Fasten Seatbelt sign.
Please/check around your seat/for any personal belongings/you may have bought onboard/and please use caution/when opening the overhead bins, as heavy articles/may have shifted around/ during the flight.
If you require deplaning assistance, please/remain in your seat/until all other passengers/have deplaned. One of our crew members/will then be pleased/to assist you.
We remind you/to please wait/until inside the terminal/to use any electronic devices (or to smoke in the designated areas.)
On behalf of _____ airlines/and the entire crew, I'd like to thank you/for joining us/on this trip/and we are looking forward to/seeing you/on board again/in the near future. Have a nice stay!

승객 여러분, _______ 공항에 오신 것을 환영합니다. 현지 시각은 ____시, 기온은 ____도입니다. 여러분의 안전과 편의를 위해 기장님이 좌석벨트 표시등을 끌 때까지 자리에 앉아 좌석벨트를 착용하여 주시기 바랍니다. 자리 주변에 소지품이나 기내에서 구매하신 물건이 있는지 확인하시기 바랍니다. 그리고 선반을 여실 때에는 비행 중 무거운 물품들이 움직일 수 있으니 주의하시기 바랍니다.

내리실 때 도움이 필요하신 분은 다른 승객들이 모두 내리실 때까지 자리에 앉아 계시기 바랍니다. 그러면 저희 승무원이 친절하게 도와 드릴 것입니다.

터미널에 들어갈 때까지 전자제품 사용을 자제해 주시기 바랍니다.(또는 지정된 장소들에서 흡연을 삼가 주시기 바랍니다.)

_______ 항공사와 전 승무원을 대표하여 이번 비행에 함께 해 주신 것에 감사드리며, 가까운 미래에 다시 만나기를 기대합니다. 좋은 방문이 되시기 바랍니다.

● Meal service information 서비스 순서 안내

Ladies and gentlemen,

We would like/to briefly/inform you/about our service/today.

We will begin/our in flight service/starting with beverages, and (breakfast/lunch/dinner/a light meal)/will be served. We hope/you understand that/your meal choice/may not be available.

Also, in-flight sales/will begin/after the meal service/is completed.

And, approximately/_____________ hour(s)/_________ minutes/prior to landing, (breakfast/lunch/dinner/a light meal)/will be served. We hope/you understand that/your meal choice/may not be available.

Thank you/for choosing ○○ Air, have a pleasant flight.

손님 여러분,

_____까지 가시는 동안 제공되는 서비스에 대해 안내해 드리겠습니다.

잠시 후 음료와 (아침/점심/저녁/간단한 식사)를 드리겠습니다.

식사 후에는 면세품을 판매하겠습니다.

그리고, _____ 도착 ______ 시간 ______ 분 전에 음료와 (아침/점심/저녁/간단한 식사)를 드리겠습니다.
즐겁고 편안한 여행이 되시길 바랍니다.

● In-flight sales 기내 면세품 판매

Ladies and gentlemen,

Our in-flight duty free sales/have started/and you may now purchase/duty-free items, or order items/ for your return flight. For more information, please refer to the 'ΟΟShop' magazine/in your seat pocket.

[Duty free allowance]

We would like/to remind you that/the duty free allowance/for (country)/is __________ bottle(s) of liquor/and __________ carton(s) of cigarettes.

[No duty free sales on the next portion]

According to the customs regulations/of (country), duty free sales/will not be available/on the next portion/of our flight/between __________/and __________.

If you need any assistance, our cabin crew/is happy/to help you.

손님 여러분,
대한항공에서는 손님 여러분의 편리한 쇼핑을 위해 우수한 품질의 다양한 면세품들을 일반 면세점보다 저렴한 환율로 판매하고 있습니다. 구입을 원하시는 분은 판매 카트가 지나갈 때 말씀해 주시기 바랍니다.

[면세허용량]

(국가명)에 입국하시는 손님의 면세 허용량은 주류 ＿＿＿＿병, 담배 ＿＿＿＿갑임을 알려드립니다.

[면세품 판매 불가 구간인 경우]

＿＿＿＿＿에서 ＿＿＿＿＿＿구간에서는 (국가명) 세관규정상 면세품 판매가 금지돼 있으니 양해해 주시기 바랍니다.

도움이 필요하실 때는 저희 승무원에게 말씀해주십시오.

● Transit gate information 환승 탑승구 안내

Ladies and gentlemen,

We will be arriving/at gate number ＿＿＿＿＿/in Incheon international airport.

Also, we will now provide/connecting gate information.

○○ Air flight (편명) to (목적지), gate ＿＿＿＿＿, (편명) to (목적지), gate＿＿＿＿ and (항공사) (편명) to (목적지),

gate＿＿＿＿.

For further information, please contact one of our crew.

안내말씀 드리겠습니다.

인천공항 도착 후 여러분께서 내리실 Gate는 ＿＿＿＿＿번입니다. 계속해서 연결편으로 여행하시는 손님 여러분께 출발 탑승구를 안내해 드리겠습니다.

＿＿＿＿＿행 ○○항공 ＿＿＿＿＿편은 ＿＿＿＿＿번 탑승구, ＿＿＿＿＿행 ＿＿＿＿＿편은 ＿＿＿＿＿번, 그리고 ＿＿＿＿＿행 ＿＿＿＿＿항공 ＿＿＿＿＿편은 ＿＿＿＿＿번 탑승구에서 출발예정입니다.

문의사항이 있는 분께서는 저희 승무원에게 말씀해주십시오.

● Transit procedure 환승절차

Ladies and gentlemen,

Passengers/continuing to ______________/with us/should collect a transit card/after leaving the airplane, and then proceed/to the transit area. For security reasons/you must take/all your belongings/with you.

Our scheduled departure time/for __________/is _________(am/pm). We will start/re-boarding/in about ________minutes.

Please listen for a boarding announcement/in the transit area. Thank you.

계속해서 이 비행기로 ________까지 가시는 손님 여러분께 안내말씀 드리겠습니다.
________공항에 도착하면 모든 짐을 갖고 내리시고 탑승권도 잊지 마시기 바랍니다.
내리신 후에는 저희 지상직원의 안내에 따라 통과 카드를 받으신 다음, 공항 라운지에서 잠시 기다려 주십시오.
이 비행기의 다음 출발 시각은 ______시 _____분이며, 탑승시각은 공항에서 알려드리겠습니다.
감사합니다.

● Headphone collection 헤드폰 수거

Ladies and gentlemen, our cabin crew/will be coming through the cabin/to collect your headphones.

[General]

Also, we ask you/to please leave your blanket/in your seat pocket.

[T/S STN]

If you are continuing/to ______________, please store your headphones/and blanket/in your seat pocket/

for use/when you return.

Thank you/for your cooperation.

안내말씀 드리겠습니다.
지금부터 헤드폰을 걷겠습니다.

[일반]
그리고 사용하신 담요는 기내비치품이니 승무원이 정리할 수 있도록 좌석 앞 주머니 속에 넣어주시기 바랍니다.

[T/S 구간]
계속해서 _________까지 가시는 손님께서는 헤드폰과 사용하신 담요를 좌석 앞 주머니 속에 보관하시기 바랍니다.

손님 여러분의 협조를 부탁드립니다.

● **Movie 영화상영 안내**

Ladies and gentlemen,
Our film(s) today is(are)/_________(and).

[주간비행]
As a courtesy to other passenger, we ask you/**to please close your** window sh**ade.**

And in case of/**any unexpected turbulence, please remember/to keep your seat belt fastened/while seated.**

손님 여러분, 잠시 후 영화를 상영하겠습니다.
보실 영화의 제목은 _________입니다.

[주간비행]

창문 덮개를 내리면 화면을 더욱 선명하게 보실 수 있습니다.

그리고, 비행 중에는 예상치 못한 갑작스런 기류 변화로 비행기가 흔들릴 수 있습니다. 손님 여러분의 안전을 위해, 자리에서는 항상 좌석벨트를 매고 계시기 바랍니다.

나만의 비밀 노트